U0904475

本书受到云南省哲学社会科学学术著作出版专项经费资助

# 城市化背景下
# 少数民族乡村文化的保护
## ——以云南为例

*CHENGSHIHUA BEIJING XIA SHAOSHU MINZU XIANGCUN WENHUA DE BAOHU*
*—YI YUNNAN WEILI*

林庆 李旭◎著

云南出版集团
云南人民出版社

**图书在版编目（CIP）数据**

城市化背景下少数民族乡村文化的保护 ：以云南为例 / 林庆，李旭著. -- 昆明 ：云南人民出版社，2015.7

ISBN 978-7-222-13451-5

Ⅰ. ①城… Ⅱ. ①林… ②李… Ⅲ. ①少数民族－农村文化－保护－云南省 Ⅳ. ①G127.74

中国版本图书馆CIP数据核字(2015)第153472号

**出 品 人：刘大伟**
**责任编辑：殷筱钊　朱海涛**
**装帧设计：马　滨**
**责任校对：黄　灿**
**责任印制：杨　立**

**城市化背景下少数民族乡村文化的保护——以云南为例**

林庆　李旭◎著

出　版　云南出版集团　云南人民出版社
发　行　云南人民出版社
社　址　昆明市环城西路609号
邮　编　650034
网　址　http://ynpress.yunshow.com
E-mail　ynrms@sina.com
开　本　889×1194　1/32
印　张　10.125
字　数　300千
版　次　2015年7月第1版第1次印刷
印　刷　昆明卓林包装印刷有限公司
书　号　ISBN 978-7-222-13451-5
定　价　48.00元

如有图书质量与相关问题请与我社联系
审校部电话：0871-64164626　印制科电话：0871-64191534

# 目录

CONTENTS

# 前 言

文明进程是一个能去旧创新、有选择的、新陈代谢的过程。这种过程是必然的。其中很妙的现象在于，一时认为没有用的文化，沉默一个时候又会出现，发扬起来，还很解决问题。因此，任何过于武断的结论，都不适宜于文化问题的讨论。

——费孝通:《进入二十一世纪时的回顾和前瞻》

## 一、城市化进程不可逆转

城市化，也有学者称之为城镇化、都市化[①]，是伴随着工业化而出现的世界现象，是人类文明进程的重要标志之一，也是当今世界各国经济社会发展的普遍现象。根据联合国《世界城市展望》（2008）的统计资料和预测，2008年，全球已有超过半数人口居住在城市中，世界城市化率已过50%，许多发达国家的城市化率超过80%，预计到2050年，这一比例将上升至70%。上海社科院城市与区域研究中心发布的首部国际城市蓝

① 城市化是英文Urbanization不同译法。其词头urban意为都市的、市镇的；其词尾ization由iz（e）+ation组成，表示行为的过程，意为“化”。Urban（城市）是Rural（农村）的反义词，除农村居民点外，镇及镇以上的各级居民点都属于Urban Place（城镇地区）。根据城市的发展历史，现代城市由Hamlet（小村）、Village（村庄）、Town（镇）、City（城市）、Metropolis（都市）一步步演变而来的。鉴于Urban Place（城镇地区）既包括City，也包括Town，因此我们认为将Urbanization译为城镇化更全面。

皮书《国际城市发展报告2012》指出，中国虽然一直以来是农业大国，但是近年来快速的城市化使得人口结构发生了里程碑式的变化：2010年，中国的城市化率是47%，接近世界平均水平；2011年末中国城镇人口占总人口比重首次超过50%，在统计学意义上，中国已成为“城市化”国家；2012年，中国城镇人口比率达到51.27%，城市化进入新的“元年”；预计到2020年，中国城市化率将达55%，其间1.5亿中国人将完成从农民到市民的空间、身份转换[①]。可以看出，世界城市化的趋势日趋明显，城市化进程大大加速，发展中国家城市化速度尤其引人注目[②]，当今世界正进入城市世界。“城市是人类文明的结晶，城镇化是现代化的重要内容。今天，全球城市居民已达36亿人左右，发达国家70%~80%的人口生活在城市。与此同时，在新兴经济体和发展中国家，每个月新增数百万城市居民，成为世界城市化浪潮的主体。在经济全球化的大背景下，全球城市体系把世界更加紧密地联结为一体，城市化正深刻地改变着世界、改变着人们的生活。”[③]

当下，从世界发展的角度看，我们面临着一个现代化的浪潮，这个浪潮不仅是经济方面的，而且也是文化方面的，世界经济一体化进程必然会促成文化的融合。从我国发展的角度看，目前我国城镇化已经进入加速发展阶段，即“新型城镇化”阶段。经过梳理，我们发现，党的十七大报告全篇提及城镇化仅有两次，十八大报告中则多达七次。中央领导同志近一年内更在多个场合以多种形式阐述“新型城镇化”相关观点

---

① 参考屠启宇主编：《国际城市发展报告2012》，中国社会科学文献出版社，2012年。

② 许学强、周一星：《城市地理学》，高等教育出版社，2003年，第75页。

③ 李克强：《开启中欧城镇化战略合作新进程——在中欧城镇化伙伴关系高层会议开幕式上的讲话》，原载《人民日报》，2012-5-4，第2版。

达十几次之多，城镇化在各种重要场合和文件中的密集“亮相”，显示了新一届政府深化改革的决心。2013年1月15日，李克强在国家粮食局科学研究院考察调研时指出，推进城镇化，核心是人的城镇化，关键是提高城镇化质量，目的是造福百姓和富裕农民，要走集约、节能、生态的新路子，着力提高内在承载力，不能人为“造城”。我们认为，新型城镇化之“新”在于强调了人本和可持续，而此前中国的城镇化进程中存在许多错综复杂的问题，“新型城镇化”的思路从时间和空间上都紧密结合了中国的实际情况，其发展直接关系到今后几十年中国现代化的深入发展和城乡经济的协调繁荣。“小康不小康，关键看老乡。”2013年4月初，习近平在海南考察时说的这句话，反映了新领导层对于基层民生的重视，“人”已经成为“小康不小康”最重要的因素，进而表明城镇化已与“小康”紧密结合在一起，构成了“中国梦”的重要组成部分。因此，我们认为，在人的城镇化进程中，尤其是在少数民族地区乡村民众的城镇化进程中，如果不保护少数民族乡村文化的主体性，不传承、弘扬优秀的少数民族乡村传统文化，少数民族乃至整个中华民族赖以生存的文化环境必将会受到不同程度的损伤，甚至逐渐走向消失、流亡。因此，在少数民族乡村地区，如何使弥足珍贵的少数民族乡村文化资源、丰富多彩的人文景观、自然景观与城镇化发展有机结合，使少数民族乡村文化保护、传承与开发互动并举，成为少数民族地区发展的增长点，促进少数民族乡村文化产业的兴盛和健康发展，是政府部门和我们长期从事民族文化工作的学者必须深思和研究的现实问题。

现代化和城市化的推进过程中必然伴随着对传统乡村文化的冲击，这是世界现代史和当代社会发展中极具普遍性和必然性的问题，不论西方发达国家还是第三世界发展中国家，不论占人口多数的民族还是少数民族，都是如此，中国也不例外。

伴随着中国城市化进程的提速，越来越多的乡村必将消失并融合到城市化行列中去，因此，乡村文化尤其是少数民族地区的乡村文化必然发生深刻的变迁，以适应不可阻挡的全球城市化浪潮的冲击。

在我国现代化、城市化进程中，不同地区、不同民族的交流空前扩大，各种现代传媒的传布速度和传布范围达至空前，各种传统文化受现代文化的冲击也都达至空前。中国少数民族地区乡村一般较汉族地区乡村的发展要滞后一些，但至少在20世纪80年代后期和90年代初，少数民族乡村传统文化便已面临危机：一些民族歌谣、曲艺、传说等开始失传；一些精湛的民族工艺和建筑开始衰微；一些灵验有效的民族医药失去了市场；一些有利于培养人类美德的传统礼仪和习俗被逐渐废弃等等。时至今日，这种状况有增无减，因此如何对其加以保护尤显重要。

## 二、云南民族地区乡村城市化基本进程及其对乡村文化的影响

由于历史原因，我国的少数民族人口大多居住于西北、西南、东北等边疆、高原、山地、草原与森林地带的乡村，经济、社会发展较为落后。20世纪50年代以前，许多民族尚处于农业或前农业经济发展阶段。新中国成立以后，特别是20世纪80年代以来，随着我国改革开放和工业化进程的加快，少数民族社会发展中出现了具有历史意义的伟大转折——越来越多的少数民族人口告别传统的经济文化类型，由乡村而进入城镇发展。少数民族地区城市化成为民族发展中最具重要意义的事件，也是我国现代化进程中出现的新现象、新问题。

### （一）云南民族地区乡村城市化基本进程

伴随着近代工商业的发展、交通的改善和社会经济结构的变迁，近代云南地区也出现了城市化的初兴。但是，近代云南

地区的城市化，不仅速度缓慢，而且水平较低，带有明显的空间上的不平衡和时间上的季节性等特征。近代云南地区城市化初兴中的城市，主要分布在交通要道及其附近地区，集中表现于昆明、个旧 、蒙自、开远、下关、曲靖、昭通、腾冲、保山等极少数城市（镇）的发展上，即便是在这些有代表性的城市中，真正称得上是近代工商业城市的也只有昆明、个旧等屈指可数的几个，而大多数仍只是作为商品集散交易点的商业性中小城镇。虽然这些中小城镇在城市化和工业化的进程中有其重要作用，但由于缺乏规模效应和其自身辐射影响力的有限，也带来了对工业化的反作用极微的问题。而在广大山区和一些边远少数民族地区，则几乎还见不到城市化的迹象，依然故我地生活在小农经济的乡村社会之中，至于区域城市因受时间性和季节性影响，还会形成城市化的不稳定。

自20世纪50年代中期以后，云南建立了城乡二元分割的社会结构，使得城市化长期处于停滞状态；更有甚者，在较长的一段时间里，实行的是“反城市化”战略，即大规模地将城市人口迁往农村，比较典型的如知识青年上山下乡、市民返乡、干部下放等等。

改革开放以后，特别是进入新千年以来，云南各地积极地进行城市基础设施建设，构建了城市基本框架，改善了交通，美化了环境，取得了不错的成绩，少数民族地区的城市化率有所提高。“十二五”期间，云南省城镇化建设面临新的形势和加快推进的重大机遇：按照城镇化的一般规律，云南省城镇化进入了加速发展期的前半期，能否顺利推进城镇化建设，有效破解城乡二元结构，构建以工促农、以城带乡，城乡一体化发展的新格局，关键是能不能在城镇化建设中真正落实科学发展观，按照省委、省政府确定的“做强大城市、做优中小城市、做特乡镇、做美农村”和“突出特色、保证质量、注重节约”的总要求，解放思想、创新模式，加快构建布局合理、功能完善、特色鲜明的城镇发展体系，健全和完善以城带乡的政策体系和体制机制，走出一条符合云南实际的特色城镇化道路。这是形势所迫，也是云南省科学发展需要破解的重大课题。

同时我们也应该看到云南少数民族地区乡村在基础设施建设上还存在着许多问题，这些问题阻碍了云南少数民族地区乡村城市化的进一步发展，不利于新时期数民族地区乡村发展的目标的实现。据统计[①]，2010年，全省少数民族人口比例占30%以上的建制村有6 999个，辖68 490个自然村，总人口1 577.59万人，其中少数民族人口1 210.56万人，占总人口的76.74%，2010年，民族自治地方7 360个建制村中，城镇化率达27.3%，比2005年提高3.8个百分点。2010年8个人口较少民族（即独龙族、德昂族、基诺族、怒族、阿昌族、普米族、布朗族和景颇族）总人口42.1万人，主要聚居在保山、红河、普洱、西双版纳、大理、德宏、怒江、迪庆、丽江、临沧10个州（市）35个县（市、区）138个乡（镇）的395个建制村3 520个自然村，涉及17.9万户75.9万人，其中，人口较少民族38.3万人，占全省人口较少民族总人口的91%。为了推动云南少数民族地区乡村城市化的进一步发展，《云南省扶持人口较少民族发展规划（2011—2015年）》正计划对人口较少民族聚居的33个乡（镇）开展特色小镇建设，打造一批特色鲜明的小城镇，其中旅游小镇为9个，另外的24个为特色小镇，以促进特色产业和农村人口向小城镇集聚。

### （二）城市化进程对云南少数民族乡村文化的总体影响

目前，学术界普遍认为，城市化从发展到今天，已经成为现代化进程中不可阻挡的潮流，因而少数民族地区乡村城市化对西部大开发、缩小东西差距、促进民族经济发展和社会变迁、推进西部地区现代化、全面建设小康社会以及维护社会稳

① 数据源于云南省统计局资料。

定和国家安全都具有重要意义。学者高永久指出，城市化是民族地区实现现代化的必由之路，是民族区域经济发展稳定增长的前提，是民族地区城市空间扩散与集聚效应作用产生的保证①。徐和平认为，加速城市化进程，能从外部导入新的要素，加速少数民族的社会变迁，推动其社会现代化进程，带动经济发展②。袁仲由认为，实施城镇化战略是人类社会发展的必然要求，是实践“三个代表”的集中体现，是推动城乡经济结构调整的重要举措③。蒋彬认为，加速推进城镇化进程是西部民族地区全面建设小康社会的有效途径④。张鸿雁、陈俊峰认为，加快城市化既是缩小民族地区发展差距的主要途径，也是中国区域社会平衡发展、社会稳定和国家总体安全战略的重要选择⑤。还有学者认为，少数民族城市化进程中产生的城市文化多元化，是历史发展的趋势，城市多元文化居民是城市建设的创造力⑥。因此，几乎所有的研究者都肯定了城市化对少数民族实现现代化具有重要的积极意义。然而，面对城市化浪潮，少数民族乡村文化的价值如何、前途何在？城市化如何浸入和影响民族乡村文化？在政策层面，民族乡村文化是否就应该为城市化低头让路？这些问题已成为我们不得不认真思考和积极应对的重大课题。

---

① 高永久：《城市化与民族地区的区域经济发展》，原载《兰州大学学报》（社会科学版），2004（4）。

② 徐和平：《城市化与贵州少数民族社会现代化》，原载《贵州民族研究》，2000（3）。

③ 袁仲由：《关于加快实施民族地区城镇化战略的思考》，原载《中南民族大学学报》（人文社科版），2003（1）。

④ 蒋彬：《西部民族地区城镇化与全面小康社会建设》，原载《广西民族学院学报》，2004（2）。

⑤ 张鸿雁、陈俊峰：《中国民族地区城市化发展战略与对策创新》，原载《社会科学》，2004（6）。

⑥ 阮西湖：《人类学研究探索——从“世界民族”学到都市人类学》，民族出版社，2002年，第233页。

我们认为，对少数民族地区城市化的理解，除了涉及少数民族人口流入城市、村委会转为居委会、“农转非”的过程，城市化实际上还是一个民族生产方式、生活方式和社会文化全面变迁的过程。事实上，无论从何种角度观察，作为经济现代化标志之一的城市化都会给少数民族地区带来全面的挑战，尤其表现在少数民族地区的乡村传统文化方面。可以说，城市化正以前所未有的冲击力迅猛推进，以无法阻挡的穿透力渗透到少数民族乡村传统文化的刚性结构中。在城市化过程中，许多少数民族人口虽然仍在乡村、牧区，但他们的生产、经济活动却服从于城市需求，为城市市场而生产；他们的生活方式也已城市化了，也就是说，城市化使整个少数民族地区纳入了城市生活的轨道。因此，在交往全球化、社会进程城市化、现代化进程中，如何处理好“全球化”“现代化”“城市化”与文化“一体化”“多元化”的矛盾关系问题，是当代人类社会面临的主要挑战之一。关注“全球化”“现代化”“城市化”进程中的少数民族乡村文化，运用各种手段保护少数民族乡村文化是时代赋予我们的使命。为此，正确认识云南少数民族乡村传统文化的生存状况，明确乡村文化保护、传承的前景，确立乡村传统文化保护的内容及其规范体系具有重要意义。

无疑，经济发展和城市化进程的融合，必然会带来云南少数民族乡村文化的改变。如今，在现代化、全球化、城市化背景下，对于云南少数民族乡村文化自主性的保护和可持续行为已经成为共识。在城市化浪潮的席卷下，云南少数民族乡村文化受到了哪些冲击和影响呢？城市化进程是如何侵入和影响云南少数民族乡村文化？影响因子有哪些？

云南少数民族乡村文化基本上是农耕时代的产物，其千百年来存在、传承和延续，就是因为有乡土社会这个稳固的、不可动摇的传统根基，靠的就是植根于几十万个自然村落的传统文化薪火相传。可是工业和商业文明要根本性改变人们的生活内容和生活方式，这是全球性的问题，无论多么古老迷人的文化也得不到豁免权。当前中国的文明正由农耕文明向现代的工业和商业文明转型，城市化进程正在以不可阻挡之势扩张工业和商业文明，加速吞噬广大乡村地区农耕文明，云南少数民族乡村也不能幸免，截至2012年2月云南仅存136 443个自然村。云南少数民族乡村文化是一种生活文化，必然首当其冲受到冲击和排斥，一部分被工业文明淘汰掉，一部分被商业文明转化为商品。加之云南少数民族乡村所面临的这种转型又与急转弯式的社会变革紧密相关，所以工业和商业文明与城市化一道，几乎是横向地“杀入”到云南少数民族乡村的农耕社会中来，它看上去更像是一种文明的宰割。

人类创造的一切文明都是从猿人下地从事渔猎开始的。作为有着人类社会发展活化石之称的云南少数民族乡村文明来说，其文明的载体和源头正是农耕文化，云南少数民族乡村文明的摇篮正是古老的乡村。云南少数民族地区乡村传统乡土文化观念中有着清晰的产权关系及其规范要约，有着别具一格的诚信体系，有着从实践中摸索出的休耕、轮作、禁伐等富有朴素的循环经济和生态经济思想的成功经验，有着人与自然、人与人、人与社会平等和谐共处、天人合一的生存智慧，这些正是云南少数民族乡村传统乡土文化最明显的特质。然而，随着快速推进的乡镇农村的城市化、生活的现代化，云南少数民族乡村原先固有的乡土文化被视为时代的弃物而撇在一边。在人们迟迟没有把农耕文明的创造当作遗产时，它们中的很多部分就已经支离破碎，大量飘失与流散了。原本传统的小农家庭与多样化的村社功能（如对人力、土地、资金等资源配置和社会矛盾调处）的有机结合，使云南少数民族地区乡村不仅具有能够化解内部多重风险的能力，而且还能化解来自外部（如市场、政治）的种种风险。一旦靠诚信和道德作为相互利益关系抵押品聚族而居的熟人社会被人与人之间靠契约关系维系的移民性的生人社会所侵入，就会使得传统的农户理性和村社理性被打破，从而引发种种问题。

（三）城市化背景下的云南少数民族乡村及乡村文化

近年来的城市化对云南少数民族乡村及乡村文化形成了极大冲击，表现出鲜明的地域特征。

特点一，城市化把最容易资本化的乡村青壮劳动力引向城市，把最难于资本化的老弱妇幼留在农村，成为“留守村”“空心村”。在云南少数民族地区，有一些村寨，尤其是高寒山区的村寨，因土地贫瘠，生态脆弱，随着生存环境的恶化，越来越不适合人类居住。也有一些村庄因远离社会发展中心，交通不便，信息闭塞，即使不缺资源，但由于难以转化为资本，因而村寨里的年轻人多把家乡视为羁绊，一旦有机会就拼命逃离，要么外出打工，要么通过考试离开家乡，要么通过移民方式搬迁出去。这种城市化的结果是，村寨里渐渐地只剩下留守老人、妇女、孩子和游手好闲的人，随着孩子长大外出和老人的去世，村寨最终极有可能自然消亡。

特点二，一些地方通过承包地换户口等政策或手段拆并、建成新的少数民族居民点。本来，通过科学规划，根据农民自愿的原则引导少数民族村民到新的社区集中居住，这是很好的做法，但有的地方在“土地财政”诱惑和“占补平衡”的规制下，采取行政干预的措施以宅基地换住房，以承包地换户口搞“农转非”，推行撤村改社区，建成新的少数民族居民点。表面上看，房子更漂亮了，巷道更整洁了，但是却打破了世世代代聚族而居的熟人环境，打破了村落社会的组织结构，打破了传统的村落文化，打破了传统的生产生活方式，打破了熟人社会的秩序，打破了乡村的稳定和谐。这样城市化的“新环境”未必就是农民心目中追求的目标。这种城市化实际上是以资为本，而非以人为本的城市化，是一种任由城市去“化”农村的城市化。

特点三，乡村被城市吞没，通过“城中村改造”成为真正的城区。在城郊地带的部分少数民族乡村，随着云南城市化的快速推进和小城镇建设步伐的加快，部分少数民族乡村改头换面，良田变成了工厂，老屋换成了楼房，整个基础设施都换上了城市的外衣，农民身份也变为市民，再也不用脸朝黄土背朝天了。表面上看，往日的少数民族乡村跟现代的城市一模一样，但在内部管理上还是有着明显的区别。比如虽然村委会改为居委会了，但由于原来的村庄普遍存在集体经济组织，或多或少拥有一些集体资产，村子变成城市社区后，集体组织走向公司化，集体资产走向市场化。一旦管理跟不上，或者那些“新市民”的生产生活方式不能完全融进去，势必造成“村庄的终结”与“农民的终结”合不上拍，其不容忽视的一个后果是一些 “被上楼”的居民面临着一系列问题，比如由此产生的生活成本的问题、“闲人”的问题、角色转换的问题、后顾之忧的问题、传统乡村文化的消解问题等等，这些埋下的隐患绝非靠增加经费所能够解决的。

特点四，一些古代村落被传承和保护下来，成为“村庄博物馆”或“乡村文化生态区”。如大理喜洲的白族民居，因为科学规划和合理建造，远远超出了最基本的居住功能，渗透在每一个角落每一个屋檐的都是浓郁淳厚的“耕读传家”文化和“天人合一”的哲学精华，继承到现在，早已上升到一种美学价值。一些类似的村寨也已经作为历史文物被保存下来，大部分成为供游客参观的景点。然而，这种村寨在历史的演进中正悄然发生着变化，其最珍贵的少数民族乡村文化的人文内核正悄然被商品经济洗刷和侵蚀。近年来，在云南省委、省政府领导、支持下，云南搞了一批少数民族乡村文化生态区保护试点。与“村庄博物馆”相比，乡村文化生态区保护更具原真性和完整性，保护成效更显著，而“村庄博物馆”由于保护对象和内容不够原真和完整，基本属于一种退而求其次、不得已而为之的保护策略和保护手段。然而值得我们注意的是，并非所有少数民族乡村文化都可纳入文化生态区域性保护范围，目前的现实乃至将来的实践只能是针对那些直接关系到某种少数民族乡村文化生死存亡抑或具有极大价值和重大意义的文化，才能施以文化生态区保护这一保护策略和路径，否则，文化生态区保护范围无限扩大，直至囊括云南所有的少数民族乡村文化，既不现实又不可行。

温家宝曾经指出："一个城市历史文化遗产的保护状况，是研究城市文明的重要标志，在城市建设和发展中必须正确处理现代化建设和历史文化保护的关系，使城市的风貌随着岁月的流逝而更具内涵和底蕴。"符合云南实际的特色城镇化道路何尝不是如此，一个少数民族乡村历史文化的保护状况，同样是研究少数民族乡村文明的重要标志，因此，在云南特色城镇化建设和发展中，同样必须正确处理现代化建设和少数民族乡村文化保护的关系，使少数民族乡村的风貌随着岁月的流逝而更具民族文化的内涵和底蕴。

### （四）城市化与云南民族乡村文化保护的互动

文化资源是一种资本，在知识经济时代、城市化时代更是一种强力资本。城市化是文明社会的基本特征。当下的云南乃至全国，城市化程度都还远远不够，还需要不断向前推进。但是，我们认为，推进城市化进程也好，建设小城镇也好，都不应建立在一刀切地消灭村寨的基础上，两者不是非此即彼的关系。从已有的经验和教训来看，人类在经过疯狂城市化后终于警醒地发现，乡村越来越受到人们的青睐，它不仅仅是人们逃避车马喧嚣的休闲地、节假旅游的消遣地、换换胃口调剂生活的宜居地，更重要的是，乡村的价值已经被定位在人类社会价值链的最高端。上海世博会瑞士国家馆取名为"自然乐园"，参观者乘缆车登上瑞士馆往下看，脚下是布满绿茵和花丛的田园风光。所有这一切提醒我们，真正高品质生活是需要城市与乡村的可持续互动，而不是抛弃乡村。上海世博会还以城市为主题开设了一个乡村馆，以宁波滕头村的生动实践告诉人们：城市让生活更美好，乡村让城市更向往。中国古人云："和实生物，同则不继。"事实上，城市和农村就像家庭中的夫妻关系，有男有女，性别有分工，如果全部城市化就成了"同性恋"，人类的文明将无法延续，更何况，只要人类还需要粮食，就必须维系一定的村寨保有量。为此，应充分认识乡村文化的价值，没有乡村文化就没有城市文化，城市文化的存在是以乡村文化为基础的，乡村文化是城市文化的源头活水。全社会都应该清醒地认识到，一些乡村的消亡应是一个长期的渐进过程，应是市场经济、社会文明发展到一定阶段水到渠成的事情，人为的过激行为，带来的后患将很难克服。所以推进城市化的速度不是越快越好，推进的面积不是越大越好，而要把握速度，把握节奏，慢不得，更急不得。

对于云南少数民族乡村来说，在推进城市化进程中，我们尤其要注意处理好城市化和少数民族乡村文化保护之间的互动空间，找准可良性互动的载体和空间，构建两者之间良性互动的发展机制。

云南是一个民族文化资源极其丰富的省份，然而，在城市化进程快速推进的背景下，云南少数民族乡村如何有效地利用这些深厚而独特的资源，把那些植根在乡村、民间的富有生命力的东西转化为诸如文化创意产业、旅游业、民间工艺品等能够为社会经济发展带来新活力的有效财富，这需要认真地研究。如果再说到云南少数民族乡村优秀传统文化的保护和持续利用，则更是一个巨大而艰难的课题，也是本课题着意尝试的主旨所在。值得高兴的是，通过不同层次主体的探索和努力，云南在这方面迈出了这关键的第一步，也取得了初步的成绩，被外界称之为民族文化保护和开发的"云南模式"。

单纯从少数民族乡村文化保护角度而言，云南在实践中已主要有博物馆式文化保护和文化生态区域性保护两种路径。前者包括建立各种各样与少数乡村文化相关的陈列馆、博物馆、纪念馆，以及运用录音、拍照、摄像、文献收集整理出版等手段保存少数乡村文化的设施。后者则涵盖了某个特定区域的所有少数民族乡村文化空间、物质文化遗产和非物质文化遗产，是在不脱离原住民、不改变当地生产生活环境的保护。应该说，以上两大保护路径云南都做得相当不错，取得了一些试点经验，当然也有许多教训可供总结，本课题第二章、第三章重点以一些具体的案例做了分析、梳理。

事实上，在采取上述两种少数民族乡村文化保护和发展路径之外，我们还可跳出单纯的少数民族乡村文化保护框框，进行其他的尝试。例如，随着后工业时代的文化创意经济发展，我们便可将许多文化创意产业引入少数民族乡村，走嫁接少数民族乡村社会的保护和发展乡村文化之路。由于许多文化创意产业属于人脑加电脑之类的产业，所需物理空间小、基础设施配套要求不高、资源能源消耗少，因此不必走征地拆迁、建工业园区的老路，完全可以取得既提供现代工业发展空间、创造经济财富，又较少改变、破坏少数民族乡村居民生产生活环境、较好保护乡村文化生态的良好效果。

除了上述这种可称做文化创意产业的保护路径外，我们还可实行鼓励城市居民无障碍地流向少数民族乡村，进而接受乡村文化熏陶和教化的少数民族乡村文化保护策略和路径。总之，在少数民族乡村文化的存在空间既定的情况下，我们可通过减少、消除城市居民向少数民族乡村流动的障碍，鼓励更多的城市居民在少数民族乡村定居生活。一旦有更多的城市居民进入少数民族乡村，更长时间地与少数民族乡村文化接触，接受少数民族乡村文化的熏陶，其结果就是少数民族乡村文化得到更多社会成员的重视和自觉保护，从而使得少数民族乡村文化的基因被输入到更多的城市居民身上，一句话，少数民族乡村文化将得到更好的保护和发展。具体实践中，就是要确保少数民族乡村拥有较好的水电道路通讯等基础设施，以及较好的养老、医疗等社会保障服务。此外，更重要的是，确保城市居民能够在少数民族乡村拥有安神居住之所，使得众多城市居民奔往少数民族乡村生活定居自然不在话下，这一新的少数民族乡村文化保护和发展之路取得成效当在预料之中，事实上，在云南大理、丽江、西双版纳等少数民族地区，已有不少城市居民在民族乡村定居生活。

曾经有不少来自省外和国外的文化考察者和旅游者向云南少数民族地区接待方提出要去看一些村寨。在他们看来，村寨才是值得看的真实窗口。其实，从我们主人的角度看，这还不仅仅是个“窗口”，可持续发展的基础在村寨，民族文化传承、沿袭发展的主要生命载体，也在这一个个具体的村寨。因此，在城市化进程中，云南少数民族地区乡村在发展经济的同时，必须保持地方乡村传统文化、民族文化的多样性，扶持各民族乡村文化保护事业，并注重各民族民间文化的资源化开发，培育和发展各民族乡村文化产业。目前，通过对各民族乡村文化资源的适度技术化、组织化，直至加以知识产权专属化、生产资源资本化，实现资源的有效保护和产品（产业）的自主开发，已经成为我国文化产业，尤其是西部地区文化产业面向未来的发展不得不关注的一项紧迫任务。

实际上，以云南为代表的广大少数民族地区乡村的发展已不大可能也没有必要再走沿海农村乡镇企业、民营企业的传统工业化、城市化道路，这一是由于产业基础、交通条件等方面的限制，二是基于环境保护和生态效益的需要，三是出于维持中华民族文化基因和文化生态平衡的需要。云南少数民族地区乡村应该凭借自身所拥有的丰厚文化资源优势，在充分挖掘和保护好独具特色的民族多样性乡村文化的同时，发展以民族文化创意产业、特色旅游业为依托的乡村文化产业，同时大力保护和改善民族地区乡村脆弱的自然生态环境，这本身就是一种“绿色”产业，可同时为民族地区乡村的文化资源开发和环境资源保护服务。这些都完全符合国家发展特色小城镇战略的要求，此类“绿色”产业应当成为民族地区乡村发展的新的增长点。

与此同时，由于地区经济不发达，云南等西部民族地区县市、乡镇基层文化建设投入严重不足，基层文化单位举步艰难，不少的基层文化设施已经由于缺少运行费用而不得已闲置甚至荒废。促使基层文化单位实现由纯粹的“事业型投入”向“产业型产出”转制或部分转型的体制创新，改变目前的存在状况，已经势在必行。这需要有突破旧制而一举多得的力举，把乡村城镇化进程、社会经济发展与乡镇社区文化建设、民族文化资源保护、民间文化产业开发、民族地区扶贫攻坚、基层文化单位改制各项要务结合起来。云南发展不能不基于云南少数民族乡村的发展，应考虑以乡村文化创意产业、特色乡村旅游业和民间文化产业为起步平台，通过开发高文化含量的产品和产业积累实力，并促进高技术含量的产品和产业发展，开创一条文化资源的资本化开发和信息化利用带动新型工业化、特色城镇化的人文经济发展之路。

### 三、课题的关注点及相关研究现状

本课题的意义在于运用理论联系实际、田野调查和个案分析的方法，以历史和现实作为逻辑起点，结合时代要求，从民族学、文化学、文化心理学等多学科的视角，系统分析、综合比较并吸取国内外有关传统文化保护传承理论研究的精髓，对云南少数民族乡村文化在城市化进程中的保持进行多层次、多向度的分析与综合解读，以期丰富对少数民族乡村文化保护的专题研究，为决策部门提供少数民族乡村文化保持的理论参考，为重新审视乡村文化的战略地位及与之发展相关联的问题提供一些新的视角。我们可以清晰地看出，少数民族传统乡村文化在未来的经济、文化发展中将凸现出其在中国现代社会中所具有的安身立命、富民强国的内在特质。加之西部大开发的大好机遇，如果通过各级政府的认真谋划，社会各界的积极参与，少数民族地区的乡村文化必定会在各不相同的区域实现历史性的跨越式发展。

在少数民族众多的省份，我们更加关注的是：民族地区在城市化进程背景下，如何保护、传承和发展少数民族传统乡村文化。于是，少数民族如何既能保持自己传统乡村文化的特色又能融入到城市化行列中去，成了一个值得关注的问题。从文化哲学角度看，这个问题的深层，实际上是城市化背景下文化的"一体化"与"多元化"的关系问题。研究此问题，既关系到各少数民族传统乡村文化的生存前景，也关系到少数民族乡村文化现代转型的发展战略。这不仅是一个理论问题，同时更是一个紧迫的现实问题，它已成为少数民族地区构建和谐社会的重要内容。

目前，在中国城市化进程中民族问题的研究方面，国内学者们重点对城市化战略、民族社区、社团建设、民族文化变迁、人口迁移与流动等几个领域作了研究。从对城市化进程中民族文化变迁的研究成果来看，多集中在对城市化背景下民族文化的发展趋向及如何保护少数民族传统文化的问题上。例如，李德洙提出城市是展示民族文化和民族繁荣发展的重要场所，而不是磨灭民族特点的磨坊。谢志峻等人认为，在城市化进程中对待少数民族文化，既不能以一元化否定多元化，也不能强调多元化而忽视一元化，城市文化乃至人类文化在实质上都是多元文化的统一体。高永久、范生姣、刘亚丽、程苹等人都认为应当使少数民族文化在城市化进程中得到保护与传承、弘扬与重塑。此外，高永久还提出了当前民族地区城市社区文化涵化的四种类型。总体看来，系统研究城市化进程与少数民族乡村文化保持问题的研究成果尚少，而从不同视角涉及此研究的有一些，如冯骥才《保护农村文化遗产》、卢守亭《城市化过程中民族文化面临的机遇、挑战与对策》、王正元《论少数民族地区农村传统文化的现代性变革》、沈茂英《西南少数民族地区新农村建设的特殊性》、王星《论移民地区新农村建设中民族传统文化的弘扬》、高永久《论城市化进程中少数民族文化权利的法律保护研究》等。

## 四、文化是什么

要探讨文化保护，文化概念的阐述是一个永远绕不开的话题。关于文化的概念可谓众说纷纭，当前，国内关于文化研究的队伍主要来自以下学科研究领域，即哲学领域、文艺学领域、文化人类学（民族学）和民俗学领域，而来自各自学科背景的学理基础有所不同。本课题认为，无论是从哪个学科的立场出发研究文化，文化人类学和民俗学的学理基础都是必不可少的。原因在于，在人文科学中，以文化为研究对象的学科正是文化人类学和民俗学，如果有悖于文化人类学和民俗学的学理基础，那么所提出的有关文化保护、传承和开发的理论与实践难免陷入某些误区。

“文化”是一个倍受青睐的字眼，在当代学术词汇中，“文化”也是使用频率最高的一个词，在人们日常生活及社会生活中，文化一词同样受到普通老百姓的垂青。总之，正如美国文化人类学家洛威尔所指出的：“在这个世界上，没有别的东西比文化更难捉摸。我们不能分析它，因为它的成分无穷无尽，我们不能叙述它，因为它没有固定形状。我们想用文字来范围它的意义，这正像要把空气抓在手里似的；当着我们去寻找文化时，它除了不在我们手里以外，它无处不在。”[①]由于“文化”简直是无所不在、无处不有的现象，可以说人类越来

① 转引自殷海光：《中国文化的展望》，上海三联书店，2009年，第26页。

越生活在自己所创造的文化世界中。也正是因为有了文化，人类才真正过上了人的生活。在这个意义上，我们说人类是文化的动物。因为文化是人类生活和存在的一种特有方式，人类总是根据自己特有的文化生活着；反过来，文化又在人类中间创造了一种同样是人类特有的联系，决定了人类生活的人际特点和社会特点。在文化作为人类生存的特有方式的统一性中，同时又存在在文化的多样性，而人类就生活在这种多样性中。因此，文化是人类之所以成为人类的基础，并使人类更加完美或日趣完善。这种完善依赖于文化的传承，动物尽管也有传承，但传承的仅仅是动物的本能，人则依赖于自己所创造的文化，而文化的历史沉淀又集中体现在各种各样的"文化遗产"中。通过 "文化遗产"的代代传承，后人可以了解历史上曾经发生的一切，并从中汲取经验教训增长智慧，使自己少走弯路进而获得可持续发展。因此，各民族的传统"文化遗产"就成了一笔无比珍贵的财富，是无法用单纯的金钱衡量的财富。实际上，文化既是人的本质规定，又是一种通过社会、传统来承递的历史沉积物，因而人既是文化的存在，同时也就是社会的存在、历史的存在和传统的存在。[①]

"文化"是一个含义极广的概念，由于其内涵和外延的不确定性，导致对这一概念所下的定义、所包含的内容历来莫衷一是。学术界公认的最早把文化作为专门术语来使用的是被称为"人类学之父"的英国人泰勒在1871年发表的《原始文化》一书中给文化下了定义："从广义的人种论的意义上说，文化或文明是一个复杂的整体，它包括知识、信仰、艺术、道德、法律、风俗以及作为社会成员的人所具有的其他一切能力与习惯。人类各种社会之间文化的条件是研究人类思维和行为规律

① ［德］米夏埃尔·兰德曼：《哲学人类学》，张乐天译，上海译文出版社，1988年，第217~232页。

的课题。”[①]泰勒的定义是描述性的，但却第一次给文化一个整体性概念。后来的文化定义，都没有超出泰勒把文化看成是一个复杂的整体的基本观念。自此以后，不少西方学者纷纷给文化下过定义，以致形成了上千种关于文化的定义。当代美国文化人类学家克罗伯和克拉克洪曾在合著的《文化，关于概念和定义的探讨》一书中对161种文化的定义进行了归纳和总结，认为这些概念基本上都接近，所不同的只是方法而已。这一思想对于我们研究文化的概念和构成，具有极大的启示作用。英国文化人类学家马林诺夫斯基从“满足人类的需要”的角度来阐释文化概念。在马林诺夫斯基的功能学派文化学理论中，最著名的是他的一句断语：“社会制度是构成文化的真正要素”。这一思想对于我国学术界研究制度的文化属性极具帮助意义。五四运动之后，我国的文化学家对文化的定义也展开了热烈的讨论。对“文化”一词的界定影响最大的，当首推梁漱溟先生1920年出版的《东西文化及其哲学》一书对文化所下的定义。梁漱溟认为，文化乃是“人类生活的样法。”梁漱溟把人类生活的样法分为精神生活、物质生活和社会生活三大内容。

总之，文化的含义是很广泛的。文化概念的多义性、歧义性和不确定性，使得人们很难对文化下一个确切的定义，尽管人们时时在使用它。以致许多历史学家、文化学家都不得不被迫放弃了对文化下定义的企图。

由以上探讨中我们发现，在我们给文化概念试图确定一个范围时，各种关于文化概念的解释，包括一些经典性的解释，大都是用现象描述的方法，指出“文化是什么”，或者“文化包括什么”等等。这种描述方法在论述某一具体问题时可能是有效的和有用的。维克多·埃尔也指出：在早期，“文化概念不是一个抽象的概念；在某些时代，它具体体现在有代表性的

① ［英］泰勒：《原始文化》，蔡江浓编译，浙江人民出版社，1988年，第1页。

成就之中。这些成就揭示了文化概念的某些理论的和实际的问题，指导人们思考那些具有现实意义的问题。”但对于“文化”这样一个内容极为丰富、极为复杂的概念来讲，任何一种现象描述法都可能是不全面和不准确的，都可能挂一漏万，不能准确地反映它的内涵。因此，要给文化概念确定一个大致的范围时最好用哲学抽象法，即从众多现象中抽象出一种概括。

本课题认为，各种不同版本的定义基本上都着眼于文化的外延方面，即文化概念所包括的内容范围。因此，基于人类社会文化事象的丰富多彩和复杂多样，国内外学界出现的关于文化的各种定义和表述各异，但文化的实质性含义——“人化”，却是我们应该突出把握的。否则，文化定义就很难抽象到哲学的高度理论概括上去，文化与人类社会之间关系的实质也就无法真正得以确定。

基于此，本课题赞同王亚南先生的观点，认为文化是社会传承的人类种群信息系统[1]。由此，无论由全部人类文化的哪一种形态分类来说，关于文化的这种抽象概括都是恰当的。也即是说，一切必须经由人类社会来传承的东西都属于文化范畴，一切可以经过人类语言来传递的东西都是文化信息，不仅人类精神文化的理论传承是这样，人类物质文化的经验积累如果离开了思维和语言同样无从谈起。因此，人类所获得的物质生产力和精神活动能力经世世代代发展、传承，人类所创造的物质成果和精神成果历经世世代代积累，这一过程本身就是一个文化信息的社会历史传承过程。

## 五、乡村文化是什么

在广义上，“文化是一个包括知识、信仰、艺术、法律、道德、风俗以及其他人们作为社会成员所掌握和接受的一切

① 可参考王亚南《文化传承、保护与开发误区辨正》《论文化作为一种信息的社会传承》等论文。

其他能力和习惯的复合体"[①]。文化具有时空地域性，它包括"各种不同国家、时期里的特殊与不同的文化，而且是一个国家内部，社会经济团体的特殊与不同的文化"[②]。

乡村[③]文化是与城市文化相对而言的，是乡村民众（简称乡民）在乡村这个特定的社会环境（与城市环境相对）中创造出来的文化，是以乡民为主体，在特定乡村环境基础上经长期生产与生活过程，逐步形成并发展起来的一套相对稳定的乡村民众的心理、思想观念、思维方式和行为模式，以及表达这些心理、思想观念、思维方式和行为模式所制作出来的种种成品。乡村文化具有历史沿袭性、相对稳定性、伦理道德性等特性。因此，乡村文化的内涵指向乡村的生产生活方式是必然的，因为一切社会意识都是社会存在的反映，它内敛为乡民的情感心理、思想观念、生活情趣、处世态度、人生追求、行为习惯，外显为民风民俗、典章制度和生活器物，是乡民生活世界的重要组成部分，也是乡民安身立命的价值和意义所在[④]，是乡民文化素质、价值观、交往方式、生活方式等深层社会心

---

① 费孝通：《论人类学与文化自觉》，华夏出版社，2004年，第188页。

② [英]雷蒙·威廉斯：《关键词：文化与社会的词汇》，刘建基译，生活·读书·新知三联书店，2005年，第105页。

③ 乡村不是一个简单的定义所能涵盖的，它是复杂而又模糊的概念。界定乡村的困难在于乡村类型的多样性、乡村整体发展的动态性演变、乡村各组成要素的不整合性、乡村与城市之间的相对性，以及由于这四大特性形成的城乡连续体。随着社会生产力的发展，城市化的不断推进，传统乡村特征在逐渐转化，表现在经济上从农业等（主要是农业，但不仅仅是农业，还包括许多少数民族乡村广泛存在的游牧业、捕鱼业等）向非农业转型，社会构成上乡民的分化（如农民—非农民或新式农民，渔民—非渔民或新式渔民等），聚落从乡村型向城镇型转化，乡村文化的转型等，这些要素的变动带动了地域的转型，出现了介于城市与乡村之间的乡城地区，这种经济、社会、文化、地域的演变代表着人类文明的进步，是现代化的必然趋势。

④ 张中文：《我国乡村文化传统的形成、解构与现代复兴问题》，原载《理论导刊》，2010（1）。

理结构的反映，是基于乡村社会发展的一个动态演进过程。乡村文化作为乡村社会的重要组成部分，反映着乡村社会基层最基本的文化形态，社会文化熔铸在总体性文明的多个层面中，自发地左右着乡民的各种生存活动，是其价值观念、生活方式、交往方式、行为习俗、心理情感和道德规范的反映。因此可以说，构成乡村文化整体的，“一是乡村独特的自然生态景观及建立在这种生态之上的村民们的劳作与生存方式；一是相对稳定的乡村生活之间不断孕育、传递的民间故事、文化与情感的交流融合”①。

我们需要用多元化的视角去理解乡村文化，而不应简单地把它看做是单一的农村文化，它还包含少数民族地区多元存在的游牧文化、渔猎文化、刀耕火种文化等文化体系。

中国乡村是一种什么性质的社会？著名学者费孝通在《乡土中国》中试图给出答案：“从基层上看去，中国社会是乡土性的。”②即是说，乡村文化以乡土为其核心。我们所理解的是，“乡土”包含了所有乡村的生活方式和生产方式。“乡”指乡民以村落（游牧民族以部落）为单位的聚居方式，“土”指乡民以土地等（游牧民族以草原，渔猎民族以水域）为生的生产方式，二者相辅相成。中国乡村传统文化的特点是：乡民与自然生态关系的和谐，乡民与他人以情感为中心的交往，乡民对村落以及更广泛社会的认同，乡民对国家秩序的尊重。理解乡村文化是文化自觉的第一步，本课题中所说的乡村文化，主要指当前存在于中国各类型乡村这个地域中的、蕴涵在各民族乡民生产生活方式中的传统的知识、信仰、艺术、法律、道德、风俗以及其他人们作为社会成员所掌握和接受的一切其他能力和习惯的复合体。

① 刘铁芳：《乡土的逃离与回归：乡村教育的人文重建》，福建教育出版社，2008年，第38~39页。

② 费孝通：《乡土中国生育制度》，北京大学出版社，1998年，第6页。

## 六、何为少数民族乡村文化

文化具有民族性，这是绝大多数人的共识。民族文化涵盖面非常广泛，概括起来主要包括三个方面：一是物质文化如生产工具与生产方式、民族建筑与民居、民族服饰与器具等；二是精神文化如民族哲学、民族典籍、宗教信仰、道德、民族心理、民族语言文字与民族民间文学、民族艺术等；三是制度与习俗，如民族习惯法、宗教仪规、民族节庆、民族交际与行为规则、方式等等。文化之所以具有民族性，原因是多方面的，但根本的原因在于，人类族群分布的差异性以及各族群发展的自然历史条件和生存环境不同。我国是一个多民族的国家，各民族在长期的历史发展过程中创造了丰富多彩的民族文化，形成了多元一体的中华民族精神和文化格局。少数民族文化是少数民族同胞在长期的生产生活历程中创造的具有民族特色的物质、精神、制度成果。少数民族文化不仅是构成多元一体的中华文化的重要组成部分，而且成为少数民族生产生活方式不可分离的部分。在现代社会，少数民族的生存和发展离不开对现代文化的接纳和运用，其传统文化也要在与现代文化的交流与砥砺中传承和发展。

何为少数民族乡村文化呢？它是中国乡村传统文化的重要组成部分，是中国文化史上的艳丽奇葩。在中国，由于村寨、部落等乡村是少数民族同胞生存、发展的一个基本单元，因而民族传统文化，特别是少数民族文化是通过村寨、部落等乡村文化来表现的，民族村寨、部落文化的状况，最直观地反映了民族传统文化的状况，即是说，村寨、部落文化成为了少数民族民族文化的具体因子[①]。中国少数民族众多，乡村特色各异，因而走进每个少数民族乡村，就如同打开一道门，推开

① 刘锋、龙耀宏主编：《侗族：贵州黎平县九龙村调查——中国民族村寨调查》，“序言”，云南大学出版社，2004年。

一扇窗，呈现在我们面前的是各种各样独具特色的民族乡村文化。各个民族乡村具体的、实在的地理空间使得文化事实变得微观和直接，便于我们去认识与阐释。不同时期、不同民族所形成的传统乡村，承载着不同的文化信息。因此我们认为，少数民族乡村文化是一种历史现象，每一时代都有着与之相适应的文化，并随着社会物质生产的发展而发展。乡村作为民族文化的一个信息源而存在，是民族传统文化研究之依托。任何一个民族的乡村，都是历史上长期稳态延续下来的文化事实，这标志着该种文化事实在“民族生境”的背景下已经获得了极高的适应能力，并意味着该种文化事实所隐含的文化生态耦合体（罗康隆先生语）已经定型，并获得了可以超长期生效的禀赋和长期稳态延续的能力。

即是说，少数民族乡村文化是少数民族成员在所聚居区域（主要是村寨、部落等乡村）创造、传承、使用的能体现本民族特色的文化，它有明确的对象（具体的民族）、空间（特定的村寨、部落）和内容（差异的文化）。具体的民族乡村是少数民族传统文化保存之所，是少数民族传统文化之根。因此少数民族乡村文化又是一种地域现象，不同区域的民族文化，都有着各自的特征，并且与其他文化相互交融和渗透。民族乡村文化还是一种规约现象，在特定区域内民族成员经世代沿袭并渐次积累，大家共同遵守而约定俗成。总之，各个少数民族地区乡村的民间传说、方言习俗、音乐舞蹈、礼仪庆典、生产生活方式……几乎每一项文化遗存都积淀着久远的岁月印痕，记录着活灵活现的民族审美。

## 七、为何要保护少数民族乡村文化

以往我们在讨论城市化、现代化等问题时，往往根据发达国家的历史经验，形成这样一个假设：现代化就是生活方式的城市化和生产方式的工业化，乡村的现代化发展就是实现城市化和工业化。如果认为“乡村的现代化就是城市化、工业化”，那就意味着以外力强迫乡村文化改变形态而向城市看齐。在这样的假设框架下，农业、畜牧业、渔猎业、刀耕火种[①]等生产方式，尤其是少数民族的生活方式就是传统、落后、愚昧的代名词，认为乡村文化需以城市文化为蓝本进行改造。

但我们认为，乡村文化和城市文化之间有差别而没有差距，不存在优越和落后之分。它们各有优点和缺点，我们不应以一种文化来界定另一种文化的先进或落后。诚如费孝通先生所言，农村人进城市过马路不会躲汽车，就像城里人到乡下不会赶狗一样[②]。《国语·郑语》云：“夫和实生物，同则不继。以他平他谓之和，故能丰长而物归之；若以同稗同，尽乃弃矣。”就是说，性质不同的事物在一起相互作用才能产生新事物，而性质相同的事物放在一起则不会产生新事物。城市文化和乡村文化的关系也是如此，二者要保持差异而不应趋同。在文化多元的时代，我们尤其要追求一种“各美其美，美人之美，美美与共，天下大同”的境界[③]，提倡城市文化和乡村文化相互合作、取长补短，而不是让城市文化“侵入”乡村，甚至“剥夺”乡村文化存在的权利。因此，我们认为：并非“城市让生活更美好”（上海世博会宣传口号），而应是“更好的城市，更好的生活；更好的乡村，更好的生活”。

---

① 自20世纪五六十年代至今，对云南西南部山地民族刀耕火种生产方式是否科学、合理的研究和评价一直充满争议，学者尹绍亭对此问题曾长期进行跟踪调查、研究，写出《一个充满争议的文化生态体系——云南刀耕火种研究》（云南人民出版社1991年出版）《云南山地民族文化生态的变迁》（云南教育出版社2009年出版）等专著，以雄辩的事实和依据积极肯定刀耕火种的历史、生态和文化价值，不同意强行禁止刀耕火种的主张和做法，其观点产生了较大影响。

② 费孝通：《乡土中国生育制度》，北京大学出版社，1998年，第12页。

③ 费孝通：《论人类学与文化自觉》，华夏出版社，2004年，第188页。

诚然，乡村文化尤其是少数民族乡村文化有其自身的不足和缺点，但在我们看来，少数民族乡村文化中强调的人与自然、与自己、与他人、与社会的和谐具有普适价值，是我们应该肯定的。这应该可以为城市发展中的能源、生态、心理、信仰、人际关系等问题乃至社会问题之解决提供借鉴，而城市文化则可以在效率、进取和创新精神方面促进少数民族乡村文化向现代化方向调适和发展。

基于上述思路，根据我们对云南少数民族乡村文化历史、现状、存在问题及原因的调查和分析，我们在课题中作出这样的判断：城市化背景下，在云南等少数民族地区乡村发展过程中，我们能够做和应该做的是“尊重乡村文化，保护乡村文化，调适和发展乡村文化”，而不是人为地、一刀切地、强制地消除乡村文化，让少数民族乡村文化与城市文化日益趋同。

许多人往往把少数民族乡村文化仅仅看成歌舞、文艺活动、手工技艺等，并从《云南映象》“原生态歌舞”获奖、走红等现象对少数民族乡村文化的生存状况做出乐观判断。然而现实是残酷的。事实上，少数民族乡村文化的涵义极为丰富，歌舞、文艺活动、手工技艺等仅仅是其中外显的一部分，还包括民俗风情、伦理道德、价值观念等等深层的、内隐的实质内容。若如此理解，云南乃至全国少数民族乡村地区则面临着严重的文化危机！少数民族乡村文化在内容上呈现日益市场化、舞台化、同质化、“伪民俗化”的趋势，乡村文化生活及社会闲暇日益金钱化、感官化以及低俗化，群众文化娱乐活动也日益单调、荒漠化，一些不健康的文化活动随之渗入少数民族乡村。随着城市化步伐的加快和现代传媒的进村入寨，城市的价值观随着商品以及农民进城务工人员涌入少数民族乡村。遗憾的是，涌入乡村的主要不是健康、积极、科学的精神文化，不是制度文化，而更多的是以欲望表达、感官刺激为主的物质文化、享受文化、颓废文化，严重地冲击甚至是侵蚀少数民族乡村民间传统道德和价值观念，城市的现代生活映照出少数民族乡村生活的落后与闭塞，使得乡民对少数民族乡村传统文化认同产生动摇、焦虑与困惑，认同对象呈现出空置与虚化状态。另外，学校教育中以升学、逃离乡村、进入城市作为强势价值进行渲染，少数民族地区传统的乡村文化不足以给乡村主体的生存提供价值基础与精神支持，于是乡村文化保护和传承面临着严峻的考验。

我们认为，少数民族乡村文化不应消失，也不能消失，它理应成为“城市文化”的一种参照。当今社会文化越来越趋同，也越来越追求个性，对于长期生活在“千城一面”的“城里人”来说，越来越感到城市文化的繁忙、枯燥、无聊和不幸福，因而离开生活的具体的社会环境到少数民族乡村体验，和当地人的文化产生一些互动，让自己的生活里有一些少数民族文化的点缀也好，深度的学习也好，都是有意思的，这才是真正意义上的“幸福生活”。“礼失而求诸野。”环境保护需要生态平衡，人类文化发展同样需要维持文化生态平衡。面对全球化、现代化、城市化潮流，日趋单一化、同质化的城市文化同样需要多样化的少数民族乡村文化的补充和参照。对云南而言，在城镇化推进的过程中，保护多样化的少数民族乡村文化显得更为紧迫和重要。所以，我们觉得少数民族乡村文化和城市文化非但不冲突，甚至可说是互补的。在此我们呼吁，为防止走向枯燥乏味的文化单一性，我们应该留住少数民族乡村文化的丰富性和多样性，应致力于建设各具特色的少数民族地区特色城镇，保护少数民族乡村文化，培养各民族的乡土文化传人，使乡村文化大师的智慧和技艺传承下去，让千百年来给中华文化增添了美丽和激情的各民族乡村的优秀传统薪火相传、代代不息。

## 八、以云南为例进行研究的理由

近年来，云南充分利用丰富的少数民族乡村文化的多样性资源，推动了民族文化事业和文化产业发展，推出了许多在国内外有较大影响的项目。但是随着城市化进程加快，云南少数民族乡村文化能否抵抗住全球一体化、现代化和城市化浪潮的侵袭？云南的文化多样性是否同生物多样性那样面临着种种濒危的威胁？云南在20年后乃至100年后能否仍然像今天这样受到国内外关注？这些都是值得深思的问题。在全国，没有哪个地区比云南更具如此丰富多彩的少数民族乡村文化资源，云南少数民族乡村文化将来的命运如何，其他省市少数民族乡村文化将来的命运如何，中国乡村文化将来的命运如何，中华文化将来的命运如何，对这些问题的思考、探究，通过分析云南少数民族乡村文化的现状和发展趋势，可以提供一个参考视角。本课题探讨的“少数民族乡村文化保护”，仅以云南少数民族乡村文化保护的经验和路径为例，希望能为其他省的少数民族乡村文化保护提供些许可资借鉴的思路。

## 九、课题的基本观点

本课题认为，云南各少数民族在漫长的历史过程中，形成了各具特色的乡村传统文化，具有七大特色，即资源丰富多样（多元性）、歌舞性、原生态性、开放兼容性、宗教性、和谐共存性、跨国境性；云南少数民族乡村文化保护和发展呈现出复兴、衰退和变异长期并存的总体状况，并向着市场化和艺术化方向发展；初步形成乡村文化保护的“云南模式”（即“不脱离文化原生地”的保护和传承模式为主，辅以“脱离文化原生地”的保护和传承模式），围绕两大基本模式展开了专家学者保护型、政府保护型、学院保护型、乡民自觉保护型等多元化保护途径。

本课题认为云南近年来在少数民族乡村文化传承、保护和开发、创新方面虽取得了让人瞩目的成绩，同时也不可避免地存在着一些问题。课题分析了这些问题的具体体现及其原因。

我们认为，在城市化背景下，少数民族乡村文化尽管面临严峻挑战，但并非意味着少数民族乡村文化会彻底散失其价值。在全球化、现代化、城市化的背景下，可以从生存论和意义论互补的角度来看处于相对弱势的少数民族乡村传统文化的生存状态和前景。就生存论层次而言，少数民族乡村传统文化要继续生存，就应该作总体的、根本的适应性转型，提高其“文化自觉性”，调整其文化心态，加强其对自身传统文化的调适、转换，进而推进文化重塑和整合，走一体化的道路，并以亚文化形态存在。从意义论层次来看，少数民族乡村传统文化则可以在有可能作个性化选择的精神信仰和生活境界的范围内，以多元化的民间风俗习惯和个性生活情趣形态长期存在，并对现代社会、现代人的生活产生重要的参考性影响。

研究过程中，我们选择少数民族乡村文化保护和发展的20余个实例，从云南省情、乡村、村情出发，结合乡村现状和文化保护存在的问题进行分析，试图提出少数民族乡村文化保护的一些参照性的基本思路和模式。我们认为云南少数民族乡村文化的保护、传承、调适、开发的规划目标应当是：建立以地域地貌为背景、古老建筑为陪衬、民族地区乡村习俗为载体、宗教信仰为依托、以传统服饰为焦点、歌舞表演为看点、民族节日和手工技艺为热点的较完备的多元乡村文化体系。少数民族乡村文化的长久保护和开发利用应遵循这样一个思路：乡村土地、田园自然景观、古村落、古建筑、古住宅是体，乡村浓郁、古朴、原生态特色鲜明的民族民俗文化是魂，生态农业、乡村生态旅游业、捕鱼业、民族餐饮服务业、民族手工产品加工业等乡村民族特色产业是根，乡村民族文化博物馆、公园、文化传习馆、民族文化广场、庙会、古戏台、古宗祠、民族节庆等平台是关键，实现乡村民族文化软件和硬件相互整合、城市文化和少数民族乡村文化共同发展。

我们认为，少数民族乡村文化保护和发展应注意以下几点。

1.深化“乡村文化保护和传承是目的”的认识和“民族文化自觉”意识。少数民族地区的古城、古镇和古村落、民俗等是弥足珍贵的文化遗产，是历史的主要记忆，是民族文化的传承载体，是地域民俗的符号，更是本地乡民生存、发展的独特资源。保护是文明进步的标志，利用是求实的态度；建设性破坏是智慧理性的错位，直接破坏是对历史、现实和未来的愧对。为此，一定牢牢树立乡民的民族文化自觉意识，从宣传、资金投入、保护措施、政策扶持等方面全面深化保护工作。

2.政府要把关注民生作为保护、传承少数民族乡村文化的关键。少数民族乡村文化保护和传承不只是文化问题，涉及方方面面（如经济发展、基础设施、社会保障、城镇规划、教育、就业、户籍等），当运用系统思维的方法来研究和解决，辩证地看待和处理乡村文化保护，不能单就文化保护来谈文化保护。少数民族乡村文化保护问题同“三农问题”“农民工问题”等一样，根本在于“城乡二元结构”引发的城乡差别，因此，“从城市化向城镇化的转变”是必然出路。从某种意义上说，加快乡村社区城镇化建设更切合实际，随着乡村社区的发展，乡民同样可以享有城市生活的一切保障，少数民族乡村将不再是贫困、落后、原始、野蛮的标签，少数民族地区的乡民也将不再为乡村传统文化感到自卑而是充满自尊、自豪和自信，并自觉、主动保护和传承乡村传统文化，城乡之间只是生产方式、聚落形式和生态景观的差别，城乡社区都将成为人们生活工作的幸福家园。为此，政府要在全面深化古城、古镇、古村、民俗等保护的前提下，把科学保护和合理利用相结合，把保护和当地经济社会发展相结合，和改善民生相结合，合理利用乡村文化资源，把发展有特色的生态农业、文化旅游业、捕鱼业、民族工艺加工业等作为促进乡村经济发展和群众脱贫致富的重要内容，牢记乡村特色风光、生态产业和文化遗产是少数民族乡村生存和发展的根本。

3.总结云南对少数民族乡村文化保护已取得的经验，适应新形势，创新管理与发展。面对全球化和城市化的大背景，要十分注意文化的保护和传承发展，应以“不脱离文化原生地”的保护和传承模式为主，辅以“脱离文化原生地”的保护和传承模式，实现两种模式的有机结合，进行多种保护和传承路径，并注意解决古城、镇、村保护和发展中的文化趋同化、单一利益最大化的问题；针对城市化步伐的加快，注意防止古城、镇、村“城乡一体化”的“同质化”；根据文化遗产保护和传承发展所面临的新形势、新环境、新要求，改革完善政府主导、专家引导、乡民主体、学校参与、适当市场化发展的多元路径，加强舆论引导和宣传，开发培育新的文化旅游产品，创新少数民族乡村特色文化的展示方式和手段，把传统与现代文化的注入同商品经营的关系协调好，牢记乡民在文化保护和发展中的主体作用，掌握自主权，避免过度商业化操作，杜绝外资操控形成外文化的“侵入”和“挤压”，切实形成适应性的少数民族乡村特色文化保护、发展的体制、机制。

4.加强立法、执法方面的反思，建议专门制定《乡村文化保护法》，以法律保护少数民族乡村文化的知识产权，协调各方利益关系，形成合力。必须明确保护与利用是全社会的共同的责任，是各级政府和部门的责任，也是属地群众的责任，同时也要强化广大游客的责任意识，形成文化遗产保护人人有责、文化遗产保护成果人人共享的社会环境氛围。

5.凸显乡村特质，正面引导、宣传，变更主流人群对少数民族乡村文化的评价体系（如隔离、歪曲、误解、异化、贬低少数民族乡村文化），调适少数民族乡村文化传统（如宗教文化、风俗习惯等的调适）。

本课题认为，实际上，少数民族乡村文化保护的具体责任应落实在各级政府、专家学者、当地乡村群众、游客、商家等各个群体身上的，是全社会的责任，体现在规划设计、保护、建设、适度商业化开发等各个环节。少数民族乡村文化保护主体在乡村文化保护思想的指导下，探索和运用乡村文化保护的经验、模式、类型，才能使乡村文化保护环境得以实现。因此，少数民族乡村文化保护的研究和发展也是少数民族乡村文化保护环境构建的重要保证。本研究初步对云南少数民族乡村文化保护进行了全面的研究和整理，尝试着构建少数民族乡村文化保护的理论基础和实践指南。

## 十、课题的意义和价值

城市化背景下中国乡村文化的变迁和保护问题，是具有重大理论价值和社会现实意义的课题。本课题在深入少数民族乡村调查的基础上，以云南少数民族乡村文化保护为表述对象，通过对云南少数民族乡村在城市化背景下的文化保护现状进行客观的描述和分析，试图从多学科的角度，来剖析少数民族乡村文化保护和发展的类型和存在的问题，意在分析城市化进程中少数民族乡村文化的千姿百态，记录乡村嬗变中乡民的梦想、努力与希望，当然也有迷茫。乡村文化的多样性令人欣喜，过度商业化开发引起的文化衰退和变异则引人深思。我们努力用双脚丈量云南少数民族地区的乡村大地，用双目打量乡村发生的巨大变迁，用头脑思考乡村文化保护和经济发展的辩证关系，最终都是为了认识今日云南少数民族乡村文化的丰富绚烂与危机损毁。无论城市还是乡村，面对城市化、现代化、全球化这一系列“千年未有之变局”都需要“稳中求进”。

尽管云南近年来充分利用丰富多样的少数民族乡村文化资源，推动了民族文化事业和文化产业发展，推出了许多在国内外有较大影响的项目。但是随着城市化进程加快，云南少数民族乡村文化能否抵抗住全球一体化、现代化和城市化浪潮的侵袭？云南的文化多样性是否同生物多样性那样面临着种种濒危的威胁？云南在20年后乃至100年后能否仍然像今天这样受到国内外关注？这些都是值得深思的问题。本课题通过20余个田野调查案例，对云南少数民族乡村文化的生存现状和保护困境作了活态记录，多层次、多向度地分析与综合解读了其原因，探讨了其生存前景和发展趋势，并通过成功和失败的案例剖析，总结了经验教训，提出有针对性、可操作性的解决问题思路和对策。

本课题认为，与全国其他省份相比，云南少数民族乡村文化资源相对来说更具有多元性、典型性、代表性。云南少数民族乡村文化将来的命运如何？其他省市少数民族乡村文化将来的命运如何？中国乡村文化将来的命运如何？这些问题，既关系到各少数民族乡村传统文化的生存前景，也关系到少数民族乡村传统文化现代转型的发展战略，不仅是理论问题，同时更是紧迫的现实问题。本课题的分析、思考和探索，既可以丰富对文化多样性问题的专题研究，又可为相关决策部门提供少数民族乡村传统文化保护、传承的理论和实践参考视角。

# 第一章　云南少数民族乡村文化的形成、特色和动向

生活在云南的我们，总能体会到云南的每个少数民族其生活中的一招一式、一举一动中都承载和传递着自身特定的文化信息，这就是文化的“濡化”效应。我们也总能感受到云南每个少数民族总是在两种或多种不同的文化接触、碰撞中适应环境的变化，形成文化变迁，此即文化的“涵化”效应。在历史推进的过程中，云南每个少数民族乡村的传统文化总是处于与外部文化不停的交往中，最终形成独具云南特色的少数民族乡村传统文化。

## 第一节　云南少数民族乡村传统文化的形成与特色

云南素有 “民族文化聚宝盆”等美誉，是世界上少有的多民族群体、多文化形态共生带之一。云南各民族在漫长的历史发展过程中，形成了各具特色的乡村民族歌舞、风俗、工艺品、服饰、建筑、饮食、节庆、祭祀、伦理观念、价值标准等等，构成了云南乡村特有的“十里不同俗、百里不同音”、山川田野各显千秋的人文景观。因此，云南少数民族乡村传统文化呈现出多元性，农耕文化、渔猎文化、游牧文化、山林文化等多种文化类型在云南长期并存，千百年来吸收了汉文化的精

髓、白族文化的精致、藏族文化的深厚、纳西族东巴文化的古朴等，形成了一个包容性非常强的多元性民族文化宝库，是一个“多元文化共存、共赢”的典型范本。

## 一、云南少数民族乡村传统文化在文化交往与融合中形成

人类交往，实际上就是不同民族、不同区域的文化交往，其结果就形成了不同民族的文化交融。各民族文化在其发展的历史过程中，总是会与其他不同内容的民族文化进行双向或多向交流，并总是接纳不同的文化要素，同时将自身的文化要素输入对方。在相互融合中，任何民族文化的生命力均在于其开放性和包容性，绝对封闭孤立的文化是没有生命力的，这既是一种自然规律，也是一种社会规律。但是，由于经济社会发展的不平衡，各民族文化要素输出的度和量多有差异。一般来讲，社会主流文化或经济社会发展水平较高的民族文化体，其文化输出的度和量及主动性更强、更大；反之，非主流文化或经济社会发展水平较低的民族文化体，其文化输出的力度和主动性相对较弱、较小。这实际上是人类社会文化交往的一般自然法则，但也不排除在特殊的历史时期和发展阶段出现两者相反的现象。

民族文化的融合方式有两种：一种是自然融合，是民族文化融合的主要方式；另一种是强制性的民族文化融合，即通过外力强行将一种文化植入另一种文化体中。强制性的民族文化融合所产生的负面效应是显著的，它往往成为民族间矛盾、纠纷、冲突、隔阂、仇恨的重要根源，因而这种高压的民族文化融合只可能是暂时的、有限的。

云南少数民族乡村传统文化正是在不同民族的历史交往中形成并实现融合的。在审视云南少数民族乡村传统文化时，人们会发现许多民族具有相同或相似的文化现象。云南少各数民族在保留自己传统文化的同时，也不断接受其他民族的文化影

响，于是在许多少数民族地区的不同乡村经常出现相同的生活习俗、宗教信仰、岁时节庆，相似的民族起源、婚恋习惯、民间传说等。如火把节几乎成了白族、彝族乡村地区村民共同必过的节日，而泼水节则是傣族、德昂族共同的节日。又如口承文化中的某些一致性则反映了民族间相互影响的结果，基诺、景颇、佤族等有关于诸葛孔明的传说，显然是汉文化影响的反映。云南少数民族乡村传统文化真可谓“你中有我，我中有你”，这说明民族间的文化交融是人类文化的共性。

云南少数民族乡村文化的自然融合是各民族乡村文化交融主动选择的结果，其基点在于多民族共处的民族分布格局。同时，民族的不断迁徙流动，也将其文化从一地带到另一地。这种文化融合的自然性，是云南各民族自我保护和不断发展的最佳选择。这种选择，使民族间以最小的能量消耗实现民族文化的整合，从而使云南各少数民族乡村文化获得不断发展的能量与动力。

## 二、云南少数民族乡村传统文化的特色

云南少数民族乡村传统文化具有鲜明的特色。云南有25个人口超过5 000人以上的少数民族，每个少数民族是一个“元”，都有自己的文化，坚持自己的民族文化特色，并不断调适和创新，呈现多元化发展，形成云南少数民族乡村传统文化系统的总体特点：资源丰富多样、歌舞众多、开放兼容、和谐共存、原生态性鲜明、宗教色彩突出、跨国跨境性。同时，就全国而言，云南少数民族乡村传统文化又是统一完整的中华民族文化的一个子系统，与其他子系统不仅有着各种各样的源流关系，而且通过互动、交流，在区域差异性中展示着整体的一致性，体现了中华民族文化的多元一体格局。

### （一）资源丰富多样（多元性）

云南这块神秘的土地，它独有的生物多样性和民族文化

多样性早已引起世人的关注。云南省是我国少数民族数量最多的一个省份，仅人口5 000人以上的少数民族就达25个。其中白族、哈尼族、傣族、纳西族、傈僳族、拉祜族、佤族、景颇族、布朗族、阿昌族、怒族、普米族、德昂族、独龙族、基诺族这15个少数民族为云南省独有。这些少数民族大多居住在环境各异的乡村地区，各族同胞在长期的生产生活实践中，在婚姻、丧葬、饭食、居住、服饰、节日、礼节、宗教、文体等方面行成了自己十分广博、丰富多彩的乡村传统民族风俗，有彝族的火把节，傣族的泼水节，白族的三月街，景颇族的目脑纵歌，纳西族的三朵节……若再加上克木人、莽人、仙岛人等一些民族识别有争议的族群及各民族内部不同支系的文化，这种少数民族乡村传统文化丰富多样性的特色就显得愈加突出。以语言文字和舞蹈为例，云南25个少数民族中22个民族使用着26种语言和23种文字；仅舞蹈一项，就有1 095个不同的品种，有6 718个套路。

云南多样性的自然生态环境、生物和人文环境使得云南少数民族乡村文化具有鲜明的地域性，推动了特色鲜明的少数民族乡村文化生态环境的形成与发展，继而进一步丰富了当地的歌舞等乡村创作题材。根据民族考古和史料记载，云南各民族的早期先民大致分化为三个大的族群，即氐羌族群、百越族群和孟高棉族群。这三个大的族群就是当今云南众多少数民族的祖先。从先秦到元明清，云南一直是一个多民族地区，不同源流的民族文化在红土高原上的村村寨寨互动交流，形成一个个既有联系又有各自特点的民族乡村文化圈链。这些圈链环环相扣、链链相接，构成云南少数民族乡村传统文化系统。我国著名民族学家宋蜀华先生曾撰文指出，在全国各地区中只有云贵高原才能较清楚地看到北方和西北游牧兼事渔猎文化区、黄河中下游旱地农业文化区和长江中下游水田农业文化区这三大文化共同存在。他认为，由于云贵高原地理生态环境的独特性，使得西南云贵高原成为三大文化延伸、接触和交融的地区，犹如地壳上三大板块的接触和碰撞，从而形成云贵高原民族和文化的多样性和复杂性[①]。由于生态环境与民族文化类型的关系非常密切，以至于一方面，由于生态环境不同，处于相同或相似社会发展状况的不同民族，在适应和改造各自的自然环境过程中创造出不同民族特点的乡村文化，例如藏族和傣族；另一方面，处于类似生态环境的民族其乡村文化创造虽各有特点，但却具有一定的地域共性，例如傈僳、景颇、佤等民族中几乎大部分都有"猎歌""打歌"等反映生产生活内容的歌舞。尽管如今这些少数民族基本上已经结束了原始的生产生活方式，但反映其当初生活的歌舞却较好地流传下来，成为当地乡村文化发展中富有特色的一笔珍贵财产[②]。

云南少数民族乡村传统文化的多元性特点，不仅存在于云南少数民族乡村传统文化发展的历史进程中，而且也表现在其现代社会中。在这些各具特色的少数民族乡村传统文化中，有着丰富的生物多样性保护的内涵，也有着人与人、村与村和谐共处的智慧，保护和开发这些少数民族乡村传统文化，对云南的生物多样性保护，对维系边疆稳定、国家稳定都具有十分重要的意义。此外，从经济社会发展的现代化、城市化趋势来看，少数民族乡村传统文化资源是云南最重要、最宝贵的资源之一，可以为推进云南特色小城镇建设打下了丰厚的乡村民族文化基础，也为云南文化事业的繁荣和文化产业的发展提供了肥沃的土壤，增强了云南塑造新形象的底蕴。

（二）歌舞性

云南民族风情浓厚，但大多数少数民族没有本民族的文

① 宋蜀华：《论中国的民族文化、生态环境与可持续发展的关系》，原载《贵州民族研究》，2002（4）。

② 林庆：《民族文化的生态性与文化生态失衡——以西南地区民族文化为例》，原载《云南民族大学学报》（哲学社会科学版），2010（2）。

字，民族歌谣是这些民族历史和文化的载体，也是其口传历史的主要形式；民族舞蹈则往往与民族传统宗教祭祀活动相联系。舞蹈是人类用自身的形体动作和思想表达出来的文化艺术。人类在舞蹈中生动地体现和表达不同国家、不同地区、不同民族的独特的思维方式、生活思想、价值观念。尽管舞蹈的内容、形式各不相同，如有战争、生活、祭祀、劳作、武术等，但有一点则是共同的，即基本是都是传递情谊的体现，都表现了对美好生活的向往。云南各少数民族乡村的传统舞蹈与自身环境、生活习惯、民习风俗、宗教信仰等紧密相关。云南地形复杂，少数民族族种类繁多，其生产方式和生活方式各异。至21世纪初期，云南各个少数民族仍处于不同的社会发展时期，各民族宗教信仰、经济方式、生产作物都不一样，民族生境的差异性造就了云南每个少数民族乡村都有自己特有的舞蹈类型。

云南少数民族乡村的舞蹈蕴藏数量较多、种类丰富，经民族艺术舞蹈研究普查认定，云南共有1 095个舞种，6 718个舞蹈套路。而每类民族舞蹈又分为若干小类，例如纳西族东巴经中所记载的巫师跳神舞有60多种，大神舞也有几十种；拉祜族的芦典舞有136个组合套路，摆舞有81个组合套路，跳歌有110个组合套路，表现生产、生活的舞蹈有90多套，模拟动物的舞蹈有10多套，祭扫舞蹈有17套；基诺族的祭扫舞蹈有6种，儿童舞蹈有9种；瑶族的祭扫舞蹈也有6种[①]；大理白族乡村的舞蹈主要分为3种，庆祝节日的舞蹈、劳作舞蹈、祭祀舞蹈，其中霸王鞭和“八角鼓”最有名，即使是霸王鞭也有各种套路，打法名目繁多，计有百种，除大理绕三灵中的霸王鞭外，洱源县的闹春王正月与田家乐中的霸王鞭，以及剑川的石龙霸王鞭、云龙霸王鞭和宾川霸王鞭都各具特色……

① 金重：《试论云南少数民族舞蹈》，原载《民族艺术》，1994（4）。

舞蹈凝聚成了少数民族乡村传统文化，少数民族乡村传统文化造就了舞蹈。德宏、西双版纳傣族乡村最具代表性也最为国人了解的是“孔雀舞”，其舞蹈大多婀娜多姿，节奏缓慢，充满内在力量。红河、楚雄的彝族舞热烈奔放，充满激情和豪放，如石屏彝族比较著名的“烟盒舞”，舞者手执烟盒起舞，石屏地区乡村有“是人不跳弦，白活几十年”的说法。在中国花鼓舞之乡的峨山，彝族传统民族舞蹈花鼓舞更是遍地开花，全县每个村都有1–2支花鼓舞队，全县15万人口有1万人直接参与跳花鼓舞，涉及全县各族群众，每年举办的与花鼓舞有关的大小节庆、比赛等活动逾百场，其规模之大、参与人数之众、群众热情之高涨，在国内县域文化中首屈一指，乡村群众说“一天不跳脚就痒，寨寨花鼓震天响”。基诺山基诺族的“大鼓舞”则从神台走向了舞台，从基诺山走到了北京，基诺族群众因为“大鼓舞”获得了自豪感，并开始重新审视“基诺文化”……这一切都说明了舞蹈在云南少数民族乡村群众心中的重要性。透过云南少数民族地区群众舞蹈活动的情况，可以了解云南少数民族乡村文化的内涵、风俗特点。

（三）原生态性

云南少数民族乡村大多地处边陲，封闭的地理环境，较少的对外文化交流，导致云南少数民族乡村文化保留了许多原生态特征。云南各少数民族自古就生活于传统的农耕、渔猎社会，他们大多认为人与自然的关系就是“天人合一”。这种观念反映在其日常生活中，就是对大自然的敬畏与对自然秩序的服从，认为只有这样才能达到人与自然和谐相处。在这样的生态环境中，形成了人与自然和谐相处的原生态音乐和舞蹈形式。这种原生态音乐和舞蹈，不是简单的原始音乐、舞蹈或民族音乐、舞蹈，也不是一种简单音乐、舞蹈动作的堆加或形式上的传习，而是一种整体生命状态的呈现方式。可以说，在云南少数民族乡村社会中，音乐和舞蹈是各民族民间生活与生产活动的一个部分，它鲜活地存在于大众之中，以民间生活为基础，用音乐、舞蹈的方式表达对生活的热爱。比如打歌（跳土风舞）、跳烟盒舞、唱“海菜腔”是云南彝族等很多民族的青年男女交友择偶的最常见的方式。彝族人说:“为人不跳乐，白在世上活”；“太阳出山来打歌，踏平草地跳平坡；汗水不湿羊皮褂，阿哥阿妹莫歇脚”；“打歌打到太阳落，只见黄灰不见脚，打起了黄灰做得药”。又比如流传于云南产茶区的“采茶舞”（也称“茶歌”）、佤族的甩发舞是从人们的生产、生活动作经过提炼发展成的具有民族特色的音乐、舞蹈。再比如，纳西族的东巴舞、哈尼族的芒鼓舞、佤族的木鼓舞和牛头舞、基诺族的太阳鼓舞、傣族的孔雀舞及一些少数民族的面具舞（面具舞发展为傩戏，至今一直遗存在云贵川等省的部分地区）等则体现着云南少数民族乡村的人民对神灵的信仰和崇拜，体现着对生活的真诚和感动。人们通过各种音乐和舞蹈强烈地意识到自身的存在价值，意识到自身与群体的巨大潜在能动性；人们深信舞蹈、音乐可以超越现实，于是不同村寨、部落产生了各具代表性的舞蹈和音乐。

云南少数民族乡村的原生态舞蹈、音乐，作为中国舞蹈、音乐艺术圣殿中的两枝奇葩，处处体现云南少数民族乡村的人们发自内心的对生命的热爱，没有粉饰与浮躁。他们跳舞是为了示爱，打歌是为了庆丰收，这些充满人性的东西完全不同于一般音乐、舞蹈形式的单纯炫技。他们的音乐、舞蹈不是技巧，而是生命本身，是生活方式。他们是在用生命唱歌和舞蹈!正如当代美国著名的美学家鲁道夫·阿恩海姆所讲:原始艺术既不是产生于单纯的好奇心，也不产生于创造性的冲动本身，原始艺术的目的并不在于去产生愉快的形象，而是把它作为日常生活中重要的实践工具和一种超凡的力量。云南少数民族乡村的原生态音乐、舞蹈如同一本活的历史画卷，向人们讲述着原始先民的生产生活方式，体现他们对神灵、对生命的崇敬。因而，歌舞者动作的内涵、内容、所表达的信仰以及舞具的神圣含义和它的活化石作用，都有很高的艺术价值。这种原生态歌舞，其呈现过程是表演艺术；歌舞的特定时间、空间与内涵体现了岁时节日的民俗与人生仪礼；而歌舞的服装和特定用具又和相关的特殊制作加工工艺技术密切相关。所以，云南少数民族乡村传统的原生态音乐和舞蹈无疑是一种非常稀有的艺术形式。

### （四）开放兼容性

民族之间的交往，实际上是一种文化双向互动关系。在人类社会发展的过程中，不同的民族、不同的地区、不同的乡村，由于地域环境等自然因素的影响和社会集团的内部要素的作用，所选择的生产生活方式各不相同，社会发展程度与速度也存在着较大的差异。发展的不平衡乃是人类社会存在的普遍现象和客观规律。这种状况事实上构成一种“文化差”，这种文化差在人类交往规律的作用下不断流动，形成一种“文化流”。一种文化模式一经产生，就开始其空间上的拓展和时间上的延伸，这是一种文化流动或文化传播。

由于云南各少数民族乡村文化在长期的历史发展过程中相互交流、渗透、互相影响，并吸纳其他不同于自己的文化精华，从而形成成了“你中有我、我中有你”的开放兼容特色，体现出云南各少数民族乡村传统文化的同一性。正是这种同一性，使不同民族、不同地区乡村之间实现文化认同与整合，而同一与差异又是不断变化的。发展上的差异使原有的同一遭到破坏，产生新的差异；发展中差异的弥合，使旧的差异变成新的同一。云南各少数民族乡村传统文化的同一性与差异性造就、强化了云南少数民族乡村传统文化的开放兼容特色，也构成了云南各少数民族乡村传统文化互动关系特征的基础。因此，在云南各少数民族乡村传统文化中，“我们不仅可以在住房和饮食这些日常和外部事物中发现文化的差异，而且会在信仰、社交方式、理想、道德观念以及对任何事物的态度中发现更为广泛、更为深刻的文化差异。但任何一种文化类型或文化特质的存在绝不是孤立和封闭的，而是存在于更大的地域和全球背景中，任何文化的总体性特质只有通过个别文化领域相互的相对化才能产生。任何一个群体文化都在与他者的关系和联系中、在有意无意地接纳他者关系的影响中变化，也同时以自身的变化影响他者的变化。”①

云南少数民族乡村文化一直以来都呈现出多民族文化间差异性与同一性的特征。一方面，不同民族的乡村传统文化具有鲜明的民族、地域特点；另一方面，各民族的乡村传统文化又存在突出的共性。这是因为云南各少数民族乡村传统文化有着“同源异流”和“异源同流”的渊源关系。从宏观的族群划分方面看，云南的世居民族大致分属于氐羌族群（含彝族、白族、纳西族、景颇族、藏族、哈尼族、傈僳族、拉祜族、普米族、阿昌族、怒族、基诺族、独龙族等民族）、百越族群（含傣族、壮族、布依族、水族等民族）、百濮族群（含佤族、布朗族、德昂族等民族）以及苗瑶族群（含苗族、瑶族）等几个较大的族群，而在语言系属划分方面则分属于汉藏语系藏缅语族、壮侗语族、苗瑶语族以及南亚语系孟高棉语族。“同源异流”和“异源同流”的民族文化渊源关系，使云南各少数民族乡村文化中存在“我中有你、你中有我”的文化要素。因而基于同一文化基础上形成的人类共同体，在不断的迁徙流动中逐渐分化，形成不同的文化体；不同区域的民族共同体，又在迁徙流动中相互交流、相互吸收和相互整合，形成新的文化体。为数不少的民族文献古籍和历史文物，给我们留下了各少数民族乡村文化互相渗透和影响的大量例证，在日常生活中的民族风情、民族服饰、节日庆典、工艺美术、民俗礼仪、民间乐

① 陈庆德、马翀炜，《文化经济学》，中国社会科学出版社，2007年，第4页。

舞、建筑艺术、神话传说以及宗教信仰等方面，更是处处体现出开放兼容的特色。譬如，白族的本主信仰就因其儒、释、道、本主、巫等方面的杂糅并存而构成多元的宗教文化组合，堪称云南少数民族乡村传统文化开放兼容特色的典型例证。

（五）宗教性

云南少数民族乡村自然地理条件多样，自古就是一个多民族聚集交汇之地，南方丝绸之路于此贯通中西，佛教文化、伊斯兰教文化以及西方文化较早渗入且影响较为深远，因此群众性信仰宗教的现象在很多少数民族乡村中都存在。有学者曾指出："云南少数民族的宗教信仰，到21世纪初，可大致分为以血缘或地缘氏族集团为主体的原始宗教或氏族宗教，以地域民族集团为主体的民族性宗教，以及以个人为主体的世界宗教这三种类型。尽管这三种类型的少数民族传统宗教的发展状况不尽相同，但长期以来，它们（尤其是原始宗教）都是云南少数民族传统文化的重要组成部分。民族传统宗教不仅支配着人们的精神生活，也支配着社会日常生活，与各民族的人生价值、传统观念、伦理道德、心理素质、人格特征，以及各种巫术、禁忌和节日习俗、风土人情、婚丧嫁娶、歌舞艺术、历史文化等皆关系密切，对各民族的民族意识的形成和变迁起着不可低估的作用。"[①]因此，我们认为，在长期信仰宗教过程中，宗教已经成为云南少数民族乡村传统文化的一部分，甚至是重要组成部分。由于云南少数民族乡村受多种宗教文化的影响，宗教的思想、观念渗透到人们的生产方式、生活方式以及风俗习惯当中，表现出较为浓厚的宗教性特征，致使云南少数民族乡村成为汉传佛教、藏传佛教、道教文化、东巴文化、马帮文化、中原文化等多种传统文化的交融地，这也正是云南之所以

① 林庆、李旭：《云南少数民族传统宗教与民族意识》，见杨志明等著：《云南少数民族传统文化研究》第五章，人民出版社，2009年，第93页。

获得海内外人士青睐的魅力所在。

宗教是云南少数民族社会经济政治发展水平的必然产物，但在宗教文化的影响下，云南少数民族乡村地区传统原始宗教与外来宗教发生了糅合——或是传统原始宗教被外来宗教进行某些改造，以新的形式和内容来发挥作用；或是外来宗教吸收传统原始宗教的某些形式和内容，成为适合云南少数民族需要的宗教，而且往往是某一个云南少数民族宗教体系中会渗入多种宗教的要素。从宗教学研究的理论层面来看，当代宗教自身正在逐渐适应社会的发展，根据社会和时代的需要来发展自己，同时当代中国南传佛教的慈善实践活动也在向人们昭示宗教具有自我调适性。

据我们调查，在德昂族聚居地区，随着时代的进步，佛教界人士对信徒的要求，已经逐渐渗透着现代文明的气息，如要求信徒要做到的“五不”“八要”就是这样。现在的“五不”即不偷、不抢、不杀（不杀生）、不嫖、不骗，“八要”即要尊敬师傅，要尊老爱幼、孝敬父母，要勤劳治家，要勤奋好学、善于进取，要以善为荣、以恶为耻，要团结众人、乐于助人，要同心协力、同甘共苦，要诚实勇敢。德昂族人认为，凡是违背“五不”“八要”者，就要受到众人的指责与孤立。从德昂族佛教徒的现代“五不”“八要”中，我们可以看到国家公民道德教育规范和“八荣”“八耻”的影子。这也从一个侧面说明，传统佛教道德教育随时代进步可以焕发新生，通过对宗教中某些教义、道德规范进行有利于社会主义社会的新解释，就能伴随时代发展出适合民族自身的内容。因此，在对云南各少数民族乡村传统文化进行保护时，要从文化的角度理解和对待宗教，肯定宗教在少数民族乡村传统文化保护和发展中的作用，有条件地加以保护，挖掘宗教教义中有利于经济发展和社会进步的内容，对宗教教义作出符合社会进步要求的解释，发挥宗教文化的积极作用。

（六）和谐共存性

云南的神秘感和魅力，来自云南多元民族文化的共生共融和各自彰显个性。在云南许多地区各民族大杂居、小聚居，一些往往只有几百户人居住的村寨就有五六个民族聚居，各民族相互取长补短，形成了和谐共处、共同发展的“和谐文化”。

乡村传统文化是与生产方式、地理环境相适应的产物，处于各种生产方式、地理环境状态下的云南少数民族乡村传统文化也反映出相应的社会文化的特征，最终形成和谐共存的特点。这一方面体现在云南各少数民族乡村传统文化都突出表现了人与自然和谐共存这一永恒命题。我们曾撰文指出：“云南许多少数民族长期同自然打交道的结果，使他们对自身和动物的关系有着独特的认识，甚至把这种关系提升到人和神的关系的层面，赋予了动物以某种神灵。云南的山地民族并不是肆意的捕杀猎物，绝不会对动物赶尽杀绝，在动植物的生长期，很多山地民族都禁止上山捕猎，以保护幼小的动物。”[①]因此，在云南的大多数少数民族乡村传统文化中，自然界万事万物都不被看做人们征服的对象，而是被看做与人类有亲缘关系的、有生命的实体[②]，若有冒犯则一定要举行相关仪式救赎，因此，人们对自然界万事万物的崇拜以及为保护大自然而设置的各类禁忌，真真切切地融入各民族的日常生活当中。

云南少数民族乡村传统文化的和谐共存性，另一方面体现在各少数民族乡村文化之间都具有和谐共存的一面。云南许多少数民族神话传说和创世史诗中普遍流传着同其他民族互为兄弟的洪水神话、葫芦兄弟神话，德昂族中甚至还有“龙阳图

---

① 林庆：《云南少数民族生态文化与生态文明建设》，原载《云南民族大学学报》（哲社版），2008（5）。

② 西双版纳的傣族和附近的其他民族大部分信仰南传上座部佛教，他们非常强调人与自然和谐，把各种动植物看作人类的朋友。

腾”崇拜[①]，这些都表明云南各民族的文化既表现出充分的自信，同时各种文化之间又能够彼此尊重、和谐共存。不同民族乡村文化之间的互动，不仅是文化流动性特征的体现，也是文化变异性特征的展示。在不同民族文化互动的过程中，各种文化的原有形式与内容都会发生变异，这是文化的同一性与差异性作用的结果。“文化的特异性和普同性主要是就各种不同文化而言的。但如果把它们引申开来理解，可以发现在同一文化中也存在着特异性和普同性现象。同一文化的特异性和普同性主要表现在时间和空间上。”[②]文化同一性与差异性的和谐统一，不仅存在于云南各少数民族乡村地区发展的历史进程中，而且也存在于现实的云南各少数民族乡村社会中。

云南的26个世居民族呈大杂居、小聚居的分布格局，各民族文化各异、习俗不同，但都能和睦相处、彼此包容、相互欣赏；云南有南传佛教、藏传佛教、基督教、伊斯兰教、道教等多种宗教，各种宗教在云岭大地的各个乡村共生并存，信教群众彼此尊重、各得其所；云南大多数民族有敬畏自然、保护自然的传统，自觉形成了爱护森林、爱护水源、爱护环境的良好意识，与自然和谐相处；云南有16个民族跨境而居[③]，境内外同一民族同宗同源、友好往来、亲如一家。这一切，构成了罕见的人与人、人与自然、宗教与宗教、境内与境外四位一体的“大同”氛围，正如费孝通先生所言：“美美与共，世界大

① 根据多年对德昂族文化的调查、研究，我们认为德昂族传统文化中独特的龙阳崇拜体现的中华传统文化的龙崇拜，丰富了中华民族文化多元一体格局的理论资源，是对中华民族文化多样性共存历史和现实的自觉认同，而这种文化认同是国家认同的心理基础，也是保持民族关系和谐、维护国家统一及推动社会发展的前提和关键。

② 上海古籍出版社编：《中国文化史三百题》，上海古籍出版社，1997年，第4页。

③ 云南16个跨境民族指壮族、傣族、苗族、瑶族、彝族、景颇族、布依族、哈尼族、傈僳族、拉祜族、阿昌族、独龙族、怒族、佤族、布朗族、德昂族。

同。”这客观上为保护、传承云南少数民族乡村文化并扩大其影响营造了强烈的“气场”。然而，随着城市化进程的加速，生产方式、地理环境要素不断发生变化，云南少数民族乡村传统文化也必然受到其他文化形态的影响而发生相应变异，最典型的表现就是人与自然和谐共存的理念有所动摇，这也正是我们在强调保护和传承云南少数民族乡村传统文化时应当引起注意的问题。

（七）跨国境性

我国共有56个民族，与14个国家接壤，有陆地边界线2.2万公里，其中1.9万多公里在少数民族地区，全国有34个民族跨境而居。云南省有26个民族，地处我国与中南半岛和南亚次大陆结合部，与越南、老挝、缅甸3个国家接壤，陆地边境线4061公里，是我国不绕经马六甲海峡通往南亚、中亚、印度洋，进入欧洲、非洲最为便捷的陆上通道，也是中国古代文化交流当中南方通道的辐射区域，具有地理位置最优、面临市场最广、与东盟及南亚和中东国家互补性最强、对外连通条件最好等区位优势。云南还是南亚次大陆经济圈和中国—东盟自由贸易区的交汇点和重合点，有16个跨境民族同越南、老挝以及缅甸等东南亚邻国的民族或族群跨境而居[①]，人口近200万，占全国跨境民族的47%。澜沧江—湄公河、怒江—萨尔温江、独龙江—梅恩开江以及红河等名闻遐迩的国际河流似一条条彩色的纽带，将居住在云南边境或腹地乡村的各族人民同东南亚各国人民更加紧密地联系在一起。不仅如此，云南在早在距今两千多年的西汉时期就已开发了南方丝绸之路，同地处南亚的印度、斯里兰卡诸国开展了茶叶、丝绸贸易以及宗教、文化交流，因而在近代被著名的英国地理学家戴维斯（H. R. Davis）称做“联接

① 即泰—傣—掸—老、哈尼—阿作、壮—侬—岱依、景颇、克钦、拉祜、傈僳以及克木人、莽人等具有历史渊源或亲缘关系的跨境民族或族群和睦相处。

印度与扬子江的链环”[①]。由此可见云南历史上早已是中国连接南亚与东南亚各国的桥头堡，是众多民族相互之间进行文化交流与合作的重要纽带。

由于云南沿边境跨境民族聚集区多数为贫困山区，山高坡陡，交通闭塞，许多跨境民族不通汉语，大多数民族群众没有走出过世代生活的大山，他们对云南内地的了解十分有限，对全国各地的认识更是陌生，因此，跨境民族家庭对孩子的教育或影响是缺乏国家观念的。他们只能从沿边境地区或到周边国家的所见所闻来影响自己的孩子，由此致使跨境民族学生对国家的认同或中国文化的认同很脆弱，外部环境往往会改变他们的看法和判断。虽然改革开放促进了内地与边境地区的交往，拉近了边境地区与内地的距离。但是，周边国家对跨境民族的影响也有所加强，边境地区的情况变得异常复杂。各种宗教组织和非政府组织往往装扮成慈善者的身份来影响跨境民族及其他们的孩子，摧毁跨境民族孩子模糊的国家观念。因此，边境地区乡村的跨境民族教育是固守中国文化价值观教育和文化安全教育的重要环节，学校教育则成为跨境民族学生认识祖国，培养国家意识最主要的场所[②]。

当前，云南跨境民族地区乡村传统文化保护和传承方面的一个重要问题，就是要解决好乡村传统文化与边疆地区社会的现代化变迁的关系，以及跨境民族境内外多元文化的共生与协调发展问题。长期以来，边疆多民族地区乡村都比较封闭，从

---

① 1894年，英国远东情报局局长戴维斯考察云南后写了一本书，即《云南：联接印度与扬子江的链环》（英文书名为Yunnan，The Link beteen India and Yangzi，1909年在英国剑桥出版），企图从云南修一条铁路深入中国腹地四川，而英国人的梦让法国人捷足先登了。1910年滇越铁路通车，此后若干年，一列列喷着浓烟的钢铁怪兽呼啸而来，其速度、力量震撼、冲击和打破了生活在云南红河碧色寨彝族群众田园牧歌式的沉静。

② 何跃、高红：《文化安全视角下的云南跨境民族教育问题》，原载《云南师范大学学报》（哲社版），2010（4）。

而使乡村传统社会形态保存得比较完整。但是，在我国现代化和城市化推进的过程中，这里的乡村传统社会受到了巨大而深刻的冲击，其强烈的程度比内地更为突出，尤其是传统的价值观念、规范体系受到的冲击十分突出。尽管文化之间的相互接触和彼此影响，以及文化发生的变迁，是文化发展中正常的现象。问题的关键在于，应保护和传承乡村传统文化中有积极意义的核心部分，处理好与现实文化影响之间的关系，企望把乡村传统文化全部封闭起来，或者彻底抛弃乡村传统文化而代之以新的文化，这两种做法均不可取。因此，云南跨境民族地区乡村传统文化保护和传承问题的存在和发展，对边疆多民族地区构建社会主义和谐社会的影响是基础性的，也是极其深远的。

应引起重视的是，在探讨和处理少数民族乡村传统文化保护与传承问题时，学者和政府更多关注的是强势文化向弱势文化的扩张，或者说强势文化对弱势文化具有的强大穿透力。但是，在远离国家文化中心的边缘地带，即跨境民族地区乡村，地缘文化的影响远胜于主体文化。由于云南沿边境地区乡村居住着16个跨境民族，有的跨境民族的主体在云南，有的跨境民族主体在邻国，于是跨境民族地区乡村的发展，关系到边疆社会稳定，关系到我国的国际形象。因此，加大对云南跨境民族乡村文化保护和传承的力度，不仅是个文化问题，也是政治问题、经济问题，更是关系到云南边境和谐稳定的文化安全问题，这对保护、传承少数民族乡村传统文化，对认同、维持中华民族多元一体文化、政治格局都具有重要意义。

对云南少数民族乡村传统文化多元、和谐等特点的梳理和研究，就是为了全面把握云南少数民族乡村文化的基本面貌和体系特征，为云南少数民族乡村文化保护和特色小城镇建设提供相应的文化理论基础。

## 第二节 云南少数民族乡村传统文化的动向

经过近三十年的保护和发展，云南少数民族乡村传统文化正逐渐成为云南推进特色小城镇建设的重要文化依靠，并越来越为世人所认知，其影响力正走向全国，走向世界；由于坚持传承、保护和开发利用并重，目前云南少数民族乡村传统文化正打造出新时期的文化品牌，呈现出市场化和艺术化的发展动向。

### 一、初步形成依靠民族乡村特色文化推进特色小城镇建设的模式

云南省委、省政府于20世纪90年代在全国率先提出建设“民族文化大省”的目标，并高度重视民族文化保护和建设，随着城市化进程加快，目前全省努力目标开始向建设“民族文化强省”转变。近年来，云南围绕“两强一堡”的战略目标，初步形成了城镇布局更趋合理、区域更加协调、体系进一步完善、功能相互衔接的城镇化发展格局。小城镇是统筹城乡发展的关键，也是社会主义新农村建设的基本方向。

在云南省这样民族众多、农业人口多、产业基础薄弱、交通条件比较落后的区域，打造现代化的城市群、带，破解城乡二元结构，推进城乡一体化建设，没有小城镇这个重要的桥梁和关节点是不可能实现的。2005年以来，云南省围绕“突出特色、加快发展”这一主题，大力发展特色经济，积极推进全省特色旅游小镇建设。在小城镇开发建设中，云南抓住特色小镇建设这一关键点，在加快推进云南特色城镇化建设的同时，注意了对少数民族乡村传统文化的保护和开发，使得如周城、喜洲、勐罕、石鼓、束河等少数民族乡村成为了中外游客必到的旅游胜地。丽江古镇的纳西民居令人心醉，白族民居声名远播，傣族则以吊脚楼闻名遐迩……保护这些各具特色的民族民居和乡村民俗、工艺，就是保护了一片风景，保护了一种文

化。如今，在现代化、全球化、城市化尤其是文化全球化背景下，对于地方文化自主性的保护和可持续行为已基本成为云南各民族推进城市化进程的群体自觉共识。

近年来，云南省充分发挥滇西古城、滇南风情、滇东北人文资源优势，以创建世界旅游胜地为目标，以丰富多彩的民族文化节、旅游文化节、民族歌舞比赛等为依托，将民族歌舞表演、民族服装展览、民间美术工艺展示等内容融入旅游业，塑造了“七彩云南，旅游天堂”的品牌，带动了旅游业快速发展。2010年全省共接待国内外旅游者1.4亿人次，旅游总收入达1 006亿元人民币。预计到2015年末，各项旅游经济指标将在2010年的基础上翻一番，接待海内外游客达2.5亿人次。云南加强少数民族乡村文化建设，通过展现云南人民的热情好客、团结和睦，展示云南各民族文化的独特魅力，树立云南对外开放中的美好文化形象，有利于落实国家战略层面“以邻为伴、以邻为善”的“安邻、富邻、睦邻”外交方针。通过多年努力探索、实践，云南利用自己的区位优势，借助少数民族乡村文化的保护和发展，在推进云南特色小城镇建设的思路上已形成了相应模式，极大提升了云南的形象，为提高中国的国家影响力做出了自己的贡献。

### 二、云南少数民族乡村文化正走向全国，走向世界

随着城市化步伐的加快和对外开放进程的推进，云南少数民族乡村神奇秀美的山川和浓郁的民族风情文化越来越为世人所认知，吸引着国内外的大量游客。云南少数民族乡村已给外界留下了美好的印象：云南少数民族乡村的诗意、神奇与文化魅力，是最吸引世人目光的一道人文风景，一个最具潜力和魅力的资源宝库，也是发展和繁荣西部文化产业的重要根基。

各民族的民间歌者舞者、各民族的服装师、刺绣高手、编织能手、丹青妙手和各种行当的工艺大师们，用他们充满灵气的

创造性和灵巧的双手，把云南少数民族乡村民间文化的美丽和神奇，把云南少数民族乡村大地高天的诗情画意，一一展现在成千上万慕名来滇的旅人面前。白族工匠的银器、铜器、扎染、石雕、木雕绝活佳品在天南海北、塞外高原闪烁着智慧和技艺之光；一群白发长髯的纳西民间乐师应邀云游天下，在国际舞台上“目送飞鸿，手挥五弦”，把纳西东巴文化的那一缕缕边地清音雅韵带给世界各国的朋友；李怀秀、李怀福姐弟将云南彝族乡村口传心授、流传近600年的独特唱腔“海菜腔”带给了大众，其独特的换气方法和长气息的演唱风格，不露痕迹自然转换的真假声，一口气拖高音达到50秒的“绝活”，震惊了国内外声乐专家，也让村里越来越多的年轻人对这种原生态的乡村音乐产生了兴趣；杨丽萍和那群带着浓重乡村气息的各民族舞者们，在中国乃至国际舞台上所向披靡，尽情展现彝、苗、藏、傣、白、佤、哈尼等民族原汁原味的乡村生活场景，在舞台上建造了一座活动的乡村民间歌舞艺术博物馆，用天人合一的歌舞、身心合一的激情，带着与生俱来的冲动和狂欢，拿着日常生活中随处可见的牛头、玛尼石、转经筒等道具，伴随着几十面各具民族特色的鼓风、鼓韵，汇聚成决堤泄洪般的冲击力，带给城市观众一种特定的“云南少数民族乡村文化映象”；景颇族的“目瑙纵歌”，傣族的“孔雀舞”，藏族的“锅庄”“弦子”，还有纳西族的“阿哩哩”，彝族的“跳脚”，壮族神秘的“草人舞”……每种云南少数民族乡村的歌舞乐展演，都令观者激情澎湃，并在歌舞乐的陶醉之余，对云南这块多情的土地生长出来的灿烂的多民族乡村文化留下了深刻印象。这一切都表明：云南少数民族乡村文化正走向全国，走向世界。

### 三、云南少数民族乡村文化正形成品牌优势，向市场化和艺术化结合的方向发展

早在1996年，云南省就提出建设民族文化大省设想，2000

年颁布的《云南民族文化大省建设纲要》标志着民族文化大省建设正式进入实施阶段。云南是全国率先提出实施“文化立省”战略的省份之一。经过10多年的努力，云南省民族文化建设硕果累累，逐渐探索出了一条由政府主导、民族文化主打，龙头带动、旅游助推、民资撬动、文化事业产业互动的特色发展路子，取得了丰硕成果，推出了一批在国内外深受赞誉的知名品牌，一批源于少数民族乡村传统文化的原生态歌舞艺术以市场化[①]方式走向国际国内演艺市场，被称为“云南现象”。文化作品如《云南印象》《云岭天籁》《云南的响声》《丽水金沙》《吉鑫宴舞》《纳西古乐》《蝴蝶之梦》……民族节日如彝族、白族的“火把节”，傣族、德昂族的“泼水节”，白族的“三月街”，德昂族的“龙阳节”，景颇族的“目瑙纵歌节”，佤族的“司岗里”，傈僳族的“阔时节”……民族特色浓郁的国际旅游地如大理、丽江、香格里拉、西双版纳……都已成为云南的“名片”。李怀秀、李怀福姐妹的海菜腔、富民小水井村合唱团的走红等，为云南少数民族乡村群众开辟出一条靠乡村特色文化传承、保护走上经济、社会良性发展的路径，这也是一条少数民族乡村群众实现自我价值的道路。在云南丽江，纳西族群众还创造了文化遗产保护与开发有机结合的“丽江模式”，《丽水金沙》和纳西古乐成为文化产业发展的经典之作。这些成功案例一定程度上表明，云南能够将丰富的少数民族乡村传统文化资源转化为优势经济资源，带动民族地区乡村的经济社会发展，为云南少数民族乡村文化保护和建设提供了可资借鉴的成功经验，筑牢了云南少数民族乡村文化保护的根基，搭建了民族文化交流的平

① 在《论少数民族文化的艺术化和市场化问题》一文中，作者曾通过分析国内外文化产业理论及我国当前文化产业运行的实践，结合对民族文化的生存样式及发展现状的考察，以市场化和艺术化的视角对少数民族文化命脉的价值进行探析，提出在民族文化建设过程中必须走市场化、艺术化相结合的道路。见《贵州民族研究》，2008（4）。

台，创新了少数民族乡村文化保护的模式，汇聚了少数民族乡村文化保护的人才。

为了更好地推进云南的特色小城镇建设，改善少数民族乡村群众的生活，一方面政府须加大对少数民族乡村的基础设施建设，丰富和完善乡村基层的社会服务，整合医疗卫生、社会治安、文化教育、就业安置、社会救助、基础设施等公共服务资源，使乡民享有基本公共服务，引导市场化服务进乡村社区，突破过去单纯依靠乡村集体和乡民自我服务的局限，解决长期困扰乡民的诸多生活难题，使乡民虽然生活在乡村，但也能像城里人一样享有就近、快捷、信得过的政府公共服务和便民商业服务。另一方面，要在广大少数民族乡村群众中培养传统文化保护的自觉性、自信心、自豪感，深入实施文艺精品工程，把云南丰富深厚的历史文化、民族文化、生态文化、宗教文化、边屯文化资源转化成为文化精品，保持和扩大云南文艺在全国的影响和地位。与此同时，要认真总结推广《云南映象》《丽水金沙》《梦幻腾冲》等文艺演出精品的成功经验，加强吸收现代文化，加强现代表现手法和高科技成果的运用，打造新时期云南文化品牌；坚持开发利用与传承保护并重，在保护中开发、在利用中保护，无论是文化项目开发还是文化活动设计，都应当充分考虑文化资源的承载能力，做到合理、适度，使文化资源成为可以永续利用的宝贵财富；做大事业推广产业，坚持一手抓公益性文化事业，一手抓经营性文化产业，通过繁荣文化事业为文化产业发展打下良好基础。更重要的是，要认清云南少数民族乡村传统文化保护的现状，认真总结云南少数民族乡村传统文化保护方面存在的不足和问题，分析云南少数民族乡村传统文化生存、传承和发展的前景，探索、推广适应城市化进程背景的科学、合理的少数民族乡村传统文化保护的路径。

# 第二章　对云南少数民族乡村传统文化基本现状的评估

面对城市化的强烈冲击，云南少数民族乡村传统文化的基本状况呈现复兴、衰退和变异三种现象并存。由于衰退和变异的概念较为模糊，为了便于分析，这里的衰退主要是指数量的减少。当数量减少到面临消失，就成为了濒危类，完全失传的则为消失类。变异主要指少数民族乡村民俗、服饰材料、手工技艺的种类、造型、图案、用途、使用习俗等内涵的变异。当然，有的时候同一种文化事象既可能是数量减少，又可能是内涵变异。

## 第一节　云南少数民族乡村传统文化在保护下的复兴及表现

通过政府部门、专家学者、学校、民族乡村精英人士及社会各种力量多年的努力，云南少数民族乡村文化保护取得了一些成果。这些在保护、传承、弘扬云南少数民族乡村传统文化方面取得的成就已构成了一种复兴的景象，此种复兴主要通过两大保护、传承模式得以体现：一种是“不脱离乡村文化原生地”[①]的传承、保护模式；另一种是“脱离乡村文化原生地”

① 指在文化原生环境中保留原有的文化习俗、生活方式状况下的特色文化保护、传承模式，目的是使文化的主要承载者、创造者和传承者与其生活的原生性环境密不可分，从而保持一种原汁原味的原生态文化景观。这种保护、传承模式源于1971年由法国人弗郎索瓦·于贝尔和乔治·亨利·里维埃提出的生态博物馆概念。

的传承、保护模式。在两大保护、传承模式下，形成了云南少数民族乡村传统文化保护的四大类型、多元化途径。

## 一、云南少数民族乡村传统文化的复兴

20世纪是中国社会由传统向现代转型时期，也是中国城市化进程逐步加快时期，1949至1978年间的中国农村就处在这样一个大背景下。此期间云南少数民族乡村文化的发展很缓慢也很艰难。在此阶段，尽管带革命色彩的新文化逐渐增强对乡村的控制，尤其到了人民公社化时期，已形成全面包裹之势，尽管革命文化的输入在当时已达登峰造极的程度，但全国乡村的基本生存方式没有改变，故以乡村家族文化为核心的传统文化也没有发生根本性改变。若对当时的乡村文化认真分析一下的话，就会发现，在这种轰轰烈烈的表面文化下面起作用的仍是传统乡村文化。对此，学者张乐天曾作了非常全面的分析和阐述[①]:革命场面文化的作用范围是有限的，主要集中在政治层面和公共生活层面。传统村落文化通过一种日常生活和交往中形成的舆论来规范人的行为，而革命场面文化则主要通过政治压力或政治攻击规范农民行为。革命场面文化在多大程度上可能规范农民的行为与革命压力大小有关，在一定意义上可以说，乡村文化与革命场面文化是两张皮，它们各占一些地盘。输入的文化因其与传统的契合而有可能进入乡村中，但因其与传统的差异又形成了乡村文化的两面性。带革命色彩的意识形态可被看作场面上文化，传统文化则为场面下文化。两种文化相互依存、相互冲突构成新中国成立后乡村文化的整体，即极富特色的乡村双层文化。所以，这一时期革命场面文化更多是作为一种外在的保护色笼罩在仍以小农方式生产、生活的农民身上，在他们内心深处，在日常生活及农民们思想深处真正发挥

---

① 参见张乐天：《告别理想：人民公社制度研究》第一章、第十一至十三章，上海人民出版社，2005年。

作用的依然是传统乡村文化。此种情况在云南等广大少数民族乡村地区尤其典型，尽管在革命气氛最浓烈时少数民族乡村传统文化没表露，但革命色彩稍有淡化，它便会凸显出来。

改革开放后，随着乡村人民公社的解体和家庭联产承包责任制的推行，乡民重新回到了以家庭为单位的经济模式中，社会组织结构则逐渐变成了县乡领导下的村民委员会自治。另一方面，随着国家对城乡人口管制的放松，乡村人口流动有了很大的自由性，乡村干部对乡民行动的控制权于无形中取消，乡村尤其是少数民族乡村地区组织状态较为松散。乡民们有条件和环境去表现和发展自己的文化需求，于是许多被淡忘已久的民族乡村传统文化活动，特别是歌舞、习俗、节庆等普遍地恢复起来，而这样一些各具特色的民族乡村传统文化也得到各方面的空前重视。在这样的背景下，云南等地的少数民族乡村传统文化呈现出一种复兴、发展态势。例如南涧的跳菜舞正是从20世纪80年代末到90年代初，从彝族村寨中恢复起来的，而且从村寨的院场走向了城市舞台，获得了全新的文化诠释及从所未有的知名度，并最终成为南涧彝族乡村文化形象的代名词。

实际上，在云南少数民族乡村传统文化传承、保护过程中，参与者是多重的。以富有地方特色的少数民族乡村传统文化来提升本地的知名度和吸引外来者，从而发展地方经济，是改革开放以来云南少数民族地区的普遍做法，此即“文化搭台，经济唱戏”。一时间，以挖掘少数民族乡村传统文化（主要以传统节庆为重要表现形式），组织大规模的民族传统节庆活动成为少数民族地区兴起的热潮，这股热潮至今持续不断。如云南大理的白族三月街、西双版纳的傣族德昂族泼水节等，都是各级地方政府组织的大型民族节庆活动。可以说，几乎在云南的每一个少数民族自治州或县，都有政府组织的大型民族节庆活动。而作为文化持有者的云南少数民族乡村文化精英和广大乡民们，也从少数民族乡村传统文化的复兴中找到了自己在当今这个开放世界中的存在表达方式，并积极地投身于这些活动中，尽其所能地通过回忆、再显、重构等方式，恢复、重建自己民族的乡村传统文化，尽管在这些活动中他们的位置还多少有些处于被动。当然活动中也有对恢复少数民族乡村传统文化感兴趣的外来者：一是研究者，如民族文化调查组、文化学者等；二是民族文化开发利用者，如在本地或到大城市中闯荡、经营民族文化项目的人等。在一定程度上，这些外来者的加入也会对云南少数民族乡村传统文化的复兴产生重要影响。不过，少数民族乡村文化的经营者云南少数民族乡村传统文化的商品价值更有兴趣，且可能有意无意地忽视其在民族社会中的真实性价值。比如他们会随意夸大少数民族乡村传统文化中的某些成分，或是对其任意删改、拼接，使之舞台化、表象化甚至“伪民俗化”“庸俗化”，以招徕或迎合观光客。在有的地区，这种被过度商业化的少数民族乡村文化会被固定下来并取代原有的传统形式和内涵。此外，容易被忽视的是，研究者也有可能因自己的学术立场或主观好恶态度影响对少数民族乡村传统文化的误解和误读。在云南少数民族乡村传统文化的恢复中还有一类人其作用至关重要，他们是该民族的精英人物。这些人大多数都具有双重身份，既是民族乡村群体中的一员，又是国家干部。他们一方面在宣传国家主流的意识形态，一方面也在挖掘、宣传自己民族乡村的传统文化。他们的民族意识要强于普通的乡民，对民族乡村文化恢复的愿望也特别强烈。这一方面是源于他们熟悉党和国家的民族政策，另一方面则源于他们认识到少数民族乡村传统文化对于该民族存在的意义。另外还有一些少数民族乡村文化精英，如技艺的传承人等，他们更是倡导恢复少数民族乡村文化的中坚力量。

总之，多重力量的参与使得云南少数民族乡村传统文化在新的历史时期呈现出复兴的蓬勃态势。

## 二、云南少数民族乡村传统文化保护、传承的模式、类型和途径

云南少数民族乡村文化保护和传承已初步形成了“不脱离乡村文化原生地”和“脱离乡村文化原生地”两大基本模式，围绕两大基本模式展开了专家学者保护型、政府保护型、学院保护型、乡民自觉保护型等多元化途径。

### （一）云南少数民族乡村传统文化保护、传承的模式

云南少数民族乡村传统文化方面取得的成就已构成了一种复兴的景象，此种复兴主要通过两大保护、传承模式得以体现。一种是“不脱离乡村文化原生地”的传承、保护模式。例如尹少亭等学者在政府支持下创办的民族文化生态村，部分少数民族乡村文化精英和民族精英人士如黄大烈、杨福泉等创办的少数民族乡村文化传习馆，各种少数民族乡村创办的手工艺传承、经营项目，以及美国大自然协会等组织的“滇西北民族文化保护与发展行动计划”等项目。这些项目都倡导民族乡村文化同文化空间、生态保护等有机结合在一起的“不脱离乡村文化原生地”的保护、传承模式。另一种是“脱离乡村文化原生地”的传承、保护模式。在对云南少数民族乡村传统文化的较大规模保护中，最重要的项目如田丰文化传习馆、云南民族村、云南民族博物馆、云南民族大学艺术学院，这些项目所实践的是“脱离乡村文化原生地”的保护、传承模式。

### （二）云南少数民族乡村传统文化保护、传承的类型和多元化途径

云南少数民族乡村文化保护和传承围绕上述两大基本模式展开了专家学者保护型、政府保护型、学院保护型、乡民自觉保护型等多元化途径。在具体的保护实践过程中，这四种类型有时是独立存在的（如田丰创办的“云南民族文化传习馆”和民众自己办的家庭博物馆等），更多的情况是两种或多种类型

共同参与（如尹绍亭等开展的民族文化生态村运用人类学实践等），且效果也较为明显，本课题只是为了论述的方便，依据参与者在保护实践中其主导作用的不同进行划分。

**A.专家、学者保护型**

专家、学者属于云南少数民族乡村文化保护的民间力量之一，他们倡导的保护类型既有各类文化传习馆，又有各种乡村民族文化生态村。他们做出的各种努力，无论成功还是失败，都对政府进行少数民族乡村文化保护产生了影响。

1.传习馆保护方式。

除了国家和各级政府部门的政策措施之外，随着人们保护民族文化自觉性的提高和各民族自我意识的增强，一些社会有识之士及少数民族社会团体和个人也自发地做出各种努力，如通过创办民族文化传习馆等，对各民族乡村传统文化进行了保护和弘扬。

（1）田丰创办的“云南民族文化传习馆”：“原汁原味”保护的典型。

1993年11月，中国中央乐团国家著名一级作曲家田丰带着福特基金会捐赠的十万元人民币，在距昆明30公里的安宁太平村一个废弃的农场以个人力量筹资创办了“云南民族文化传习馆”，自任馆长，杨丽萍曾任副馆长。传习馆的宗旨是抢救、挖掘云南各民族濒于失传的舞蹈艺术珍品。传习馆的学生是田丰从云南边远村落召集来的有歌舞天分的数十个孩子，教员是边远少数民族乡村中有威望的民族民间艺人、智者。传习方式是由各民族中的老年艺人带本族的青年，脱产半年或一年到传习馆来系统整理、研习、表演和传授民族传统文化和技艺。教学方式是通过教员向学员口传身授，把云南各个民族有悠久历史传统的音乐歌舞继承保存下来。学员不仅要学习并掌握本民族支系的传统文化，还要学习、了解其他民族的传统文化，好必须学习文化课、民族史、民族学、艺术欣赏等方面的一般知识。田丰的设想是在云南创建“云南民族文化保护网”，逐步建设数十个大小不等的原住民寨院，传习馆的师生将在馆内展示云南25个少数民族的民俗活动和人文景观，真实再现20世纪50年代以前云南土地上存活了数千年的乡村民族传统文化，并在全省范围内民族文化仍然存活、保存原生态较典型的地方，分滇东北、滇西北、滇西南、滇东南、滇中南五大区域设50个村落进行保护和传承。遗憾的是，传习馆于2000年资金拮据①、加之2001年创办人田丰突然辞世等原因宣告解散。田丰过世后，他苦心撑持的传习馆对云南少数民族乡村文化传承和保护产生了不小的影响，并逐渐引起社会关注，有学者把它称为“中国第一馆”。

田丰创办的“云南民族文化传习馆”，是对云南少数民族乡村文化传承、保护进行的一项创举。其探索与实践无疑给云南乃至我国少数民族乡村传统文化保护提供了可资借鉴的直接经验，主要体现在四方面：①其强调的“活化传承”是对传统博物馆式的文化保存理念的重大突破和挑战；②在文化传承中要处理好“变”与“不变”的关系（与田丰主张“求真禁变”不同，杨丽萍认为变化是很自然的事，禁变会产生停滞，《云南映象》后来的成功很大程度上就是源于处理好“变”与“不变”的关系）；③少数民族乡村传统文化的传承应充分利用学校教育网络，个人力量有限；④要处理好民族文化保护与商业运作的关系，不能完全反对商业运作，否则不能彻底解决经费问题，引致学员流失。

田丰所培育出的文化保护理念、经验和对待传统文化的精神，对云南少数民族乡村文化的传承和保护产生了深刻的影

① 传习馆的经济来源完全依靠社会机构赞助和田丰个人创作所得，拒绝与商业合作，学员实行招聘制，半年试读期间馆里只解决生活费用，到期后如果双方相互认可在给予经济补贴。后来为提高学员待遇，田丰也不得不将一些优秀的学员借给了云南旅游歌舞团，从而与商业妥协。

响，如现在云南正大力推行创办各种乡村文化传习馆就是受他影响并总结成功和失败的经验而推广的。又如杨丽萍和《云南映象》，正是在总结田丰传习馆失败经验的基础上取得成功的。杨丽萍如果没有当年与田丰一起创办传习馆的经验，也许就不会有今天的《云南映象》。再比如，如今在昆明一个四合院里艰难前行的“云南民族源生乐坊”，被认为是“云南民族文化传习馆”的薪传者，“源生乐坊”的创办者刘晓津女士就是当年一直跟踪拍摄田丰创办的“云南民族文化传习馆”的电视台记者，她为田丰保护民族乡村文化的精神所感动，于2004年创办了“云南民族源生乐坊”，把一部分因为传习馆关闭而离散的成员又重新聚拢在一起。目前“源生乐坊”的重要工作之一，就是鼓励和支持云南少数民族民间艺人在本村寨进行传统音乐舞蹈的抢救和传承。这一切不能不说得益于田丰传习馆的经验。

（2）陈哲：举起“土风”旗帜，强调“民族民间文化活化传承”。

继田丰之后，在彩云之南的红土地上，另一位音乐家从喧嚣的都市中走出来。2002年，著名音乐人陈哲选定在云南怒江大峡谷中的兰坪白族普米族自治县的上水俸村，开始实施他的“民族民间文化活化传承”，即所谓“土风计划”。按陈哲的解释，“土风计划”是一项原生态文化传承行动，旨在抢救保护濒临失传、不可再生的民族乡村传统文化资源，探索良性发展的保护工程。“土风计划”包括两个方面，一方面是艺术家介入、记录、摄取，把乡村民间文化固化下来；另一方面是“活化”，即让资源地的人们实现民族乡村文化的自我传承。“土风计划”实施者在上水俸村挑选出10余名青年志愿者，成立了“普米族传统文化传习小组”。传习小组有计划地向老艺人学习诸如普米族传统的民歌、歌舞及口弦、木叶吹奏、四弦琴弹奏等等技艺。待传习小组掌握了这些技艺之后，他们又向周围的年轻人进行传授，从而逐渐在当地形成了学习、传承民族民间文化的良好氛围和传承机制。

该项目尽管意义重大，但仍步履维艰。到2004年，经费拮据的情况才初步得到改善。因为那一年，在陈哲的积极奔走下，项目获准列入国家“中国民族民间文化保护工程”资助项目，成为29个获准项目中唯一来自民间申报的项目。即便如此，陈哲的“普米族传统文化传习小组”还是面临着生存、发展的压力，因此他不得不走上对外演出的道路，先后到大理、广州、北京等地演出，并参加了2010年中央电视台的“青歌赛”。用陈哲的话说，虽然从大山里走出来演出的这些普米族女孩是她们民族乡村文化的使者而非演员，但不能不说这与陈哲立足村落，致力于当地的文化活态传承的理想初衷已经渐行渐远。

需要指出的是，田丰、陈哲的保护实践也仅仅针对音乐、舞蹈等文化事象，他们与少数民族乡村文化保护的整体目标还有较大距离。

（3）纳西族学者的东巴文化传习实践。

云南省社科院研究员郭大烈（纳西族）和他的夫人黄琳娜为了将东巴文字延续下去，用自己的心血于2000年创办了东巴文化传习院。该院承袭了纳西族的各种文化仪式，例如成人礼仪式等，吸引了广大国外学者慕名而来参加学术研究、体验文化保护，更重要的是近距离接触这世上仅存的还在使用的象形文字——东巴文，这不但是纳西族的骄傲，更是人类文明的宝藏和活化石。他们还在黄山完小率先开设东巴文教学试验点，帮助当地纳西人学习自己本民族的语言，为保留、传承东巴文化作出了卓越的贡献。

从1999年起，纳西族学者杨福泉牵头在丽江纳西族地区做了几项文化传承的实践。他和东巴文化研究所的同仁一起，在培养东巴文化传人方面做出了一些努力。在一些国际基金会的帮助下，他们从东巴文化传统深厚且现在还保留有一些东巴教仪式和习俗的山村里挑选了7个学生展开培养工作，其中有3个是著名东巴的孙子。他们采用传统的东巴培养方法对这些学生进行东巴文化的传授，东巴老师让学生读、写、诵东巴经，读经书不凭借注音符号，也不用现代录音工具，要求学生对所学东巴经能写、能读、能诵，按仪式逐一学习。他们还学习了制作面偶、绘制木牌等相关东巴文化。研究人员与东巴老师配合，定期查看他们的学习和教学情况；东巴和研究人员定期召集学生座谈，师生一起交流学习。学生在学完一些仪式之后，不定期返乡，感受乡村生活。如遇村里举行传统的文化活动，他们会去参加，并展示自己所学到的东巴文化知识，学以致用，锻炼实践能力，同时也可以发现自己知识的不足。

他们培养的几个东巴都已掌握了东巴文化中一些难度较大的知识，如书写象形文字、咏诵一些经典、举行祭祀仪式、跳东巴舞蹈、制作用于仪式的面偶和纸扎的祭品等。在2003年和2004年，项目所培养的青年东巴和秀东还应邀到美国惠特曼学院（Whitman College）和匹慈尔学院（Pitzer College）、华盛顿州立大学以及中国台湾“国立”历史博物馆等开展纳西族传统文化的教学和交流工作，为传播纳西族乡村传统文化作出了贡献。2006年，该项目所培养的青年东巴杨玉华和其他10个云南少数民族文化传人一起应邀赴美参加了盛大的“中国文化艺术节”，到美国不少大学和城市交流云南民族文化。

由宣科、杨曾烈等纳西族民间音乐家所创立的“大研古乐会”多年来致力于本民族音乐艺术的传承。他们的演奏以洞经音乐为主，又融会了纳西族传统民间音乐成分，被称为“活着的音乐化石”。

（4）杨丽萍的《云南映象》和“云南映象艺术传承中心”：名人效应的尝试。

田丰创办的“云南民族文化传习馆”解散后，杨丽萍及时总结传习馆经验，沉潜到乡村艺术生命的底层，去开拓全新的生命意义和真正的艺术瑰宝。她将丰富的云南民族民间乡村艺术“解构 ”又重新整合，用了几年的时间，从那些被遗忘的少数民族乡村角落里找来了六十多位“土得掉渣”且能歌善舞的少数民族村民，并调动了自己几十年的艺术、人生的积累进行原生态舞台剧《云南映象》的总体构思并成功上演。舞台上，杨丽萍和这些为生命而舞的少数民族村民，用天人合一的歌舞、身心合一的激情，带着与生俱来的冲动和狂欢，拿着日常生活中随处可见的牛头、玛尼石、转经筒等道具，伴随着几十面各具民族特色的鼓风、鼓韵，汇聚成决堤泄洪般的冲击力。舞台剧既有传统乡村之美，又有现代艺术之力，将最原生的原创乡村歌舞精髓和民族舞经典全新整合重构，再现云南浓郁的民族风情。在歌舞集中，原生、古朴的民族乡村歌舞与现代、新锐的艺术构思的碰撞，带给城市观众一种特定的“云南少数民族乡村文化映象”，而在这种映象格外凸显“原生态”与“保护”。

正是由于杨丽萍的《云南映象》在全国走红进而走向国际舞台，云南少数民族乡村文化的魅力开始被世人另眼相看，由此掀起了一股民族乡村文化保护的“云南模式”“云南映象”热潮。杨丽萍和她的《云南映象》对推动云南的文化产业、对推动云南少数民族乡村文化的保护和传承功不可没。

2012年3月15日，宝马公司和著名舞蹈家杨丽萍共同在云南艺术剧院举办“传承·绽放”为主题的发布会，宣布携手成立“云南映象艺术传承中心”，帮扶边远山区贫困青少年艺术教育，助推云南民族民间歌舞艺术传承、发展和传播。该中心将依托昆明艺术职业学院“彩云班”学生作为初期生源开展传承活动，由宝马爱心基金和昆明宝远经销商提供资金支持，《云南映象》剧组负责日常教学及管理，并为优秀学生提供就业机会。目前，“彩云班”共有188名学生，均来自云南边远地区贫困家庭，其中46人是国家级非物质文化遗产活态传承计划实验组成员。

2.民族文化生态村保护方式。

“民族文化生态村”的建设，是云南大学尹绍亭教授1997年提出的一个以人类学为主、包括其他学科参与的应用研究开发项目，是一个以地域和民族文化的保护和传承为主旨，由住民、政府和学者等相关群体参与建设的行动计划。这一项目的提出，可以说是经历了长期的思考、调查、研究的过程。

关于地域和民族文化的保护与传承，并不是一个新的问题，它从来都是文化事业和学术研究的一个重要组成部分。随着中国进入体制改革、发展市场经济和现代化建设时期，加之席卷而来的全球化浪潮，在“文革”中破坏严重、残缺不全的少数民族乡村文化又面临巨大的冲击和新的挑战。地域和民族文化在以往被丑化、消化、同化的基础之上，又被严重地异化、伪化和商化，民族文化的保护传承与重建已是刻不容缓。国家需要决策的参考依据，社会需要认识和行动的理论，民间需要建设的参照和经验，这些都有待去实践、探索、研究和总结。建设“民族文化生态村”就是在这样的背景之下，因专家、学者出于使命感而发起的理论和实践应用相结合的开拓性项目。建设民族文化生态村，从文化事业的角度看，意在探索少数民族乡村文化保护传承的新途径；从学术的角度看，是以人类学为核心的多学科结合的应用研究的新课题；从现代化建设的角度看，则可为国家实施的社会主义新农村建设发展战略提供参考性的理论方法和经验。

作为云南民族文化大省建设的重要内容之一，云南民族文化生态村建设项目于1998年10月立项启动。在美国福特基金会的支持下，项目组在云南省内选择了玉溪新平南碱村（花腰傣）、石林月湖村（彝族撒尼）、文山丘北仙人洞村（彝族撒尼）、西双版纳巴卡寨（基诺族）、保山腾冲和顺乡（汉族）

这5个村寨作为试点开始进行建设。“民族文化生态村建设”是尹绍亭教授身体力行，将人类学知识付诸社会实践的创造性尝试。经过八年的建设，摸索出了一套村民自主、学者指导、政府主导的模式，出版了《云南民族文化生态村试点报告》，吸引了不少学者到试点村寨进行调查研究，基本实现了以保护和宏扬优秀民族民间文化，保护和重建良好的生态环境，谋求乡村的和谐和可持续发展的宗旨。尹绍亭教授还是云南民族博物馆、云南大学人类学博物馆的主要创建人。尤其值得一提的是，担任云南大学人类学博物馆馆长期间，依托民族文化生态村和云南大学影视人类学实验室，他不仅创立了一个城乡结合、动静结合的“1+6”的人类学博物馆模式，还创建了三个人类学数据库：一是中国人类学家数据库，目前已经拍摄了宋蜀华等老一辈学者60多人的访谈，二是影视人类学数据库，迄今已经收集了1 000多部中外人类学影片，三是非物质文化遗产数据库，已经拍摄制作完毕记录60余部民间艺人及其技艺的专题片。在极其有限的资金投入条件下，他出色地完成了创建博物馆的工作，并在大学博物馆的建设上做出了积极的探索和有意义的尝试。

**B.政府保护型**

1.立法式保护：在全国率先颁布民族民间传统文化保护地方性法规，立法保护有初步成效。

立法性保护指的是国家或地方政府通过立法方式对文化财产和文化资源进行保护的方式。在这方面，西方一些发达国家很早就给予了高度的重视。与西方发达国家相比较，我国的立法性保护出现较晚，尽管自20世纪50年代以来，政府曾相继颁布了若干不同形式的有关文化保护的政令，但直至1982年11月颁布的《文物保护法》，我国才真正有了现代的国家文物保护的法律。但是，目前的《文物保护法》以及《民族区域自治法》等，还只注意到物质文化方面。在非物质文化方面，过去轻工业部制订过一个传统工艺美术管理的行政法规，也是仅限于规范工艺美术生产方面的各种行为。对于西南地区民族乡村传统文化的立法性保护，云南省于1999年颁布实施的《云南省民族民间传统文化保护条例》，应视为我国民族传统文化立法性保护的一个开端。

为了规范和加强少数民族乡村传统文化抢救保护专项资金的管理，提高资金使用效益，云南出台了《少数民族传统文化抢救保护专项经费管理暂行办法》，规范专项资金管理使用。《办法》要求专项经费的使用必须坚持专款专用、突出抢救保护少数民族传统文化、集中经费和突出重点、统筹兼顾的原则。经费使用开支范围包括少数民族语言文字的抢救保护及规范化、标准化、信息化和资源数据库建设；少数民族文物的普查、征集、展示、宣传、研究和民族文物资源的数据库建设；少数民族古籍的普查、征集、抢救、保护、修复、翻译、整理、出版、传承人培训和信息化管理系统建设；濒危少数民族传统文化遗产抢救、保护、传承和研究；流传广泛的少数民族口传文学等非物质文化遗产抢救保护和整理开发；少数民族传统文化抢救保护项目的重要出版；少数民族优秀传统文化遗产交流合作；少数民族优秀传统物质文化遗产抢救保护；同时，《办法》对专项经费的申报程序与管理以及专项经费的监督与检查等方面做了也作了细致的规定。《办法》的出台，为今后一个时期省直各相关部门、各州（市）民委（民宗局）申报少数民族传统文化抢救保护项目，加强少数民族乡村传统文化专项资金的管理使用、监督与检查提供了重要政策依据。

跳菜艺术是从古至今一直流行于南涧县的彝族乡村传统民间习俗文化，是民间办宴席上菜时为敬重宾客和增加喜悦气氛而跳的一种风俗礼节性舞蹈。近年来，跳菜艺术经过发掘、整理、创新，成为了南涧县的精品艺术。2003年，南涧县被国家文化部命名为“中国民间跳菜艺术之乡”；2008年，“南涧跳菜”被国务院批准为国家级非物质文化遗产。2012年，云南省大理白族自治州南涧彝族自治县人大常委会作出关于制定《云南省南涧彝族自治县跳菜艺术传承与保护条例》的决议，立法保护和促进跳菜艺术的传承和发展。

2.普查、抢救式保护：在全国率先启动民族乡村传统文化普查工作，少数民族古籍抢救、保护和翻译、整理、出版工作取得重大进展。

云南省率先在全国开展了大规模的民族乡村传统文化资源普查，目前已基本建立了省、州市、县三级非遗名录体系。从2010年起，云南省财政每年安排少数民族文化抢救保护专项资金2 000万元，主要用于全省25个世居少数民族语言文字的抢救保护、民族文物和古籍的收集整理、濒危民族文化遗产保护传承、口传文学等的保护和开发。从2011年起，省级重点文物保护专项资金增加到每年1 000万元。

截至2012年初，已初步查明，在文字资料方面，云南有14个民族使用着22种少数民族文字，遗存有少数民族文献古籍10万余册卷、口传古籍4万余种，抢救保护各民族文献古籍3万余册卷、口传古籍1万余种，翻译整理出版各民族文献古籍和口传古籍8 000余种、600余册。在口传遗产方面，云南的口传文化遗产非常丰富，从1957年开始收集至今已有两亿多字，涉及两万余种，已出版多本著作。在家谱、谱牒方面，民间流传的家谱、谱牒数量也相当多。其中，纳西族木氏土司延续22代470年，巍山左氏土司500年，还有许多宗族家谱，有的已有上百代。另外还有手稿、信函及名人档案。少数民族名人资料相当丰富，白族辞典收录的人物多达3 000人，纳西族也有700多人，2009年云南省民族学会初步征集到的21个民族代表人物有1 226人[①]。

① 以上数据源于云南省档案局统计资料。

近年来，云南省不断加大少数民族古籍抢救、保护工作力度，保护工作取得了显著成效。一是征集抢救取得明显成效，纳西东巴古籍文献已于2003年入选世界记忆遗产。2010年10月至2011年7月，云南全省已征集抢救散见于各少数民族乡村的民族文献古籍1 000余册（卷），内容涉及纳西东巴文、西双版纳傣文、德宏傣文、金平傣文、彝文、瑶文、壮文等民族文种文献古籍，达到入选国家珍贵古籍名录的约有2 000件，现有彝、傣、纳西三个民族25卷已经入选，《建水百乐书》《彝族招五谷魂经》《傣族佛教传播史》等珍本古籍已申报第四批国家珍贵古籍名录。二是2010年10月启动民族古籍传承人培训工作。至2012年年初已培训民族古籍传承人200余人，传承人思想觉悟、文化水平和保护意识进一步增强。三是民族古籍普查工作有序开展。以文山为试点的壮文、瑶文古籍普查工作全面展开，计划于2012年底完成普查任务，为其他民族的古籍普查工作打下基础。四是民族古籍数码拍录和数字化工作有了新进展。现已数码拍录存储民族古籍400余册（卷），数字化80余册，民族古籍数字化研究平台建设工作开始起步。五是以《东巴经》为代表的一批珍贵古籍得到翻译出版，《哈尼族口传文化译注全集》和《彝族毕摩经典译注》的翻译出版工作正有序开展。六是少数民族古籍珍本影印保护初见成效。收录93部珍贵古籍的《红河彝族文化遗产古籍典藏》20卷的影印出版得到好评，产生了广泛的社会影响；《文山瑶族古籍典藏》和《耿马傣族历史古籍典藏》等民族古籍影印珍本也将相继面世。

此外云南省丽江市纳西族东巴典籍抢救、整理和传承工作也取得了丰硕成果。一是整理、翻译东巴经1 300多册，其中《纳西东巴古籍译注全集》荣获第五届国家图书奖，《东巴文化艺术》画册荣获第七届中国图书奖；该市东巴文化研究院收藏的897种东巴古籍文献，被联合国教科文组织世界记忆工程咨询委员会列入《世界记忆遗产名录》。二是先后编纂和出版了《中国少数民族古籍总目提要·纳西族分卷》《中国西南文献丛书·纳西族分卷》，编印了《东巴经专有名词汉译规范》《东巴经分类目录》《纳西东巴经选译》《纳西东巴古籍译注》（三集）《滇川纳西族地区民俗和宗教调查》等一系列图书资料，摄制了8种东巴教仪式录像资料和45盘东巴诵经录音资料。三是编著出版了《东巴象形文异写字汇编》《东巴经典名句欣赏》《异域之神的乐土》《纳西族与东巴文化》《纳西族东巴文字画》《东巴艺术》《纳西象形文字字帖》《东巴文化研究所论文选集》《东巴文化论》（二集）等东巴文化学术著作。

3.命名式保护：组织实施了“民族文化保护工程”，率先命名民间艺人，社会影响日益彰显。

命名式保护是传统工艺文化保护中常用的一种方式。联合国教科文组织的“世界文化遗产名录”和“口传与非物质文化遗产名录”，就是通过命名的方式以达到推动人类文化遗产保护的目的。命名式保护日本、韩国等做得较好，由立法至具体的实践，形成了完善的制度，对那些具有代表本民族文化特色的传统工艺，国家通过命名传承人并给予传承人政府津贴的方式，确保其工艺得以传承。在我国，命名式保护起步较早，由文化部命名的“民间工艺大师”“文化之乡”等，客观上对民族传统工艺的弘扬、保护起到了促进的作用。

1997年云南省开始了民族民间艺人命名的调查工作，在调查了近万人的基础上，经专家组评审，省文化厅批准，于1999年6月23日在昆明召开命名大会，命名了166位艺人，分别授予他们云南省民族民间高级美术师、云南省民族民间美术师、云南省民族民间美术艺人称号。通过命名对他们起到了重要的保护作用。命名式保护对民族传统工艺的保护作用在国外已有了成功的实践，若我们逐渐完善这一制度，将会对民族传统工艺文化的保护起到很好的作用。近年来，云南省各级命名的“非遗”传承人（或民间艺人）共有3 698人，国家级51人，省级824人，州（市）级970人，县（区）级1 853人。2008年以来，国家和省级财政补助国家级传承人每人每年8 000元，省级传承人每人每年3 000元，支持传承人开展文化传承活动。据云南省文化厅提供的资料显示，截至2010年年底，云南省已有各级政府公布非物质文化遗产保护名录8 590项，已命名非物质文化遗产传承人3 542人，不可移动文物14 700处，各级历史文化名城名镇72个，均居全国前列。全省共拥有文化部命名的中国民间（特色）艺术之乡30多个、省级命名的民间艺人460多人，推出了寸发标、赖国庆等一大批乡村工艺美术大师、民间工艺大师。目前，云南省共有300多人荣获各类美术师资格认证，其中鹤庆新华村银器制作大师寸发标、建水紫陶传人陈少康被联合国教科文组织分别授予“民间工艺美术大师”称号。这些行为大大激励了民间艺人们对民族乡村文化传承和保护的积极性。

为有效保护少数民族地区乡村的民族民间文化，全省目前共有56个少数民族聚居村寨列为省级民族传统文化保护区。“大理白族文化生态保护区”“迪庆藏族文化生态保护区”被文化部正式公布为国家级文化生态保护实验区，使云南成为在全国同时拥有两个国家级文化生态保护实验区的唯一省份。

4.学校双语教学式保护：少数民族语言文字得到推广，民族语言文字资源收集工作取得可喜成绩，少数民族乡村小学低年级开展了形式多样的双语教学。

为加强少数民族语言文字资源抢救保护工作，近年来，云南省大力开展少数民族语言文字推广使用工作，取得良好成效。一是在不通晓或基本不通晓汉语的少数民族聚居区乡村学校开展民汉双语教学。为推进“双语”教学，云南省已编译审定出版14个民族18个文种200多本汉语文与少数民族文字相对照的新课改语文和数学教材，免费提供给学生使用。目前，全省共有46个县19个语种9 651所学校进行双语教学；有22个县11个民族14种文字在707所学校开展民汉双语教学。二是帮助彝、傣、拉祜、苗、景颇等少数民族改进和规范了本民族文字，编辑出版了傣文、景颇文、载瓦文、傈僳文、彝文、佤文、哈尼文、苗文等词典。三是用民族文字在民族地区开展扫盲、宣传、禁毒防艾和科技培训等工作，发挥了重要作用。四是加强民文图书报刊的出版发行，全省有民族出版社2家，民族音像社1家，民文报社4家，民文期刊社3家，共使用18种少数民族文字出版图书和报刊，是全国少数民族出版物文种最多的省份。五是启动实施了"云南少数民族语言文字资源库"建设。从2010年10月开始，云南省民语委办公室派出18位专业人员，按照制定的方案和先前掌握的情况，分赴文山、红河、普洱、临沧、怒江、大理、迪庆、昭通、楚雄、昆明、玉溪等州市，深入少数民族乡村，认真开展少数民族语言文字实物收集工作。经过各专业人员的积极努力，截至2011年年中，共收集到存世少数民族语言文字文献117件，实物94件，具体包括民族文字经书、民族文字方案、教材、读物、剧本、歌曲、布标、布料抄件、印刷工具，与少数民族语言文字有关的卦具（符）、民族服饰、绣片、碑刻拓片、刻木结绳记事实物、信物，民族语磁带、光碟、电影胶片等[①]。通过收集少数民族语言文字文献、实物，不仅获得了许多宝贵的少数民族语言文字资源实物，为建设"云南少数民族语言文字资源库"，进一步深入保护少数民族语言文字资源提供了重要支持，还基本摸清了云南少数民族语言文字资源的实物情况，发现了布依族"水书"、苗族方块文字等重要线索，为搞好云南少数民族语言文字资源抢救保护工作奠定了重要基础。

云南是个多民族、多语种、多文种的边疆省份，大多数少数民族生活在中缅、中老、中越国境线上的乡村，而且多数

① 以上数据源于云南省民语委办公室统计数据。

与境外的同一民族同宗共祖，其生产方式、生活习惯、语言文字、宗教信仰基本一致。独特的地理位置、地形地貌与生态环境使云南的民族语言文字资源十分丰富并呈现出“隔山不同语，隔村不同音”的多样性与复杂性。云南25个少数民族中除回族、水族、满族已转用汉语外，其余的22个民族共使用26种语言，14个民族分别使用着22种民族文字或拼音方案。调查统计显示，在云南少数民族聚居的乡村，民族母语仍然是大多数少数民族群众的日常用语，全省少数民族人口中约有650万人的地区不通或基本不通汉语。云南省少数民族语文指导工作委员会办公室副主任熊玉有近年在苗族聚居地区展开的调查显示，苗族中既讲苗语、又讲汉语的“双语人”大量增加，除多数学龄前儿童和70岁以上老人外，苗族大部分人都可以讲“双语”。在不通或基本不通汉语的少数民族聚居的乡村，少数民族儿童入学前多数听不懂汉语。可以说，云南大部分少数民族群众尤其是乡村群众仍以自己的母语为主要的交际工具，少数民族的语言文字仍在各行各业中发挥着特殊而重要的作用，成为各民族交流思想感情和进行思维、宣传党的方针政策和科学文化知识的主要工具，并在传播过程中留下了许多特色鲜明的云南文化资源，例如歌谣、传说、谚语、咒语等。

为解决不通或基本不通汉语的少数民族乡村儿童入学前多数听不懂汉语的问题，云南省多年来一直坚持在少数民族乡村小学低年级开展“双语”教学，教师开展教学既使用当地少数民族语言文字，也使用汉语。云南省委、省政府2010年发布的全省第一个中长期人才发展规划更是明确提出：“加大少数民族干部和通晓本民族语言文字专业人员的培养力度。根据少数民族地区和民族地区特殊性，培养少数民族本土人才、民族文化传承人。”2009年，云南省高级人民法院开始与云南民族大学合作定向为少数民族地区基层法院培养法官，招录学生不仅高考成绩须达到要求，还需通晓少数民族语言。

5.政府博物馆式保护：云南民族博物馆。

博物馆式的保护是中外传统文化保护方式中普遍采用的方式。云南在对少数民族乡村传统文化资源保护过程中，先后出现了几种博物馆形式，即普通博物馆、村寨博物馆、生态博物馆等。普通的博物馆包括各省、地（州）、县的综合性博物馆、文物室（或文管所）和高等院校的博物馆。目前，云南以收藏少数民族文物为主的博物馆主要有云南省民族博物馆、云南民族大学民族博物馆。此外，各民族自治州的博物馆等也收藏有大量的少数民族文物。这些文物大多数是民族传统工艺品，并且基本上是原汁原味的，即从材料到工艺技法、色彩、造型、图案等都是传统的，有的甚至是历史上曾经有过，现在已经消失了的。因此，可以说博物馆是民族传统工艺品及传统工艺文化的主要场所。

云南民族博物馆于1995年底正式建成开馆，是云南各少数民族乡村传统历史文化最集中的收藏与展示场所，是目前中国最大的民族类博物馆、国际一级博物馆，也是东南亚最大的民族博物馆。云南民族博物馆是集科研、展示、收藏、演示功能为一体的综合性文化场所，从云南少数民族生存的社会现状、服饰节庆、生态产业、民间美术、文字古籍等不同侧面反映了云南少数民族的精神风貌，生动体现了云南少数民族丰富多彩、个性鲜明的传统文化。这些展品有四个来源：一是来自于云南民族村文化抢救保护中心多年的征集积累，二是来自于云南省文物总店旧藏，三是筹建民俗博物馆时向社会征集来的，四是藏家或收藏机构捐赠给民俗博物馆的，十分难得。

这里展出的各类展品达12万余件，分《云南少数民族社会形态——改革与发展》《云南少数民族生态产业》《云南少数民族纺织工艺和服饰艺术》《云南少数民族民间美术》《云南少数民族节庆乐舞》《云南少数民族手工艺品》《云南少数民族古籍文献》和《奇石珍宝》8个专题、16个展厅里展出，有很高的学术研究价值和观赏价值。馆内珍藏民族文物40 000余套（件），陈列有民族古籍、文化遗产、民族服饰、民间美术、民族乐器、传统生产生活技术等，并不定期地举办临时展览；在馆区开辟了30余个各类动态演示作坊和艺术家工作室；成功组织了10余次国际学术会议；完成了20多项国际国内项目、课题，并与国际组织有着良好的合作关系；同国外多所博物馆建立了长期的合作，开展了多项展览交流、学者互访工作；博物馆将打造民族节日文化广场作为重点工作之一，并为此做了大量卓有成效的工作。几年来，已经有白族、彝族、哈尼族、傈僳族、苗族等在该馆庆祝过本民族的节日，内容包括传统歌舞节目表演、传统工艺展示等。该馆先后被命名为全国青少年教育基地、云南省未成年人思想道德实践示范基地、爱国主义教育基地、科普教育基地以及近40所全国大、中、小学校教学、科研、实习基地。

6.云南民族村：多元民族乡村文化集中展示的代表。

云南民族村于1992年开村，至2007年25个民族共存一寨，真正成为云南民族文化的大观园。目前，云南民族村已经成为国内规模最大、反映民族文化最多、效益较好的民族文化保护主题公园之一。为传承保护和抢救宝贵的民族文化资源，经省民委批准，民族村依托景区已有村寨和游览设施，建立起了“民族文化抢救保护中心”。目前，民族村正积极着手开展收集整理民族民间文化遗产等一系列行动：首先在村内引入了哈尼族树皮服装，白族木雕、银器、铜器，民间陶艺，拉祜族面具艺术等一批民间艺人；其次，建成以保护展示民族民间工艺品为主的“民族民间工艺精品展示长廊”。云南民族村既是传承和保护云南少数民族乡村传统文化的基地，更是云南旅游业的一个窗口。到云南的游客，很难走遍云南的村村寨寨，去一一感受每个民族的传统乡村文化，而云南民族村作为云南民族风情的缩影，便承担起带领来自五湖四海的游客，用最短的时间探寻云南原汁原味的民族文化的任务。云南民族村有以下特色。

特色一：民族风情的博物馆，佤族小伙、姑娘们豪放的舞蹈，高亢的歌喉，充分展示少数民族原生态、野性的一面；傈僳族“上刀山、下火海”表演，展示了他们勇于面对生活，敢与大自然搏斗的本性；拉祜族姑娘们一边纺织，一边歌唱，游客可以坐下来与她们聊聊天，还可以拉弓射弩；景颇族的“目瑙纵歌”，让游客亲身体验、感受他们过年的喜庆和历史上顽强抵御外敌侵入的勇敢与顽强；哈尼族表演的“捉泥鳅”让人勾起童年的记忆；彝族表演的“舞起大三弦”把游客带入了火把节的世界，于不经意间同阿诗玛和阿黑哥一起舞动。

特色二：民族节日的大狂欢。村中长年不断的少数民族节日活动项目有：彝族火把节；傣族、德昂族、布朗族泼水节；中秋赏月歌舞会；景颇族目瑙纵歌节；佤族摸你黑节；怒族插花节；哈尼族十月年、噶汤帕节等。在众多的活动项目中，最具魅力的莫过于傣族的“泼水节”和彝族的“火把节”。为配合傣族“泼水节”、白族“三月街”、摩梭“转山节”、佤族“木鼓节”等民族节庆，村中开展泼水狂欢、浇花、玩水夺标等活动，同时开展白族掐新娘、彝族猜新娘等民族婚俗展演，丰富的活动内容吸引了大量游客的参与。

特色三：民族文化的体验区。为了让游客能参与到富有情趣的表演项目中，云南民族村还推出了风情万种的参与性节目，其中有：篝火狂欢、少数民族打跳、竹竿舞、猜新娘、猜服装、藏式拔河等活动，还邀请西双版纳、红河等来自州市的民间艺人到民族村展演本民族的节日盛况，全面深入地展示本民族深厚的民间文化底蕴，从而在展示上能达到“集中”与“深度”的结合，还能引导游客形成规模性的参与、体验。

特色四：民族激情的不夜城。2007年五一黄金周以来，民族村推出了“璀璨滇池，激情村寨”为主题的文化夜市活动，精心策划了丰富多彩的村内活动内容，引进了部分富有特色的地方表演队伍，推出了灯展、露天电影、广场演出、水上实景演出等活动，使游客朋友们领略到更多原生态民族民俗文化，获得了经济效益和社会效益的双丰收。

特色五：民族茶道的“大观园”。民族村将云南浓郁的少数民族文化与普洱茶文化有机结合起来，创建了集普洱茶文化展示、茶艺展示、品茶为一身，能够提供富有地方特色和少数民族特色的、高质量的接待服务的留香茶艺馆，借助民族村和普洱茶的品牌价值，利用普洱茶本身所具有的品牌价值和市场影响力结合民族村的品牌，作为民族村实施品牌经营战略的一个有益尝试。

经过20年的建设，云南民族村这个融云南少数民族乡村传统文化和旅游业于一体的窗口已经打开了，它既是民族的，也是世界的。

7. 民族文化生态保护村（区）：研究性、开发式保护。

我们所讲的研究性保护，既包括对民族传统工艺资源的普查、工艺流程的整体记录、器物的采集和相关文化背景的研究，也包括对各种文化保护实践的规划和参与，即文化保护措施和技术的研究。在这方面，我国尚处在起步阶段。贵州省六枝梭嘎生态博物馆、云南省“民族文化生态村”等，都是在有关专家参与调研的基础上创建与运行的。前者有中国和挪威的博物馆专家直接策划和参与，后者是在美国福特基金会和云南省政府的资金支持下，由云南省社科院和各高校的专家牵头，在调查研究的基础上实施的。最近由中国艺术研究院承担的科技部、文化部重点科研项目“西部民族文化资源数据库”，也可视为对民族文化资源进行研究性保护的一项重大举措。

开发式保护与前边所讲的商业性开发不同，它在开发之初就具有了保护意识和保护措施。如云南省“民族文化生态村”的建设，可以说是个新的尝试。1997年，云南省政府在《云南民族文化大省建设纲要》中明确提出，要“建设遍布全省的各种民族文化生态村”。民族文化生态村建设的目的是把农村基层文化建设、民族文化资源保护、民间文化产业开发与其环境改善、经济发展协调起来。从1998年开始，在丘北县普者黑仙人洞村、腾冲县和顺乡、景洪市基诺乡巴卡小寨、石林县北大乡月湖村等进行试点。到2001年，又组织专家初选了30个村寨（乡）作为“民族文化生态村示范点”。这些村寨分为“文化旅游村”“生态旅游村”“历史名村镇”“民族工艺村”“民间艺术村”“文化保护村”等。

因为是一个创造性、应用性和探索性的项目，10多年来，民族文化生态村建设既取得了许多实质性的成果，也留下了不足乃至不成功的教训。为探索少数民族乡村传统文化“活态保护”的有效途径，云南省在怒江、大理、丽江、迪庆4州市15个县市开展大规模调研后，提出了以社区为单位建立民族文化生态保护村（区）的构想，截至2012年初，在滇西北地区规划、实施了60个保护村（区）的建设，带动各州市、县制定民族文化生态保护区规划并付诸实施。目前，云南省民族文化生态保护区相继建立，一些民族地区正开始向民族文化生态保护州、县的目标迈进，确保了民族文化多样性可持续保护与发展。如普洱市西盟佤族自治县是佤族文化生态保护区，保护区内至今仍保留着原始、神秘的“勐梭龙潭”“永克落园”“司岗里部落”“龙摩爷圣地”“木依吉神谷”“佛殿山三佛祖遗址”等人文痕迹，成为佤族文化的活化石。该县紧紧围绕建设民族地区乡村生态文化旅游产业发展试验区，以建设“一城两区三线一园”为主线，实施一城、一景区、一个节会、一个节目、一个平台、一系列基础设施建设的“六个一”建设进程，将佤族乡村生态文化旅游业培育为沧源的重要支柱产业。

**C.学院保护型**

1.云南民族大学博物馆。

云南民族大学民族博物馆成立于1981年，同年10月展出。

它是一座国内最早问世的以收藏、陈列、研究少数民族乡村民族文物为主的民族博物馆，从时间上说是继云南省博物馆之后的第二座专业博物馆，由于建馆时间较长，珍藏文物较丰富，被称为“开民族学博物馆先河”的专业博物馆。

该馆的藏品多数是20世纪50~70年代从各民族地区乡村征集来的，包括各种生产工具、生活用具、服装、饰品、古文字经典和宗教、风俗、艺术文物，多数藏品客观、科学、形象地反映了云南省不同地区、乡村、民族的历史、社会、经济、文化、生活状况和特色，其中相当一部分具有较高的文物价值、艺术价值和学术研究价值，有些是弥足珍贵的文物精品，如牟定早期型小铜鼓、明代西双版纳宣慰司仪仗队铜鼓等；有的已是绝无仅有的服饰绝件，如元代象皮千总帽，清代傣族、彝族土司官服，清代漆面武士皮甲等；反映云南省少数民族乡村传统宗教信仰的器物、画像，如明代佤族男性生殖守护神舞蹈人形木雕木板，明代宾川鸡足山工笔线描刻板佛道神像画等，还有清代以来乡村民间传统手工纺织印染机具，已绝迹多年的十四档强力地弩等工具器物。在这里还可以看到傣族贝叶经、纳西东巴经等云南少数民族古文字的各类型写本和刻本。

云南民族大学博物馆还珍藏着两件最具特色的云南民族乡村文化珍藏艺术品。一幅为大型的丙烯颜料绘画。其内容为云南各少数民族起源传说和民族文化概貌的描述。这幅画记录了：一片沃土（丰饶的云南大地）；两根线条（纵线为历史发展脉络，横线为多彩的文化交融）；三项活动（劳动、狩猎、战争）；四种文化（原始文化、滇、爨、南诏大理文化）；五类风俗（节日、歌舞、衣饰、婚俗、祭祀）；六种宗教（原始泛灵信仰、道教、大乘佛教、南传上座部佛教、藏传佛教、东巴教）；七个故事（洪水葫芦故事、江水中传木怀孕生子·九隆故事、盘瓠故事、南方羽民故事、彩云南现故事、舞蹈源于青蛙跳故事、鹤托大理故事）。这是中国第一幅以云南各民族乡村历史文化为题材的壁画，也是民族大学博物馆最具特色的珍藏。另一件是我国天津著名的泥塑艺人“泥人张”所塑的云南25个少数民族彩塑形象。这些雕像把云南各族群众雕绘得惟妙惟肖、栩栩如生，具有较高的历史保存价值。这两件艺术精品形象地为每个参观者展示了云南少数民族的起源传说以及大致的文化构成以及服饰特色，全面、生动地反映了云南各民族地区绚丽多彩的乡村文化。

2.云南民族大学艺术学院民族艺术专业的开设。

云南民族大学艺术学院成立于1994年，其前身是由美国“美中艺术交流中心和福特基金会”支持的民族艺术系，是云南民族大学的特色学院之一，是云南省委省政府确定的“民族艺术研究传习基地”（2006年批准），并设有“民族文化艺术发展研究中心”，迄今已形成教学、科研、艺术实践等教学培养模式。学院已形成民族艺术研究、创作、表演、进修、培训相结合的办学模式。该学院致力于保护丰富多彩的民族乡村传统文化和艺术的活力，通过开设相应课程，挖掘云南民族乡村文化和艺术，聘请各民族的民间艺人到学校为学生授课、传习等方式，向年轻一代传授民族乡村传统文化和艺术，以期实现民族乡村传统文化和手工艺的保护和传承。该学院的创建，践行了保护和传承云南少数民族乡村传统文化“脱离文化原生地”的传承、保护模式，突出了两个显著特点。

第一，推进云南民族地区本土民族文化课程建设，促进学生个性和教师专业发展。从课程设置可以看出，学院突出云南民族乡村传统文化的传承和创新，因此，对云南民族乡村本土文化的传承起到了积极有效的推动作用。如民大艺术学院音乐学专业课程有民族声乐演唱、民族吹管乐器演奏、民族拉弦乐器演奏、民族弹拨乐器演奏、民族打击乐器演奏、民族民间音乐传习、民族音乐概论、民族传统音乐研究与分析、民族文化概论等。民大艺术学院的民族文化课程开发，不仅承认学生独特的民族背景差异，而且满足不同民族学生的发展需求，促进最大限度的发展。在教学过程中，6个民间工艺作坊使得教师由单纯的课程“执行者”转变成了“参与者”和“决策者”，学生由被动的“倾听者”变成了主动的“参与者”和“创造者”，并在此过程中提升了双方的学习和研究能力。

第二，让处于边缘的民族乡村文化走进高校课堂，以活态形式加以保护并扩大传承面。从民族乡村传统文化传承方面看，民大艺术学院以复兴、保存和传承各少数民族乡村的艺术和文化为己任，把多姿多彩的优秀民族文化提升并引入高校课程，尝试民族乡村传统文化与现代化的对接，关注民族区域的社区文化与发展。该学院以学校民族博物馆的展品为蓝本，依托丰富的云南民族乡村文化资源优势，通过挖掘、整合和更新本土教育资源，提炼区域内乡村传统民族文化精髓，对民族乡村特色文化进行活态保护和传承，不断丰富和完善特色课程建设，探索本土文化的教育发展道路。

3.玉溪师范学院涠公河次区域民族民间文化传习馆。

玉溪师范学院涠公河次区域民族民间文化传习馆始创于2004年9月。该传习馆以课程形式进入地方高校的课程体系，在云南仅次于云南民族大学艺术学院。因此，无论是从文化学意义上还是从教育学角度看，都有着不同寻常的意义。该传习馆发展至今，已建立陶艺、木雕、绝版木刻、民间绘画、少数民族刺绣、手工、青铜制作、民族语言人类学、云南元素设计、音乐人类学、说艺、蜡（扎）染、民族艺术欣赏、手工造纸、陶瓷上釉、家具制作、剪纸、民族影视、民间文学和民族书法等实验室，先后共开设木雕、陶艺、云南元素设计、民族艺术欣赏、绝版木刻、民族绘画、刺绣、手工等7门全院公选课。

传习馆的课程实施思路是致力于创立民族乡村文化传承的教学模式，以体验课程的能力传承为主线建构民族特色。除了使用讲授法和示范法外，传习馆的教学方法主要是采用“亲身体验—观察与反思—形成抽象概念—在新环境中运用”。传习馆强调学生以亲身实践为主，学生通常分组活动，以7–8人为一组，进行技能训练和乡村考察，营造民族乡村文化的民间氛围。传习馆常聘请乡村民间艺人进入课堂传授技艺，让学生感受云南民族乡村文化和艺术的魅力，提升学习、研究民族乡村文化和艺术的兴趣和主动性。传习馆还充分利用民族地区乡村学生资源，开发学生拥有的技艺，让学生主动积极地进行自我学习，用同龄人互相学习的民族民间传承方式学习民族乡村文化和工艺，使学生主动积极地开展自我学习，旨在培养学生综合运用知识和适应社会的能力。

**D.乡民自觉保护型**

云南自从2000年前后于各民族文化生态村试点建立第一批乡村文化传习馆后，十余年来各种形式的乡村文化传习馆在少数民族乡村如雨后春笋般建成。

1.形式各异的民族乡村文化传习馆：文化原生地乡民自觉保护的典范。

红河绿春县阿倮坡头村哈尼服饰传习馆于2012年开馆。该馆以“弘扬民族文化，展示民族风采”为宗旨，征集了该县哈尼族9个支系的12套传统哈尼妇女服饰，组织培训了12名传承人，能够系统地展示哈尼族服饰制作的弹棉、纺线、煮线、洗线、绕线、拉线、集线、排线、调线、织布、靛染、裁缝、剪贴、刺绣、成品等15道传统纺织工艺。传习馆共分五个展厅：第一、二、三展厅为工艺展厅，展演十五道传统纺织工艺；第四展厅为成品展厅，展示哈尼族传统老服饰和新款服饰；第五展厅为精品展厅，展览绿春九大哈尼支系的精品服饰及当地艺术家的书画摄影作品。传习馆的建成和开馆，有效保护和开发了底蕴深厚的哈尼族服饰文化。

2012年以来，云南省保山市在隆阳区潞江镇、芒宽彝族傣族乡，腾冲县荷花镇、五合乡，龙陵县勐糯镇，施甸县旧城乡，昌宁县湾甸傣族乡等傣族聚居乡镇成立了10个傣族文化传承中心，积极推广普及傣文，传承和保护傣族优秀民族民间文化。传承中心充分发挥民族民间传承人的作用，以保护傣族语言文字为突破口，深入挖掘傣族武术、艺术、医药、竹器工艺、织锦工艺等文化，并利用夜校、村寨文化室等场所开展教学。目前，各传承中心共发放《傣文识字读本》等教材539册。

2.仁钦多吉家庭博物馆。

卡瓦格博雪山下有一间小型、简陋的博物馆——仁钦多吉家庭博物馆。这个家庭博物馆就如同一扇窗子，向人们展示着藏文化的魅力，也向人们昭示出一个藏族老人对自己民族文化的深深眷恋和抢救、保护自己本土文化信念。这里，展出着70余件仁钦多吉多年来自费收集的藏族文物，有日常生活用具、宗教用品、藏文书籍、藏医藏药以及一批与卡瓦格博有关的历史文献、手抄经书和与环保有关的乡规民约等。

3.少数民族乡村群众自觉开展文化活动。

楚雄彝族自治州双柏县的安龙堡乡多年来一直活跃着一支由35位中老年人自发组成的“老年业余民族民间文艺队”。这支文艺队的成员都是当地农民，年龄最长的70岁，最小的40岁。每天干完农活或是农闲时候，他们都会聚到一起排练节目，并不定期地到乡里各村演出。文艺队组织者之一65岁的施崃老人说：“这是建设精神文明的一种方式，同时也保护和传承了以前的传统文化。”在进行创作时，老人们想得最多的就是“如何把传统文化‘搬下来’”。

元江哈尼族彝族自治县有位哈尼族艺人叫陈玉发，他是哈尼族的贝玛，即当地哈尼族祭祀活动的主持者，也是哈尼族文化的传承者。他系统地掌握了哈尼族祭祀舞，为了将自己掌握的技艺和知识传授给青年人，他组织了一支哈尼族民间歌舞表演队，带领着这支队伍活跃在元江哈尼族的村村寨寨。

从2001年至今，在德钦每周有两天人们都聚集在县城中心广场上欢跳弦子舞。这一非商业性的民族广场文化的出现与卡瓦格博文化社有关。这是由6名藏族年轻人组成的民间机构。在他们心中，“弦子舞是藏民族延续了几百年的优秀文化，是民族的灵魂”，“但自从电视、卡拉ＯＫ、录像等现代娱乐方式到来后，人们就不再跳弦子舞了”。他们不愿看到自己的传统文化在现代生活方式面前一点点消失，为了让这古老的艺术仍然在民间流传，他们奔走呼吁，利用业余时间翻山越岭收集弦子200首、锅庄30多首、山歌调子10多种，并凑钱出版音像磁带“萨革弦子”。在他们的努力和带领下，弦子舞又跳起来了。

4.福保乡村文化艺术节的举办。

2007年起在滇池之滨的昆明市官渡区六甲乡福保村开办中国·福保乡村文化艺术节。该节通过展示中国乡村文化，让乡村文化艺术成为带动农村经济社会全面发展的强有力的“引擎”，并通过用文化创造财富的理念，带动乡村地区经济社会的全面发展，推动乡村文化艺术的繁荣与发展，丰富农村群众文化生活，为云南文化产业的发展作出贡献。在福保文化艺术节这样一个实实在在的中国农民自己的节日里，农民是这届艺术节的主角，节日期间展示的民间工艺出自民间艺人之手，乡村美食由农民亲自掌勺，民族舞蹈由农民自己出演，成果博览由村办企业提供，文化论坛由基层“村官”主讲。

文化艺术节期间，中国传统的八大菜系和各领风骚的地方风味异彩纷呈，上百种菜肴及数不清的小吃丰富精粹。福保乡村文化艺术节把我国56个民族的168道特色菜肴通过云南特有的“长街宴”展示出来。为挑选这168道菜，中国烹饪家协会提供了全国各民族的上千种菜肴，并从各个民族的菜肴中挑选出3道菜肴。文化艺术节期间，东北二人转、贵州侗族大歌、延边朝鲜族农乐舞、弥勒大三弦等等，让福保变成了歌舞的海洋，欢乐的天堂。民间民族歌舞是集民歌、民谣、乐曲、曲艺、舞蹈及地方戏曲为一体的综合性民间艺术和民俗活动。它承载着民间传统民俗活动、节庆礼仪的文化内涵，记录着人民群众的生产生活，表达了人民群众的心声和对美好生活的追求，是中华民族数千年农耕文化、民风民俗的缩影。乡村文化艺术节上，景颇族的“目瑙纵歌”，傣族的“孔雀舞”，藏族的“锅庄”“弦子”；还有纳西族的“阿哩哩”，彝族的“跳脚”，壮族神秘的“草人舞”……每一次歌舞乐展演，都令观者激情澎湃，在歌舞乐的陶醉之余，对云南这块多情的土地生长出来的多民族的灿烂乡村文化留下深刻的印象。艺术节上的中国乡村民间艺术大集，涵盖陶瓷文化苑、民间绘画苑、乡村雕刻苑、乡村布艺纸艺苑和乡村手工艺苑等。浙江、陕西、山东、海南、西藏和重庆等14个省区市的22项国家级非物质文化及腾冲玉雕、石屏彝族剪纸、建水紫砂陶、南华镇南月琴制作技艺和梁河葫芦丝制作等5项省级物质文化亮相文化艺术节。另外，乡村文化艺术节还邀请文化部命名的马关壮族版画、剑川白族木雕和腾冲固东皮影等5个“艺术之乡”的民间工艺展。这些丰富多彩的民族乡村艺术不仅蕴含了深厚的乡村文化底蕴和浓郁的民族风情，而且大都是中国乡村艺人的绝活，成为民族乡村文化中耀眼的明珠。

5.特色鲜明的民族乡村文化产业。

20世纪90年代以来，在城市化进程中，云南少数民族地区的小城镇发展速度很快，城乡二元结构已使单一的乡村农业经济开始出现解体，滇西等地少数民族乡村大量富余人口开始从单一的农业生产中解脱出来，寻求新的发展。少数民族乡村传统的手工艺生产渐渐不再是农闲季节补充和调剂农业生产或主要为自己、邻里和亲友生活服务的补充性乡村传统行为，也不再是极个别具有传统技艺的乡民的生存行为，而是发展成为部分少数民族乡村的主要经济支柱，如大理白族乡村的扎染、大理石、木雕、银铜器、木刻、陶器制作等。近年来，云南省充分挖掘少数民族乡村的本土文化资源，大力扶持民族民间工艺品发展，形成了产业优势明显、人才聚集、特色鲜明、经济效益显著的21个乡村知名产业门类，年产值超过百亿元，成为云南特色文化产业的重要门类和十大主导文化产业之一。其中，鹤庆新华村的银制品、剑川的木雕工艺品[①]、香格里拉的藏族黑陶工艺品、个旧的锡工艺品、石林的石雕工艺品、瑞丽和腾冲的玉雕工艺品等竞相展示魅力，它们将自己制作的银器、木雕打入国内和国际市场，在此过程中也将自己民族传统的工艺、质料、风格等发扬光大，产生了良好效益。

**【案例1】云南民族乡村文化保护和开发的名片——剑川县甸南镇狮河村**

剑川县甸南镇狮河村因拥有传统木雕工艺及人才优势，2004年被省政府命名为“文化旅游木雕村”“民俗文化试点村”“中国民族木雕家具产业基地”、全省木雕文化村。该村木雕手工艺生产历史悠久，至少在明清时代就已经产生，到20世纪70年代时，当地的木雕生产日渐衰落。随着现代旅游业对乡村的影响日渐加剧，狮河村的传统木雕业悄然复兴。在20世纪80年代初期，狮河村主要经营的仍然是格子门、家具等产品，主要的用于当地的建筑房屋装饰和日常生活。到了90年代，随着旅客对狮河传统手工木雕产品的了解日渐增多，市场对木雕产品的需要急剧增加。狮河的木雕品种也由家居装饰品向旅游工艺品转化。长期以来，狮河村从事木雕生产经营的个体户各自为政，没有形成发展规模。当地的村民在与现代企业争夺市场的过程中，不断积累对市场规则的认识，于2002年成立了狮河木雕集团公司，整合木雕技术和人才资源，按照“集体搭台、农户唱戏”的思路，做大做强木雕产业，促进了村集体经济的发展壮大和群众的增收致富，使当地村民由分散经营

① 剑川是在云南大理州的一个县城，这个地方历史上以出木匠著称，主要是雕花的木匠。剑川的木雕工艺现在以狮河村最为集中，也较具有代表性。课题组曾对该村进行过专题调研考察。

向集中管理、统一销售方面转变。看到狮河村的传统手工木雕业逐渐受到市场的青睐，针对这一情况，村里将全村分散经营的木雕经营个体户和木雕工艺师组织起来，于2005年成立了狮河木雕工艺协会，据统计，参加该协会的有387户1 216人。村里在资金技术信息等方面优先支持木雕工艺协会，按照“民办、民管、民受益”的原则并积极推行“大户＋协会＋基地→农户”的生产经营模式，即大户加协会加基地带农户的形式，以大户为依托，吸收大户为协会的理事和主要会员，按照协会章程，从事木器木雕产品开发、试验示范、转让、推广服务等活动，通过技术交流，提高专业技术服务，促进科技与经济的结合，加速科技成果的转化，不断提高木雕工艺的水平，推动了全村经济的快速健康发展。木雕工艺协会根据市场需求，积极为木雕生产经营户提供产品设计、生产组织、原料供应、产品销售等服务，把木雕生产与市场有效连接在一起，形成了组织严密、分工有序、充满活力的木雕产业链。剑川县木雕（集团）有限公司等一批企业纷纷将自己的生产、经营网络延伸到狮河村，推进了狮河村木雕产业的专业化、市场化发展。

据调查，截至2010年统计，狮河村全村全村572户、2 763人，其中有529户、1 495人从事木雕工艺生产经营，分别占全村总农户、人口的93%和55%，可以说全村劳动力的77%都在从事木雕工艺生产，其中经考核评审获得职称的有设计师20人、工艺美术师15人、雕刻师28人。全村的木雕总产值达1 940万元，人均收入8 000元。全村有37个木雕工艺能人大户，拥有厂房128间，占地5 668平方米，有大型带锯9台、木工机248台、木雕加工机械428台、线锯机2台、吊螺2台、烘干设备10套，并在外地拥有63个经营网点，有大约30余人的木雕工艺经纪人队伍，每年每人产品订单在500万~800万元之间，能为狮河村木雕生产提供1亿多的销售消耗。

在发展壮大本村木雕产业的同时，在协会的统一管理下，这些大户带动本村529户1 495人从事木器木雕精深生产，引进金达、红盛2家公司，形成了木雕产业片区，拓宽了农民增收渠道，促进了农村的繁荣发展。木雕工艺协会在木雕生产销售中提取管理服务费作为发展资金，并将管理费的30%上缴村党支部作为村集体经济收入，加上出租村铺面的租金及木雕经营大户的自愿捐款，木雕产业发展每年可为全村集体经济增收10万多元。为了有效遏制木雕产品市场无序的竞争，这个村木雕产品生产经营实行品牌效应，对外承包的工程和木雕产品都以“狮河木雕”这一品牌来订单。木雕协会还根据当前市场需求，引进先进生产设备，转变设计理念，将传统工艺和现代生产技术紧密结合，将传统民族文化与现代元素紧密结合，积极开发形式多样的木器木雕产品，木器木雕产品从单一的木雕格子门发展到现在的木雕家具、木雕工艺品、木雕装饰品等 200多个产品，木雕工艺水平和传统特色更加鲜明，形成了特有的木雕产业品牌，市场竞争力不断提升。由于注重品牌，当地生产的格子门、美女窗、九龙壁、龙窗、贵妃窗、挂屏等产品及旅游小件远销四川、贵州、上海、北京等地，“狮河木雕”的品牌先后打入日本、美国、德国、法国、新加坡、泰国等国家及台湾、香港等地区。“狮河木雕”品牌已经初步确立狮河木雕协会现有127名会员，他们按照协会章程，在本村向大户承揽木雕产品加工，并以狮河村和邻近8个村为基地，吸收6 641名木雕能手进行产品加工，形成区域性产业带（即产业基地），而且还拓展到沙溪镇和洱源县牛街乡等地方，“狮河木雕”真正成为了效益明显、带动性强的狮河村及邻近村组的支柱产业。2009年年内仅泰国、美国、日本、缅甸等国外订单金额就达500多万元。如今，木雕产业已发展成为狮河村的特色支柱产业，产业收入占全村经济总收入的90%以上。木雕产业解决了村中大量剩余劳动力的就业，增加了农民的收入，提高了农民的生活水平，同时也带动了周边回龙、天马、永和、海虹、朱柳、禄寿、文榜等村的木雕产业发展。狮河村在不断加快发展中实现经济的腾飞、文化的振兴，成为阿鹏故乡村容整洁、乡风文明的社会主义新农村建设的排头兵，狮河木雕已成为了云南乃至西南地区的一张文化名片。

6.民族乡村旅游业开发。

云南一些少数民族乡村利用自身独有的旅游资源，辅之以当地民族文化的内容，发展了经济，也保护了自身的乡村传统文化。如近年来石屏县充分利用丰富多彩的彝族乡村自然景观、历史文化和民族文化资源优势，通过苦练内功（如挖掘、整理、总结、提升烟盒舞等民族乡村文化）、外塑形象（如李怀秀、李怀福姐弟获央视青年歌手大赛金奖等）等一系列方式，全力打造以乡村花腰女子舞龙、烟盒舞、海菜腔等为代表的民族文化旅游，并借海菜腔两次获全国大赛金奖之机，充分调动乡村民间艺人积极性，整理收集流传乡村民间的海菜腔唱技、烟盒舞套路，整合提升历史发展的精粹。

目前，云南少数民族乡村开展的乡村文化旅游主要有三种类型：单家独户的农家乐运作类型、整村开发的乡村文化旅游类型和多村联动共同参与开发的乡村文化旅游类型。单家独户的农家乐运作类型在云南较为普遍，主要以乡村群众自家的围院、山地、鱼塘和当地的自然景观为载体，文体娱乐项目主要有登山、垂钓、射弩、射箭、骑马、秋千、划船、棋牌、卡拉OK等游客参与性活动。农家乐运作类型的经营因规模有限、旅游产品单一，故资源整合效益不佳，不易发展壮大，也难以成为少数民族乡村文化旅游品牌并带动全体乡民共同发展致富。

与单家独户的农家乐运作类型相比，整村开发的少数民族乡村文化旅游类型优势明显，它可以调动全村的人力、物力、资金等资源，或借助外来的资金、资本和企业进行村寨旅游业的整体开发，并通过建设一定的村寨旅游设施、景点、宾馆、购物中心、文化活动场地，组织开展相应的民族歌舞、体育表演活动、游客参与的体验活动，由此形成相对完善的少数民族乡村旅游产业链，延长游客的停留时间，获得较好的经济与社会效益。目前，云南省内开展这一类少数民族乡村文化旅游的村寨有昆明石林月湖村和沙朗白族乡、红河弥勒可邑村、临沧沧源翁丁村、德宏瑞丽大等喊村、文山丘北仙人洞村和广南坝美村、保山湾甸乡等等，其中值得一提的是红河弥勒的可邑村。该村是闻名全国的彝族传统歌舞“阿细跳月”的发源地。由于该村地处喀斯特地貌区域，全村土地资源与水资源极为匮乏，当地彝族村民生活较为贫困。在当地政府和有关专家的帮助下，1999年可邑村利用本村特有的自然风光、民族风情开展民族乡村文化旅游。他们在村寨口建起高大的“古寨门”，重建了彝族古代部族战争年代的“烽火台”古迹，设立了盛大的迎宾仪式，并以本民族进行祭祀活动的“密枝林”为背景，将已消失50多年的彝族“祭火仪式”又完整隆重地再现出来，由本族祭司毕摩为游客念诵平安经，组织开展阿细跳月、摔跤竞技、彝族武术和民族歌舞活动，安排游客参观村寨风貌、村史与文化陈列室、彝族民居，品味民族美食、购买民间工艺品等。整村开发，使村民利用自身文化资源逐渐走上了脱贫致富的发展之路。据统计，2009年该村共接待国内外游客21 300人，村民的人均收入有了显著提高。可邑村的民族乡村旅游活动推进了民族乡村传统文化的传承与保护工作，2009年在昆明举办的第十六届世界人类学与民族学大会还把可邑村安排为旅游人类学考察点，并得到与会专家学者的一致好评。

多村联动共同参与开发的少数民族乡村文化旅游运作类型目前在我国还为数不多，但这种运作类型的规模效应、品牌效应和经济效益却十分显著。为开发具有数千年历史的傣族文化资源，带动少数民族走共同致富的发展道路，1999年西双版纳景洪市橄榄坝镇将保存最完好的5个傣族自然村进行有机的整合，总投资1.5亿元，建成一个颇具规模的大型傣族乡村文化旅游景区“傣族园”。景区将5个傣族村寨进行合理的空间布局与功能定位，将曼春满村定为花园寨，曼听村定为宫廷花园寨，曼将村定为篾套寨，曼嘎村定为赶集寨，曼乍村定为厨师寨，并安排各村寨村民从事与旅游有关的一些配套工作，从中获取相关服务和旅游产品的制作收入。园区包括景区大门、购物中心、迎宾广场、老寨老区包装、村寨旅游线路、江边活动区、泼水广场、大型露天剧场、民俗旅游度假区、大型娱乐园等项目，完整地展示了傣族历史、宗教、体育、舞蹈、建筑、服饰、饮食等民族风貌。如在泼水广场，有100余人的专业泼水队伍，组织游客参与泼水狂欢和文艺活动；在江边活动区，能看到傣族的燃孔明灯、放高升、斗鸡和龙舟活动；在露天剧场，能看到傣族舞蹈、武术等体育表演活动。傣族园现已成为国家4A级景区，经济和社会效益也十分显著。据统计，2010年傣族园直接从业人数1 500多人，带动间接从业人数5 000多人；5个村寨村民的人均旅游年收入达3 000多元；全年接待游客100万人次，门票收入达1亿多元，综合旅游收入更为可观。此外，当地傣族群众还在景区内外开展导游、住宿、交通、餐饮、销售旅游纪念品等活动，对当地群众所产生的扶贫致富作用较为显著。

……

凡此种种，都是云南少数民族乡村传统文化正在复兴的体现，表明云南少数民族乡村传统文化已得到越来越广泛的认可。但与此同时，随着生产力的发展，信息技术的普及，交通条件的改善，城市化进程的推进等原因，少数民族乡村传统文化的生存和发展遭遇了诸多挑战，也面临着相当的衰退局面。

## 第二节　云南少数民族乡村传统文化的衰退

虽然至今云南民族文化大省建设取得了举世瞩目的成就，但毋庸讳言，云南还是面临着很多少数民族乡村传统文化逐渐衰落的危机，古城古镇的个性特征、民族传统伦理、传统歌舞、民族节庆、民族民间艺术、民族传统手工业、民族语言、民族服饰等等均发生了较大变化；民族民间古籍和文化传人在逐渐减少，很多“绝活”的传承青黄不接，甚至断了根脉……

2003年5月，在“中国民间文化遗产抢救工程研讨会”上，现任中国文联副主席、中国民间艺术家协会主席冯骥才对我国民族民间文化保护现状痛心疾首：“每一分钟，我们的田野里、山坳里、深邃的民间里，都有一些民间文化及其遗产死去。它们失却得无声无息，好似烟消云散”。冯骥才先生还尖锐地说过这样一段话：“我们的后代将找不到城市的根脉，找不到自我的历史与文化地凭藉。当他们知道这是我们的所作所为——是我们亲手把一个个沉甸甸的、深厚的城市生命、变成亮闪闪的失忆者，一定会斥骂我们这一代人的物质与愚蠢。”[①]这段话一针见血地指出了我国城市化过程中城市建设的设计者和决策者对民族民间传统文化的价值缺乏足够的“文化自觉”，从而导致“破坏性建设的文化灾难”。事实上，不仅许多城市存在“破坏性建设的文化灾难”，当前云南等地的少数民族乡村在城市化背景下也面临同样的问题，大量具有民族、地区特色的乡村建筑正在被钢筋混凝土建筑取代就是明证。

云南是一个伸手能摸着白云，侧身能与大山耳语的地方，

① 参看杨福泉主编：《策划丽江——旅游与文化篇》，民族出版社，2005年；杨福泉主编：《丽江市玉龙纳西族自治县白沙完小乡土知识教育的实践》，云南南出版集团、云南科技出版社，2006年。

多彩多姿的少数民族乡村传统文化如壮丽的“三江并流”一样源远流长。当钢筋水泥的丛林向这片“秘境”步步逼近时，那些异彩纷呈的动态的乡村文化渐渐面临被都市文化吞噬的危险。每失却一件乡村文化，就宛如熄灭了一盏明灯；每砍倒一棵古树，就仿佛失去了一片绿荫。因此，在城市化和现代化背景下，云南少数民族乡村传统文化保护的形势显得格外严峻。

## 一、云南少数民族乡村传统文化衰退的表现

在经济社会迅速发展、人民生活水平不断提高的同时，云南不少经济欠发达的少数民族乡村在主流文化、外来文化的冲击下正悄然发生着变迁，少数民族乡村传统文化正经历着前所未有的冲击: 各少数民族具有特色的村寨民俗、歌舞艺术、节庆、传统民宅等风采卓然的村寨个性特点正在逐渐消失，人们的生活方式和价值观念正发生变迁，传统的民族服饰渐渐淡出人们的生活视野，钢筋水泥结构的楼房在许多少数民族村寨中拔地而起，越来越多的少数民族青年对自己的母语逐渐生疏，宗教信仰世俗化的倾向越来越明显，非物质文化遗产的传承后继无人，许多优秀的少数民族乡村传统文化正迅速从人们的生活中消失。如云南傣族的武术套路，原先有300多种，现在已经逐渐失传，现存的不足100种；傈僳族刀杆节中掌握爬刀杆独门技巧的师傅现在就只剩下屈指可数的那么几位……不仅是人口较少民族乡村传统文化面临着民族文化特征消失的危险，即使是白族、纳西族等人口较多、文化底蕴较为厚重的少数民族乡村，其传统文化也受到了强烈的冲击。因此，如何在现代化、城市化背景下对少数民族乡村传统文化有效保护与传承，成为摆在我们面前的一项重大课题。

云南作为一个广为人知的“民族文化大省”，旅游经济等支柱产业的发展在很大程度上依靠文化资源。目前，云南省委、省政府作出由民族文化大省向民族文化强省迈进的决策，

因此，重视保护和发展云南的“少数民族特色乡村文化”，是建设民族文化强省的重要条件和关键的基础工作。

（一）少数民族乡村传统民居风格、特色日趋消失

云南少数民族乡村的地方历史文化积淀深厚，25个少数民族丰富多彩的文化，使得云南少数民族乡村传统文化彰显独特个性。云南少数民族乡村的物质和非物质文化遗产资源，既有浓郁的本土“土著文化”的特点，又有浓郁的多民族多元文化的历史积淀，体现了外来文化与本土文化交融、整合。民居是民族文化的重要载体。它们一方面传承着历史文化信息，另一方面与当地的文物古迹、区域环境风貌相辅相成，构建出乡村文化的深厚底蕴。因此，云南少数民族乡村传统文化保护的不仅仅是文物古迹、传统建筑，还包括丰富多彩的非物质文化遗产。

少数民族乡村是传承民族文化的基础平台，不仅本土文化传承的根基在村落，很多本土文化人才也是从村落成长和培养出来的，如各种民间工艺师、歌手、民间草医等。从目前情况看，云南很多国内外驰名的文化品牌，都依托于广袤的乡村。如以著名舞蹈家杨丽萍领衔、在云南少数民族乡村传统艺术根基上新创的《云南映象》为例，它现在已经成为云南文化的一张名片，成为极具地区和民族的特色个性，是雅俗共赏的艺术杰作，而它所依托的恰恰是少数民族乡村传统文化，假如没有村落这样的平台，没有迄今仍然鲜活存在的乡村民间艺术，没有那些来自各民族村寨的土生土长的乡土艺人，就不可能形成《云南映象》这种具有浓郁的本土民族特色和独特风格的艺术杰作，就不可能培养出自然天成、带着泥土气息的各族乡土艺术家。

现实是残酷的，随着云南省经济社会的发展和城镇化的推进，伴随而来的是少数民族乡村特色建筑的减少和特色风格民居的大量流失。许多少数民族乡村呈现的是“村村水泥路，户

户石棉瓦”，颇具特色的少数民族山乡变成了千村一面的“石棉瓦山寨”。在云南一些彝族乡村，彝族传统的土掌房家居形式出现了以混凝土为基础的发展趋势，使得来这里作民俗考察的专家学者和旅游的人们不能不感到遗憾。过去，西双版纳傣族地区乡村的民居具有典型的傣家风格和特色，如今许多傣族村寨的传统的干栏式建筑（傣家竹楼），已由砖木结构的平房和钢筋水泥结构的楼房代替了。

据课题组调查，随着社会观念、生活方式的快速变化，云南人口较少民族乡村传统住居文化面临着有史以来最强劲的冲击，具有民族特色的村落和民居正在减少，大量传统民族民俗实物正在消失，这方面较严重的是德宏的德昂族乡村①和西双版纳的基诺族乡村。甚至有学者认为，云南基诺族传统竹楼有可能在10年内被内地汉族的砖木结构平房和钢筋水泥结构楼房所取代②。以芒市三台山德昂族乡的出冬瓜村为例，据我们2011年调查，全村共计396户，人口主要为德昂族，与汉族混居，其中德昂族1 049人，汉族645人。村内除邵德富和赵腊退两家住房是目前村内保留较为完整的德昂族传统民居的基本样式外，近几年在政府的扶持下，当地陆续兴建了水泥空芯砖的瓦房，全村住房主要为砖木混合结构，外部形态为白墙灰瓦或是蓝色的铁皮瓦。房屋是更宽敞明亮了，但俗称的“草帽顶房”的德昂族传统住居文化却消失了。

**【案例2】西双版纳傣族园竹楼变洋楼的启示**

西双版纳傣族园是国家4A级旅游景点，坐落于素有“孔雀羽翎”美称的橄榄坝，是西双版纳精品旅游线——东环线的主

---

① 据我们2011年对德宏芒市三台山德昂族乡几个村寨的调查，如今典型的德昂族传统民居风格只有少部分人家仍保存完整，其他的都或多或少发生了改变。

② 刘兰凯：《云南在现代化建设中应重视民族文化的保护》，原载《云南民族学院学报》，2002（4）。

要旅游区。傣族园里的5个傣族村寨原本是西双版纳傣族传统民居保护得最为完好的村寨。但自2002年以后的几年里，傣族园5个村寨都先后出现了村民自行建盖的异化建筑小洋楼。据统计，仅2005年一年间景区内就建盖起了7栋完全或者半异化的民居建筑，2006年时还有不少村民相继提出了建砖混结构房屋的请求。可见，傣族村寨的群众完全没意识到自己园林式的傣家竹楼正是吸引无数旅游者前来观光的重要文化资源，不知道正是自己祖先流传下来的这些传统民居建筑瑰宝和蕴含的传统民俗等，带给了他们滚滚的财源。而当他们靠民族乡村文化旅游等致富后，却因没有正确的“文化自觉”意识而把这些文化旅游资源给破坏了。

我们认为，当前云南各少数民族乡村的文化保护和建设最为迫切的一件事是，加强少数民族乡村群众的“文化自觉”意识，加强各民族群众的村落文化的再教育，使各民族民众对自己和他族的住居文化有一种准确的认知和觉悟，在广采博纳其他民族优秀文化的基础上，提高对本族优秀文化的自识、自重、自尊意识，只有这样，才能避免上面所举之例那样的“破坏性建设”导致的文化灾难，也才能更好地把云南建设成为真正的民族文化强省。

作为民族文化的载体，村落对各民族乡村传统文化的保护、养育和传承至关重要，没有这些文化的载体，就谈不上文化保护和传承，也谈不上各民族传统文化在原有基础上的创新和发展。缺少村寨文化载体，也不可能形成具有鲜明地方民族特色并与活生生的民众日常生活场景融为一体的文化产业基地。比如大理鹤庆县新华村的村落是维系白族银器、铜器手工艺文化的灵魂和生命的土壤。试想，假如没有新华村这样的白族银器、铜器手工业文化名村，只有村子旁那个貌似热闹的销售银器的超市，怎么可能形成一种吸引人的白族手工业文化氛围呢？

保护好少数民族村落的文化土壤，对云南以民族文化为灵魂的旅游业和文化产业的持续发展将会起到一种"活水长流"的作用。据我们所知，无论在学术文化界，还是在大众旅游市场上，想到云南的少数民族乡村领略一下活态民族乡村文化的人是很多的。更重要的是，保护好少数民族村落的文化土壤，也才有可能不断地产生民族民间文化精英，民族传统文化才会后继有人。

（二）记载民族乡村传统文化的古籍流失速度惊人

云南各民族在长期的劳作和生活中先后创造了古滇、南诏、东巴、毕摩、贝叶、铜鼓、稻作等历史悠久和丰富多彩的民族文化，他们有的用古老的民族文字，留下了卷帙浩繁的文献古籍；有的靠口耳相传，形成独特的口传古籍。为有效抢救、保护这些文化遗产，云南成立了"少数民族古籍整理出版规划办公室"，大部分州市和部分民族自治县，也先后成立了民族古籍工作机构。从2010年起，省政府设立了省级25个世居少数民族传统文化抢救保护经费，每年拨付专款2 000万元，主要用于少数民族语言文字的抢救保护，民族文物、古籍的收集整理，濒危民族文化遗产保护传承，口传文学等非物质文化遗产的抢救保护和开发。2011年起，省政府又设立了云南世居少数民族文化精品工程专项经费每年1 500万元，主要用于扶持世居少数民族文化精品的开发、创新和发展，同时也用于巩固提升各少数民族已有的民族文化品牌。

近年来，云南省民族古籍办抢救保护少数民族文字文献古籍5 000余册件，其中库藏彝文古籍数量居全国乃至世界第一；库存瑶族古籍数量居全国第一，也是全世界珍藏瑶画最多的3个地区之一（另两个地区分别在法国和英国）；库存傣族贝叶经数量居全国第一；还有14部古籍入选国家珍贵古籍名录。遗憾且不容乐观的是，目前，云南的少数民族古籍正以每年上千册（卷）的速度流失，为数不多的精通民族古籍的人才正随着时间的流逝越来越少，抢救整理和保护任务仍十分艰巨。这种现象，用恩格斯的话来说，相当于在地球上消失了一座民族文化的图书馆。其他形式的民族民间文化的消亡，也同样令人忧心。作为民族古籍最为丰富的地区，云南省在少数民族古籍抢救整理出版工作已走在全国前列的情况下，处境依然令人心忧。

据云南少数民族古籍整理出版规划办公室主任普学旺介绍和云南省政协调研组一份调研报告显示：据初步估计和统计，截至2012年，除已征集保护的外，云南省约有8万余册（卷）散存于民间的少数民族古籍。这部分古籍，由于保管不善（或无保管意识）和其他诸多原因，其流失之快，实为始料不及；其次是精通古籍的人才的流失；还有就是无文字民族的口传古籍的自然流失。由于缺乏足够的抢救征集资金，目前正以每年约上千册（件）的速度流失消亡，资源销蚀为全国第一，是民族古籍流失的重灾区。这种流失体现在两个方面。一是古籍原件的流失。如新平县平甸乡李自强的父亲是彝族毕摩，曾存有上百册彝文古籍，数年前毕摩去世时，其家人把全部彝文古籍搬出门外堆放在屋檐下，不久便散失殆尽。该乡张朝顺的父亲也是当地有影响的毕摩，存有60部彝文古籍，数年前毕摩去世后，其家人将古籍当作随葬品全部焚毁在坟旁。其二是精通古籍的人才的流失。精通古籍者本来不多，随着岁月的流逝，更是越来越少。如1983年在丽江地区召开的东巴座谈会上，到会的东巴有60位，现在这些东巴多已去世；丽江东巴文化所20世纪为翻译东巴经而请的11位大东巴，至2005年时已全部去世；直到2000年前，这些东巴没有培养出一个真正意义上的东巴传人，也没有人敢坐多年冷板凳，下功夫学东巴的各种技能和博大的知识；而属于东巴教一支的摩梭人巫师达巴也几近绝迹，据学者杨福泉调查，至2005年时，能咏诵并解释达巴经典、主持仪式的已只剩下两人[1]。

① 杨福泉：《论少数民族本土文化传人的培养——以纳西族的东巴为个案》，原载《云南民族大学学报》（哲社版），2005（3）。

近年来，云南少数民族乡村传统文化资源流失速度明显加快。其一，尚有不少古籍散落民间，缺乏保护。如傣族贝叶文化传说有84 000部经典，目前已收集的只有3 000多部，量流存于民间，并且这种文化遗产一直被冷落，大量贝叶经典和棉纸抄本流落失散，无人过问[①]。由于对文献古籍缺乏认识以及受利益的驱动，贝叶经在西双版纳曾被一页一页卖给旅游者作纪念品。其二，由于民族文化商品市场价值较高，不少人特别是国外有经济实力的个人和集团经常深入民族地区收集民族文化器物，致使大量民族雕刻品、民族服饰、民族乐器、盛物器具等等少数民族乡村民间保存不多的物品被收购、倒卖和流失。一些国外的机构每年都到云南来收集、收购少数民族非常好的东西，比如丽江地区民间珍贵东巴古籍、字画、法器等被外地人买走，文物流失惊人，致使一些纳西族的山乡连传承东巴文化的基本文字资料都无法找到。

云南少数民族在其源远流长的发展过程中积累了丰厚的乡村传统文化成果，也是我国多元文化的重要组成部分，为中华民族文化的发展繁荣做出了重要贡献。尽管抢救、保护少数民族文献古籍取得一定成效，但已抢救保护的少数民族古籍的命运也不容乐观，云南少数民族古籍的保护和管理条件亟待改善。如在云南省已抢救的3万册少数民族古籍中，有三分之一以上古籍亟待修复整理，令人揪心的是云南的少数民族古籍保护单位中没有一家具备收藏文物古籍的条件和要求。云南虽然设立有少数民族语言文字、古籍、文博、出版等事业单位，但长期以来工作经费一直较为紧缺，财政拨款只能勉强维持人员工资和正常行政开支，没有相应的事业建设发展经费，影响了工作的深入开展。

---

① 杨红英：《云南旅游开发与民族文化资源的保护》，原载《云南民族学院学报》，2001（3）。

## （三）民族语言的消失

语言是民族文化的重要载体，也是民族文化的重要组成部分。一个民族的语言蕴含着他们对世界的独有的认知，凝聚着他们在漫长的历史过程中获得的生产生活经验的结晶。一个民族的传统文化，在很大程度上依靠民族语言来传承。云南绝大多数少数民族只有语言没有文字（如德昂族、佤族、独龙族、拉祜族等），即使有文字的民族，在村寨这一层面的使用率也比较低，因而大多数少数民族乡村中，口传文化成为乡村文化的主要特点之一，民族文化主要是通过精通与掌握少数民族文化的土司、毕摩、东巴、和尚、长老和民间艺人口耳相传加以传承，因此云南少数民族口述历史档案丰富多彩[①]。在云南少数民族乡村口传文化中，文学是重要的构成部分，包括民族神话、史诗、传说、故事、民歌、民谣、谚语等。民族乡村文学并不是纯粹意义的文学，它是民族群体的集体创作，同时也是包含民族的宗教、历史、哲学、道德、法律、生活经验和知识等等的复合体，涉及语言文化、原始宗教、祭祀文化、生产方式、技术技艺、社会习俗、节日风俗、社会组织、民族医药、文学艺术、民间传说、天文历法、衣着服饰、建筑风格、饮食文化、交通工具、民族工艺等方方面面。因此，它能通过各种仪式或日常生活代代口耳相传，至今在一些民族乡村传统文化保护得较好的地方，还能找寻到它们曾经存在的痕迹。

判断一种语言的消亡有两种指标：一是说这种语言的人已全部逝去；二是说这种语言的人尚健在，但他们已放弃自己的母语，改说其他语言。在城市化背景下，云南少数民族语言面

---

① 据国家档案局统计，截至2010年，云南省目前无文字民族的文化传承人仅有500多人，而且其中部分艺人年事已高，口述文化传承将面临失传，有些甚至会出现“历史性断代”，急需把这些无文字民族的口述历史档案抓紧抢救下来。2010年3月，国家档案局批准将云南省作为开展抢救保护少数民族口述历史档案试点地区。

临的危机主要属于后面一种情况。语言和文化实际上都有一个特征，这是人类学中大家所确认的理论假设，即两种语言或者两种文化的持有者，只要发生接触，其语言一定会发生相应变迁，但如果这种变迁是在任何场合都完全放弃本民族的语言，而改用其他“主流”语言，那么文化危机将接踵而至。

按照我国的现行政策，在民族自治县、自治州，主要的政府铭牌上必须要配有当地民族文字。不过经大量田野考察后我们发现，在云南的许多少数民族地区乡村，40岁以上和年纪较大的少数民族群众倾向于用本民族语言进行日常交流，还可以保留民族语言的鲜活能力，这与他们从小养成的语言习惯以及他们所处的生活场景相关，因为他们生活在山村中，几乎不怎么跟集市和外界的人交流。而年纪较轻的少数民族乡民几乎不再使用本民族语言进行交流，且很大一部分压根儿就不会说本民族语言，他们使用汉话进行交流，这是少数民族语言消失的第一个标志。比如，据调查梁河县阿昌族乡村竟然有一半以上的人都不再会讲阿昌族语言，尤其是四十岁以下的人会讲民族语的更少①第二，民族语言的创新能力没有了。在倾听少数民族群众交谈时，尽管可能无法完全听懂谈话内容，但他们讲的任何事情，只要听到几分钟后，我们就能够理解其大概的意思。因为谈话中间会频繁出现诸如汽车、电视机、手机、村支书等普通话的发音，且是直接的音译。在少数民族语言中，手机等汉语词汇几乎已经不会被按照民族语言的结构方式来生成一个民族语词汇，即是说，现在云南的许多少数民族语言中正缺乏这种以民族词汇表达一个外来的新事物的吸纳、创新能力。这种语言只是一种化石语言，因为这种语言没有创新的能

① 2011年课题组到梁河县阿昌族村寨进行过田野调查。实际上，类似的情况在云南的其他人口较少民族村寨中也普遍存在着。应该说明的是，我们了解的情况与省民语委等的统计有一定出入，在我们看来，云南少数民族乡村民族语言的流失情况令人担忧。

力，也不能不断地产生新词汇。

语言多样性是人类最重要的遗产之一，每一种语言都蕴藏着一个民族的独特文化智能，因此任何一种语言的消亡都将是整个人类的损失。一项调查显示：中国正在使用的120余种少数民族语言中，使用人口在10 000人以下的语言约占语言总数的一半；在1 000人以内的有20余种，它们基本上处于濒临消亡的边缘，如云南的仙岛人语言现在会说的不足100人。云南大学研究语言和民族文化的木霁弘先生说，现在中国的民族语言已经到了一种非抢救不可的地步，一种语言的消失不亚于一个物种的消亡。因此对这些语言进行记录，制订新的主动型保护和抢救政策，以及采取新的措施来增强这些语言的活力，已是当务之急。

**【案例3】盈江县芒缅村仙岛寨和芒线村芒俄寨仙岛语的流失情况**

仙岛人是自称khan　tao的群体（汉族称之为“仙岛”“先岛”），分布在云南省盈江县中缅边境线中国一侧的姐冒乡芒缅村的仙岛寨和芒线村的芒俄寨，据2002年12月统计共有76人。这一族群未见于历史文献的记载，其社会、文化等方面的特征难以说明与其他人群的渊源关系，故20世纪80年代以前一直以族群未定人群对待（类似于红河的莽人和西双版纳的克木人）。后来主要根据仙岛人的地理分布以及语言特征，将其划入阿昌族。但仙岛人对此并不认同，觉得他们在生活习俗、宗教信仰、心理状态等方面都与阿昌族不同，应是一个独立的群体。作为一种非物质文化遗产，仙岛语属于藏缅语族的仙岛语支，由于人数太少，族群分化，无法确认仙岛人为单一民族，使得仙岛语只在人数过少的人群中使用，语言使用功能由此下降，语言词汇的丰富发展也受到限制。据当地老年人回忆，20世纪50年代以前仙岛人的人口比现在多，还坚持使用自己的母语，没有出现语言转用，但语言兼用现象已经出现。

但50年代以后随着外来文化的影响和对外交流的扩大，语言兼用、语言转用的现象开始不断增多。据调查，仙岛人讲的仙岛语目前全国会说的人数不足100人，知道有这种语言存在的人数屈指可数。仙岛语目前的使用情况是：居住在芒俄寨的大部分已失去仙岛语，转用了汉语；居住在芒缅村的仙岛人虽还普遍使用仙岛语，但也普遍兼用景颇语、汉语，大多是双语人，青少年中有的已转用景颇语。总的看来，仙岛语已处于濒危状态，有被汉语、景颇语取代的趋势，美丽脆弱的仙岛语言文化在新鲜刺激的城市文化和市场文化冲击下继续传承的前景显得异常不容乐观。导致仙岛语濒危的因素有：族群分化，人口少，社会发展滞后，社会转型，城市化进程加快带来的外来文化影响；仙岛语不断退化，还因为语言接触中没有增添新的词汇来适应社会的变化，这直接导致语言的使用语境变窄；没有本民族的文字，语言基本靠口语传承，很难将语言完整的保存；民族意识较弱，凝聚力相对较差，大多数族内的人没有民族语言危机感。

少数民族语言作为民族文化—思想最重要的载体之一，它的消失就是一个让人值得高度关注的问题。一定程度上可以说，民族语言的散失意味着一个民族的消失，因为“语言还可以比做一张纸：思想是正面，声音是反面。我们不能切开正面而不同时切开反面，在语言里，我们不能使声音离开思想，也不能使思想离开声音”[①]，由此，保护和抢救民族语言就是对文化殖民的一种回应。

（四）民族传统文化记忆的消失

语言本身不仅仅用于日常沟通，更重要的是它承载了特定人群的特定记忆，是民族传统文化记忆很重要的载体，随着民族语言的濒危，民族传统文化记忆肯定会消失。比如彝族的

① [瑞士]索绪尔：《普通语言学教程》，高名凯译，岑麒祥、叶蜚声校注，商务印书馆，1996年，第158页。

毕摩、佤族的魔巴、纳西族的东巴、摩梭人的达巴、景颇族的董萨、哈尼族的追玛、布朗族的达曼、阿昌族的活袍、普米族的韩规、拉祜族的窝朗、怒族的尼玛等，实际上是这些少数民族民间乡村传统文化的一种百科全书式知识的传承者。但据调查，以彝族为例，现在云南少数民族乡村的毕摩，其衣服也稍微有一点不那么纯正了，这恰巧是我们所能看到的濒危文化的一个缩影，如果不是在重要的表演场景中，几乎看不到纯正的毕摩服饰和装束。毕摩一般从小就开始接受训练，实际上整个彝族的思维方式、认知观念、历史由来，关于彝族的各种价值观念、礼仪知识、医药知识等，都储存在他们脑子里，当然也有文字记载的知识，文字是他们掌握的，他们会写下来。但实际上这个职业目前在彝族乡村正严重萎缩，早期的传承形式是甥舅相传，现在基本上采用父子相承，由于必须是家传且必须自食其力，所以如果晚辈一定要外出打工的话，必然会导致这个职业的失传。因此，随着民族语言的濒危，少数民族乡村的一些文化瑰宝必然会因民族文化传承人的去世或失传而将成为绝响。

云南少数民族乡村传统文化的传承，主要靠言传身教、心领神会，但面对开放与多元文化的冲击，绝技绝艺传人越来越少，而年轻人忙着打工挣钱，追逐时髦，他们对民族乡村传统文化不感兴趣，不能静下心来学习观摩。如彝族的古歌等优秀的民族艺术形式都由于人文生态环境的变化而面临严重的生存发展的考验，许多民族工艺后继乏人，面临失传的危险。课题组2011年曾对楚雄州武定县己衣乡己衣大村这个大山深处的彝族村寨进行过调查，该村是一个以彝族（甘彝）为主体的村落，日常交际用语全部都使用彝语，但是不使用彝文书写，而是用汉文书写，毕摩的祭词歌调均是口耳相传，但随着岁月变迁，如今祭词歌调只有极少数人会，特别是年青一代都不会。此外，村寨里除了少数老人不会讲汉语只会讲彝语外，中青年男女均会讲汉语，会说本民族语言的人越来越少。当问及村民毕绍军（33岁，早年外出打工，现回到村里）“你对自己民族的传统文化有什么看法？”时，他告诉我们：“我也是城市化的一个受害者。怎么说呢，虽然我是一个少数民族，但是我连自己的民族语言都已不会说，更不要说会写了。现在村里的年轻人都不穿自己的民族服装了，我觉得民众对这种现象的观点是顺其自然，也不关心这些东西。”又如丽江纳西族的东巴文化“正在民间不断绝迹，所剩无几的东巴多至耄耋之年，东巴文字正在失传。有人估计，“十多年之后，将不复有东巴文化活动存活民间……东巴文化将只存在于博物馆、研究所而成为死去的文化”①。

**【案例4】学者眼中的东巴文化流失情况严重**

据云南省社科院杨福泉（纳西族著名学者）研究员介绍，东巴文化现在炒得很热，看上去一片繁荣，实际上其中很大一部分流于肤浅，用作表演或者旅游商品，真正东巴经典当中比较艰深的那一套知识已经失传，由人才断代导致的文化濒危现象在东巴文化中已经非常明显。尽管现在认得东巴图画、象形文字的人还有一些，但是能够释读音标文字（音节文字，也称格巴文）的人已经找不到了，这实际上已经变成了一种绝学。国外藏有一大批东巴经典，但是认识并能够解读这种占卜文字的老东巴都已经去世，年轻的东巴没有继续培养下来。20世纪80年代，丽江成立了东巴文化研究室，历经二十余年，发展到现在的东巴文化研究院，也有了一些知识比较全面的东巴，如果不大力保护，抓紧时间培养学生，那么这些东西很可能面临衰落。到2003年，东巴文化研究院聘请的十几位造诣精深的东巴祭司全部去世，过去老东巴解读经典时相互辩论的情景已经成为历史。因此，一方面，我们需要培养大量的懂得一般知识

① 杨福泉：《论我国现代化进程中少数民族文化的保护》，原载《思想战线》，1998（5）。

的人才，用于像云南旅游、文化产业等等；另一方面，更需要一批大师级的人才，来研究和传承文化中最难的、最艰深的部分，像哈佛大学收藏的那批东巴经典，里面涉及天文、地理、占卜等知识，几乎已经无人可以准确释读。在这些方面，我们正在努力，也在想方设法让民间的乡土文化精英、文化大师尽量带一些徒弟，把他们手上的绝活流传下来。我们想培养一些真正的东巴精英，让他们至少能够释读国内的东巴经典，并且把民间的一些仪式做下去，年轻的东巴和秀东是目前比较出色的东巴文化传人。如果没有这样的人，以后我们就只能靠书本来讲这些知识，许多东西将无法解读。在这些方面，还是需要有一套机制来保障。还有纳西古乐，过去演奏的时候伴有一些舞蹈和一些相应的仪式，这些随着最后一个传人的离开，也成为了绝学，现在已经简化成一种器乐的演奏。

**【案例5】基诺族传统歌舞擅长者已寥寥可数**

基诺族是1979年经国务院确认的单一少数民族，亦是新中国成立迄今最后识别的一个少数民族。而据毕生研究基诺族的著名学者杜玉亭研究员和基诺族长老们的调查预测：由于历史、文化的传承中断，通晓民族传统历史、习俗的长老多已故去，尚存的歌手已十分有限，如不采取有效措施抢救，与基诺人生命过程相伴随的基诺歌舞有可能在20年内消失；鉴于中青年已不穿或压根儿不再有传统民族服装，甚至有些老年人也跟随时尚穿上西装，所以民族传统服饰有可能在10年左右消失；而作为民族传统文化载体且是民族特征之一的语言，有可能在30年内消失。

上述两个案例和我们进行的田野调查现实表明，尽管云南少数民族乡村文化中的歌舞、仪式、手工艺等可以在舞台上或者旅游市场上进行展示，但是真正深层、内隐的文化的保护、学习和传承不容乐观。我们不能迷惑于当下一些地区商业操作、旅游开发所带来的少数民族乡村文化繁荣假象，而由此忽略了其真正的文化保护及其文化精神的传承。像东巴文化、毕摩文化、贝叶文化等这样正在消失的民族乡村传统文化记忆还很多，关键在于在城市化背景下发生巨大的文化变迁后，忽略了民间乡村文化精英传承人的培养。打一个比方，在少数民族乡村民间知识体系中有中专生、大专生，但是没有年轻的掌握系统本土知识的博士，没有教授，这种局面正在形成。尽管目前我们非常注重少数民族乡村学院知识分子的培养，但现在却没有一种真正有效的机制来促成民族乡村民间绝学的传承。比如，据调查，目前在阿昌族中能吟诵《遮帕麻和遮咪麻》史诗的只有两个人，其中一位年事已高，一般只有举行重大活动时才派上用场，尽管办了传习班，但是来学习的年轻人并不多，大多数年轻人都外出打工了，加之史诗里面有很多古语，即使会说阿昌语也不能理解其含义，吟诵一次就要好几个小时，往往听的人既不懂也不耐烦。又如在研究机构中，虽然格萨尔研究不会中断，但是真正在云南民间，能够吟唱格萨尔的艺人已经是凤毛麟角。

因为只注重申报、补贴和开发而不注重保护和传承的受众面[①]，随着民间精英的流失和民间文化大师的消失，分布在云南乃至全国广袤民间的各种乡村绝活绝学已经在真正地向“绝”的方向发展。大到一种文化，小到一种技艺的流传，之所以濒临消失，其实是因为我们没有形成一套真正有效的机制来保障它，所谓的保护更多的只是普查、记录、公布或对老艺人命名并适当补贴[②]，而缺乏整体性、活态性、受众面的保

① 例如户撒刀锻制技艺的传承人有张连沛、段培文、项老赛等人。尽管70多岁的张连沛锻制技艺也很出色，在2002年就被云南省命名为户撒刀技艺传承人，但在2006年国家申报时就落选了国家级非物质文化遗产传承人，只因为他是汉族而非阿昌族。

② 为了保护、激励传承人，2008年国家和云南省安排了专项经费，主要用于帮助传承人，补贴标准为：国家级传承人每人每年补贴10 000元；省级传承人补贴原为每人每年3 000元，从2012年起，提高至5 000元。

护，只把它当作就像送患了绝症的老人往医院做些临终关怀一样，于是不可避免地出现了诸如保护名录公布后名录依然不断消失、老艺人命名后不久老艺人随即悄悄离世等现象。我们认为，当前真正应该建立的是一种少数民族乡村传统文化有人教、有人传、有人学、有人会的文化自觉传承的生态系统，目前我们只解决了前一半，后一半涉及到城乡二元结构产生的劳动力转移等体制问题。另一方面，边疆少数民族地区乡村的新文化与传统文化如何整合，也都是亟待解决的问题。

（五）民族乡村传统工艺文化的衰退严重

在城市化进程中，随着规模扩大，为提高效率，现代企业、公司、工厂的生产方式开始逐渐取代个体、家庭作坊式的生产，现代机械、加工生产技术开始在云南少数民族乡村工艺品的加工、制作、生产中逐渐得到运用，民族乡村工艺品的标准化生产和复制成为可能，于是个人、家庭、民族村舍的传统技艺伴随着规模扩大和技艺的模仿而成为地方性、民族性的标记。由于规模扩大和地区生产材料、资源保护与局限形成矛盾，而经过城市化的加速发展和交通、物流系统的便捷，其他地区的材料大量进入云南少数民族乡村工艺生产环节，并取代了传统材料，于是少数民族乡村传统工艺在类型、造型、色彩、图案、功能，尤其是原材料和工艺技术方面都发生了不同程度的变化，而且很多少数民族乡村工艺种类和数量正在减少，民族乡村传统工艺文化在衰退，这已是不争的事实。其中变化最明显的是现代工业的原料和技术被不同程度地采用，导致了传统工艺的变异。如现代的造纸技术代替了以前的手工造纸，现代的服装生产在很大程度上代替了传统的手工民族服装制作……在农业社会向工业社会或传统社会向现代社会转型的过程中，不仅商品极大地丰富、改变了云南少数民族乡村群众的生活方式，人们的思想观念也在发生变化。由于传统工艺的产品大多与人们的日常生活息息相关，具有很强的实用功能，即能够满足人们的某种生活需求。当能满足同样需求的更加方便、实用、价廉、物美的工业替代产品出现并通过发达的现代市场经济网络涌入广大少数民族乡村的时候，其产生的冲击力对民族地区乡村的人们日常生产与生活的影响是全方位的，传统工艺所赖以存在的物质基础和文化基础由此受到了极大的动摇，衰退之势不可逆转。少数民族乡村传统工艺文化的衰退，主要原因有两点：生活生活方式的改变引起对传统工艺产品的需求减少；需求的减少和新工艺的引进导致的旧工艺市场的缩小。据调查，云南少数民族乡村传统工艺文化的衰退从数量方面看，既有生产地的减少，也有生产者的减少和使用者的减少，现实的情况往往是三者都在减少。这在民族服饰制作工艺上表现得十分突出。

生产生活方式的改变引起对传统工艺产品的需求减少，直接导致了生产者数量减少和相关技艺的衰退或变异，其中受到最严重挑战、变化迅速的是公众掌握型的技艺。这类技艺是全社区、全民族成年者或某一性别群体所掌握的工艺技术，为人人必备的日常生产生活谋生技艺类型，如纺织工艺、食物加工工艺等。由于这类技艺生产的产品多是人们日常生产生活的必需品，而日常生产生活必需品所具有的广阔的市场和利润空间，也正是现代工业规模化生产所特别关注的重点。因此，以日常生产生活品生产为主要目标的这类传统技艺，成了首先面对工业文明竞争的领域。尽管这类技艺掌握者看似人数众多，但面对着需求的日益减少和轻便省力的新技艺的时候，人们或者放弃了传统的技艺，或者改学新的技艺，使这类技艺的掌握者迅速减少，有的很快消失了，有的逐渐丧失了掌握者人群，成为仅有少数人群才能掌握的技艺类型。如最近几年，云南少数民族农村的变化就非常大，许多传统工具迅速变成了“文物”：以前用来耕田的犁耙、戽斗、水车、挞斗都已经闲置不用；而塑料袋则取代了草袋、麻袋；塑料布取代了油纸、晒簟、篾席、蓑衣；塑料鞋取代了草鞋、钉鞋、木屐；塑料桶取代了木桶、木盆；塑料碗取代了竹碗、藤碟；尼龙绳取代了草绳、棕绳、篾索等等。如今在云南民族博物馆陈列室里，那些看似平常的物品其实都是一些含金量极高的珍品，因为这些民族文化瑰宝基本上都是手工制作的，而能够掌握这些绝技的艺人们大多已经去世。因此，传统的生产生活用具纷纷退出历史舞台的同时，也是传统工艺加速失传的时期，尤其作为代表少数民族重要特征的民族服饰更能说明这一问题

云南少数民族乡村传统工艺文化在现代社会中的衰退，已是一种普遍现象和不争的事实。也就是说，我们今天看到的许多貌似古老的民族乡村手工技艺风格，实际上多是现代化工业的产物，而非传统手工业的反映，体现浓郁民族乡村传统道德含义的传统题材的图案开始减少，传统的写实性题材的图案有向抽象性、装饰性发展的倾向，打着“民族特色”实非本土传统的民族工艺类型、造型和图案大量出现，都市型、时尚化、拼贴技术和后现代的元素逐渐增多。这是一种对少数民族乡村传统工艺文化的全面的、广泛的冲击。比如，云南少数民族乡村传统的纺织技术现在变成了一种表演艺术，而不再是一个活生生的手工业技艺。再比如前面提到的案例1中的剑川狮河村的木雕技艺好像看起来保存很好，因为现在从昆明到大理之间，甚至超出这个范围，几乎人们所看到的凡属新建的仿古建筑上，都采用传统的雕花形式，也就是剑川风格的雕花形式。但是另一个方面，据我们了解到的历史情况是，在半个世纪之前，从昆明到大理之间，剑川木雕根本不占据主导地位。这是非常值得忧虑的，因为云南境内原本有多种木雕风格，而现在却以统一的剑川木雕风格出现。假如我们继续进一步探寻为什么出现这种“统一强化”“技艺同质”的现象时，就更让人对云南少数民族乡村传统工艺文化的衰退感到忧虑了：因为今天云南境内所有的古建筑维修队和维修公司，几乎都是从剑川招

聘木匠。

（六）民族乡村的民族器乐传承令人担忧

民族音乐可以说是中华民族的母语，而负责传递这个母语的媒介就是各民族的传统乐器。如果说西方乐器多是化纤类的产物，那么中华民族的乐器就多是纯棉的，是来自大自然的。比如，中国的竹笛、二胡都是取自天然的东西，西方的乐器则更多的是金属的，两者之间不太一样。中国的民族器乐可分两大类，一类是汉族的，有我们熟知的琵琶、古筝、扬琴和二胡等。另外一类是最重要的也往往是被忽略的，就是中国少数民族的乐器，它门类繁多、风格各异、独具风采，据不完全统计大概有500多种，广泛存在于各个少数民族乡村。据云南民族音乐家李汉杰的不完全统计，云南少数民族乐器种类极为丰富，有近200种，演奏方式、制作材料都很多样化，音色也各具特色。这么多年来，我们在汉族民乐保护方面做的工作还是比较有序的，但是在少数民族乐器保护方面的工作是有缺失的。据课题组调查，在云南高等艺术院校音乐系中，少数民族器乐的实践课程开展得比较困难，这主要是由于缺乏教授少数民族器乐的教师，而在云南少数民族乡村目前尚有不少演奏人才，尽管年龄偏大，但如果不抓紧时间聘请其传授演奏技艺，则有的民族器乐演奏可能真的失传。因此，吸收少数民族乡村演奏器乐教师，培养少数民族器乐演奏人才是云南保护和传承少数民族乡村器乐文化急需解决的一大问题。

少数民族乡村的民族器乐是各族人民在长期的社会实践中用自己的勤劳和智慧创造出来的一种难得的原生态艺术表现形式，更是一笔非常重要的、有价值的民族文化遗产。这些年，作为中国民族文化奇葩的“多彩中华”对外文化交流项目，多次将蒙古族的马头琴、京族的独弦琴、苗族的芦笙等带往世界舞台，受到热烈欢迎，从一个侧面说明了我国少数民族器乐的巨大魅力。云南少数民族乡村器乐文化主要有自然传承、家族传承和师徒传承三种传承方式，这几种传承方式主要以“口传心授”途径进行。目前，随着社会、文化、经济的发展，外来文化的冲击日趋加剧，多种文化艺术表现形式的应运而生，古今、中外、雅俗间的撞击都汇集到一起，加上少数民族乡村面临着生产和生活方式的变革，现有的器乐传承模式很难完整地把少数民族乡村器乐文化保存下来，也不利于少数民族乡村器乐文化的创新和发展，因此云南少数民族乡村器乐文化的保护和传承必然要受到严峻的考验。特别是随着城市文化的扩张，目前很多青年人离开乡村到城市工作、学习，他们已经不屑于本民族的器乐，传统的乐器演奏艺术面临失传危险，如德昂族的丁琴几近失传，小伙子们以前串姑娘必需的葫芦丝也很少有人在吹奏。因此，在做好云南少数民族乡村器乐文化原生地保护和传承工作的同时，云南的高等艺术院校也应充分利用身处多样化器乐资源省份的优势条件，聘请乡村器乐人才，改革、完善课程体系，挖掘、编写校本教材，并在生源录取方面重视少数民族乡村学生，承担起保护和传承云南少数民族乡村器乐文化的重担。

### （七）民族服饰鲜有人穿

目前，云南不少民族乡村的民间习俗由于缺乏有效的保护，在强大的现代文明冲击下正逐渐消失，如传统的少数民族服饰只在重要的民族节日和庆典上出现或在有关民族文化活动展示中出现，现实生活中很少有人能接受真正的民族服，这已经是非常普遍的现象。

**【案例6】文山丘北仙人洞民族文化生态村民族服饰功能的调查**

据课题组成员对文山丘北仙人洞民族文化生态村游船公司上班的某李性村民的调查，村民们大都认为穿着民族服饰目的是可以吸引游客。小李是仙人洞村的一位撒尼姑娘，家中开有家庭旅馆，她上班或向客人敬酒时，会穿上撒尼传统服装，下班回家就换上从昆明或县城里买来的时髦T恤、牛仔裤，若家中有客人需要她来敬酒，她又会换回撒尼传统服饰，敬完酒后又换回去。她说游船公司虽未规定员工都要穿撒尼传统服饰，但几乎无论汉族还是撒尼人，特别是女性，都会穿上撒尼服饰，因为如果不穿，一些游客就以为她们是汉族，不愿乘坐她划的船。而家中的客人也会认为她们家不够有民族特色，不是撒尼人，很可能以后来玩就不住在她家了。

从小李对穿着撒尼服装和现代服装的看法中，我们似乎可以看到，以她为代表的少数民族年轻人对文化或生活方式的重新选择，实际上是对“现代”生活方式的追求和认可。着现代服装的选择无疑是对以此为代表的“外部世界”的认可，而着撒尼服装却从另一个侧面满足了对以“游客”为代表的“现代世界”的“猎奇”心理，完成了对“现代”的迎合和认可。据马狲炜博士的调查，在云南文山的苗族村寨，男人已经不再穿民族服装，青年妇女大多穿新式的掺有毛线及化纤原料的苗族服装，只有老年妇女还穿老式苗族服装[①]。过去西双版纳民风淳朴，民族特色浓厚，“在傣族地区无论服饰、发型、饮食，还是居民，都有典型的傣家风格和特色，现在不仅在景洪身穿傣装的人越来越少，就是在乡村，年轻一代越来越多的人也不穿傣装了……”[②]这种民族服装越来越少有人穿的现象目前在云南少数民族乡村中是较为普遍的，实际上不知云南是这样，其他少数民族省区的情况也大多类似，如此下去，再过几十年，民族服装全都会消失掉！如藏族服饰是我国最典型的少数民族服饰之一，据有关专家的调查，在边远的藏区农村，“除老人和年纪较大的妇女外，小孩和中青年不怎么穿藏装，而是

---

① 马狲炜：《社会发展与民族文化的保护》，原载《广西民族研究》，2002（1）。

② 杨红英：《云南旅游开发与民族文化资源的保护》，原载《云南民族学院学报》，2001（3）。

由新式服装来代替。平日以穿简便、新颖的服装为主，节日以穿档次较高的民族服装为主”①。另据潘云梅对广西柳州金秀村茶山瑶服饰文化的调查，“如今的金秀村，除了几个七八十岁的老奶奶，平日里着民族服饰的已寥寥无几”②。

历史上，云南各少数民族为适应所处自然环境、谋求自身发展，创造了不同民族、不同区域的服装服饰，体现了与各自所处的自然生态条件相适应的特点，体现了“天人合一”的民族传统文化内涵。如今很少有人在穿民族服装的这种现象实际上是我们民族文化的巨大失落，从某种意义上来说，民族服装的失落也是我们民族的根和魂的部分失落。因此，我们认为要将珍惜、保护民族服装提到议事日程上来，并将其作为弘扬民族文化的一项重要举措。

（八）民族节庆娱乐活动逐渐冷清

改革开放以来，云南少数民族乡村的许多年轻人外出打工或忙于耕作、做生意，对传统的民族节日渐显冷漠，导致传统民族节庆活动逐渐冷清。如在基诺山地区，无论是县城还是小镇，唱卡拉OK、跳各种现代交谊舞、打台球、看各种录像和香港卫星电视等现代娱乐方式在青年人中相当普遍，与内地没有多大差别，而民族舞蹈在平常几乎看不见，主要在有游客时或民族节日、庆典上表演。在即使是少数民族乡村传统文化保存得相对较好的德昂族乡村，昔日“对歌”传情、吹葫芦笙谈恋爱的情景已经很难看到，许多年轻人已经不会唱传统的情歌、民歌，有的年轻人对唱或合唱的是现代流行歌曲，有的干脆用录音机录下传统情歌来应付女方父母。

**【案例7】三台山德昂族民族乡传统文化的衰退**

三台山德昂族民族乡位于云南省德宏傣族景颇族自治州芒

① 徐平、郑堆：《西藏农民的生活》，中国藏学出版社，2000年，第213页。

② 李远龙：《传统与变迁》，广西民族出版社，2001年，第246页。

市中部，是全国唯一的德昂族乡，在距市府所在地22千米处的320国道两侧，全乡现已基本实现通水、通电、通路、通电视、通电话。据课题组调查，该乡的多数自然村由于受城市化进程和外来文化的影响，德昂族的文化传统、习俗现在正在迅速流失，最明显的体现是德昂族“龙阳舞”“丁琴”几近失传，原本小伙子“串姑娘”必须精熟的对歌、吹葫芦丝已被录音机取代，曾经维系德昂族社会、伦理秩序的“青年头”“老年头”组织已经实际上消亡，甚至最有德昂族乡村特色的房屋建筑也已彻底变了样，家庭必不可少的火塘也渐渐消失，最重要、最能代表德昂族民俗的节日“龙阳节”已让位于“泼水节”了。

众所周知，在德宏州聚居着五种主要少数民族，不同的民族有各自相对独立的文化、风俗、节日，如傣族有泼水节，景颇族有目瑙纵歌节，阿昌族有会街节和窝罗节，傈僳族有阔时节，而德昂族除了同傣族共庆的泼水节、浇花节外，虽有一个独特且能体现本民族传统文化的节日“龙阳节”，但遗憾的是它却不是国家法定的独立的民族节日。近年来，为了消除德昂族的“文化孤岛”问题，云南省民族学会德昂族研究会已把德昂族最早、最独特、最具有代表性的“龙阳节”作为法定节日向上级有关部门申报，希望得到重视。德昂族乡村文化传统、习俗的迅速流失还体现在节日习俗的衰退上，最典型的是每年农历五月左右的“泼水节”、七月的“进洼”和九月的“出洼”。德昂族的“泼水节”与傣族的意义基本相同，程序上分别也不大，后两者则是全寨子人参加的祭祀与祈祷活动，但在“进洼”与“出洼”之间的长达两个多月的时间里，则主要是寨中老人们去“奘房”拜祭，年轻人现已基本没有什么民俗活动，而且也很少跳德昂族自己的舞蹈，主要是跳傣族和景颇族的。许多年轻人已经不再经常穿着德昂服装，而是直到过年、过节才穿出来一次两次，因此从外表上看他们已经和汉族没有什么区别。

（九）民族文化资源过度利用

近年来，云南大理、丽江、版纳、德宏等少数民族地区旅游业得到较大的发展。在旅游业发展过程中，人们已经认识到，要使旅游业创造更多的价值，必须增加旅游业的文化含量，于是各地在发展旅游业过程中，大规模地开发利用民族文化资源。然而，民族文化资源的利用有一个度的问题，只有适度地开发利用，民族文化资源才能实现可持续发展。对于这一点，人们似乎认识不足。现实的情形是各地为了取得更多的经济利益，对民族文化资源实行掠夺式开发，结果造成许多民族文化资源遭严重破坏。

以丽江为例。当丽江市在向国际著名文化旅游城市冲刺时，由于规划理念问题和前期管理的失控，古城过度商业化问题越来越严重，旅游房地产开发大肆泛滥，纳西文化正在流失、被“空心化”， 而这些正在流失的纳西族日常文化正是丽江旅游业可持续发展的保障。过度商业化引发的纳西文化流失表现在：外来住户代替了当地纳西居民，成为古城内的主体居民；而古城里的纳西居民则将住房和铺面租给外来住户经营，自己纷纷外迁，致使纳西人和纳西文化“边缘化”。目前的状况实际上仅仅是纳西文化危机的开始，因为丽江古城由三大古镇构成：大研古镇、束河古镇和白沙古镇。而从丽江纳西族的历史发展进程来看，从白沙古镇到束河古镇再到大研古镇，这一进程反映了纳西族从高山峡谷向丽江盆地迁徙的历程。现在游客最集中的是大研古镇（每年接待的游客近400万人次），并逐渐向束河古镇转移，目前大研古镇的纳西文化基本已被“空心化”了，只有束河古镇和白沙古镇尚保留着纳西族相对原生的民族文化和生活状态。但是从目前的情况看，当地政府对束河古镇、白沙古镇并无特别有效的保护计划，反而将其作为丽江古城深度开发的后续旅游资源来看待。如果照此发展下去，也许不出几年，束河古镇就会变成现在的大研古镇，白沙古镇同样也会重蹈覆辙，致使纳西文化的根基丧失殆尽。

丽江市古城的问题带有普遍性。又比如，近年来，不少民族地区为了增加旅游的吸引力，在自然景点建立众多民俗景观，景区内均有民俗表演，各类旅游产品中也溶进了民族文化的内容，大量文化旅游产品被生产出来。但由于缺乏认真研究，呈现在游客面前的民俗表演和旅游文化产品与该民族的原生文化相差很大。各民族地区旅游文化商品大多雷同，体现不出自身特色，以某某民族命名的工艺品体现不出这个民族的特色。有学者指出："提起在版纳旅游，值得一购的旅游商品不多，尽管景区景点有布满了销售旅游商品的摊位，但真正具有当地民族文化特色、文化品位比较高的旅游商品并不多见。"[①]类似的现象还很多，这种现象长期下去，民族地区乡村传统文化遗产将会消失。旅游业是一把火，既可以煮熟我们的饭，也可以烧掉我们的屋！

四川大学旅游学院教授杨振之博士曾借用西方社会学"前台、后台"的理论，创新地提出了传统文化保护与开发的"前台、帷幕、后台"模式，这一模式可从深层次上解决旅游开发和民族文化保护的矛盾冲突[②]。所谓"前台"，是旅游目的地居民展示、表演的舞台空间，游客在这里与当地居民互动，其商业化是不可避免的。为了不让前台的商业浪潮席卷整个旅游地，需要设置一道屏障，那就是"帷幕"。帷幕区是为保护后台起过渡和缓冲作用的。在帷幕区也要发展旅游，但开发规模受到限制，进入的游客较少，商业化程度受到控制。而"后台"是旅游目的地的文化核心区，应保留当地居民传统的生产方式和生活习俗，不为发展旅游业对产业结构作重大调整，一

① 杨红英：《云南旅游开发与民族文化资源的保护》，原载《云南民族学院学报》，2001（3）。

② 杨振之：《前台、帷幕、后台——民族文化保护与旅游开发的新模式探索》，原载《民族研究》2006（2）。

般情况下秘不示人，只有极少数特殊的人才能进入。他认为，丽江市古城发展旅游业，是处理民族文化保护与旅游开发关系的典型案例。如果用“前台、帷幕、后台”的开发模式，大研古镇每年的直接旅游收入，完全可以以适当的方式补偿束河、白沙为保护文化遗产所做出的牺牲。所以，在束河适当开发旅游业，在白沙限制开发旅游业是完全能够实现的。实际上大理的鹤庆新华村在这方面已用实际行动验证着“前台、帷幕、后台”模式的可行性和实际效果了。

### （十）民族乡村传统原生宗教信仰[①]呈现有所淡化的倾向

出于云南边疆乡村跨境民族的经济发展和社会生活等原因，总体来说，每个少数民族乡村中宗教信徒均占有很大的比重。云南边疆少数民族乡村信教群众众多，有的整个民族基本都信教，比如苗族、彝族、怒族、哈尼族、拉祜族、普米族、佤族、景颇族、独龙族、傈僳族等民族的部分群众信教，傣族、德昂族、布朗族、阿昌族等民族群众绝大部分信教。在云南8个跨境民族地州（西双版纳、德宏、怒江、临沧、保山、红河、文山、思茅）中，各类宗教信徒人口总数约占全省信教信徒人口总人数的一半。

近年来，随着城市化进程的加快和现代教育的普及，云南少数民族乡村传统原生宗教信仰呈现出有所淡化的倾向[②]，如前面提到的乡村民族传统记忆的流失就是典型反映，由此传统民族宗教对乡村群众传统价值观的影响力有所减弱。例如，南传上座部佛教对德宏地区傣族群众，尤其是未“上奘”的青少

① 云南边境少数民族乡村群众的宗教信仰既有远古流传至今的原始宗教，又有从内地传来的道教、汉传佛教、藏传佛教等，还有从境外传来的南传上座部佛教、基督教、天主教等，有的少数民族是多种宗教并存，也有部分少数民族信仰自己独特的本民族宗教。

② 应该引起足够重视的是，在少数民族乡村传统原生宗教信仰呈现出日趋淡化倾向的同时，云南部分少数民族乡村群众信仰目前面临的最大威胁是受到境外宗教如基督教信仰的渗透越来越明显，有时呈现激化之势。

年和中年人的日常社会行为的约束力和规范性微乎其微；该教教义对傣族群众思想发展的指导性作用较微弱；德宏地区由于傣文的普及率、使用率极低，不少已上奘的中老年人看不懂经文，听不懂佛爷、贺路的佛经讲解，只能将“奘房”视为“老年活动中心”，而年轻人由于“文化认同”的偏移，每逢宗教民族节日去奘房不过是去“凑凑热闹”而已，许多人不知道为何要“上奘”，“上奘”究竟干什么，一代又一代的年轻人对“奘房”越来越失去了兴趣。

……

以上是目前云南少数民族乡村文化生态和文化资源受到破坏的情况。类似上述种种少数民族乡村传统文化流失状况，在云南众多的少数民族村寨之中并不少见。严峻的现实催促我们警醒：必须采取有力措施，加快挖掘、保护少数民族乡村传统文化的步伐。尽管近年来云南各级政府在少数民族乡村传统文化调查、整理、研究和发展方面投入了大量的人力和财力，取得了相当的成就。然而，长期以来由于人们的认识误区和迅猛发展的现代化、城市化浪潮的冲击，使得云南少数民族乡村传统文化尤其是非物质文化日渐式微。

## 二、云南少数民族乡村传统文化衰退的原因分析

我们认为，伴随着现代化、城市化进程的加快，云南少数民族乡村传统文化资源和文化生态将会受到更加强烈的冲击。主要原因有三点：第一，随着现代化、城市化进程的加快，云南少数民族乡村经济建设的发展，民族乡村与外界的联系会更加紧密，经济一体化会对社会生活的各个方面产生影响，民族乡村传统文化也必然会受冲击；第二，当今科学技术发展速度之快超过任何时候，电影、电视、互联网等大众传播媒介将改变人们的文化生活方式，民族乡村传统生活方式也会受影响；第三，随着西部地区对外开放的扩大，西部地区的外来人口会

明显增加，人口流动必然带来多元文化的交汇激荡，民族乡村本土文化必然会受到外来文化的冲击。因此，如何有效地保护云南少数民族乡村文化资源和文化生态是摆在我们面前的重要课题。具体来说，影响云南少数民族乡村传统文化流失的原因包括以下几个方面。

### （一）消除贫困、追求舒适的现代生活与民族乡村传统文化的保持、传承间存在一定冲突

云南少数民族乡村大多地处偏僻、高寒、边远之地，自然环境较为恶劣，交通不便，信息不灵，乡村社会普遍贫困。为了摆脱贫困，迫切需要经济资本的注入。然而经济资本最大的特点是追逐利润，并带来两方面影响：一方面能带来少数民族乡村经济的发展，促使当地乡民生产生活方式、价值观念与城市发达地区的趋同；另一方面势必带来民族乡村传统文化的快速流失。课题组在对云南少数民族乡村进行调查时发现一个明显的规律，即目前少数民族乡村传统文化消失最快的地方，往往不是在与城市文化密切接触、经济发展水平较高的地区，而是在原本闭塞、近年受到外来现代传媒影响较大的少数民族乡村中，如云南省西双版纳的基诺族乡村。

随着国家村村通工程的大力实施，云南边境少数民族乡村也有了象征现代化的卫星接收器、电视、电话、收音机等传媒，村民在家中也可以看到“相亲”“娱乐无极限”“超级女声”等城市大众娱乐节目。受其影响，村里的年轻人也以这些媒体中听到、看到的形象作为自己判断、审美的价值导向，并以周杰伦、李宇春等作为自己的偶像，对本民族乡村传统文化中的歌舞则漠然视之。课题组对维西县保和镇兰永村调查时发现，该村傈僳族人中年轻人很多已不会跳傈僳族舞蹈，只会跳摇滚、迪斯科和唱流行音乐，而传统的十二脚《瓦器器》村民只能跳到第三脚，临近的獐子口村村民才能把十二脚完整跳下来，傈僳族传统音乐中的吉资、吉奔、吉里的演奏也只有

四五十岁以上的四五个村民掌握。在追求舒适的现代化生活的过程中，传统的、乡村的、民族的、原生态的东西很容易被当做阻碍经济发展的因素而被抛弃，由此造成在消除贫困与保护少数民族乡村传统文化间的认识上的误解和矛盾，导致少数民族乡村传统文化的衰退。

（二）受外来强势文化尤其是以欲望表达、感官刺激为主的城市物质文化严重冲击引发乡村民族传统文化认同危机

改革开放政策和西部大开发战略实施后，云南少数民族乡村逐渐打破了原来的封闭状态，开始与外界发生频繁的交往和接触，尤其以边疆跨境地区的乡村为甚。随着商品流通的扩大、人员对流的增加和外来信息的大量涌入和旅游业的发展，云南少数民族乡村传统文化正面临着前所未有的全面冲击。社会变革带来的思想观念的深刻变化，使得云南少数民族乡村群众的思想意识日益活跃，呈现出多元、多样、多变的发展趋势。有为数不少的少数民族群众对本民族的“原汁文化”丧失了信心，倾向于外来文化、城市文化，致使具有本民族代表性的民族服饰、民族语言、民族文字、传统民居、民族工艺、民族饮食、民族歌舞、民族戏剧、民族器乐、民族礼仪、民族习俗、生态文化、民族历法、民族医药等都出现了不同程度的自然流失、蜕变乃至废弃，传统艺术、传统工艺的传承后继乏人，民族传统文化自然流失的现象日趋凸显，少数民族地区乡村传统文化出现了异化的倾向，民族自尊心、自信心、自豪感在一定程度上日趋弱化。

如南碱是红河新平县腰街镇曼蚌行政村属下的一个自然村，是一个有数百年历史的花腰傣村寨，2000年被云南省确定为民族文化生态村建设试点进行保护后，乡村传统文化保护也取得了一定成效。但课题组近年来在对南碱村进行考察时发现，当地在现代浪潮的冲击下，其乡村传统文化的保护和传承让人不容乐观：村里颇具民族特色的土掌房已逐渐被盒式楼房

所取代，那些刺眼的白瓷砖房与环境极不和谐；传统的花腰傣服装少见了，基本上是有游客或外来人时才穿戴，年轻女子已不爱穿戴，认为“土气”；村中的年轻人也不喜欢说本民族语言，识傣文的人更少，傣语面临逐渐消亡的危机；许多中青年人则已经听不懂民族古歌谣，更不会唱和跳花腰傣传统歌舞……又如位于西双版纳傣族自治州景洪市基诺山的巴卡，是基诺族地区民族文化保留较为完整的村寨。然而，尽管村里的巴卡传统文化还有不少遗存，但当云南省博物馆专家罗钰等人在调查了建成“民族文化生态村”之前的基诺族巴卡村寨后指出，村里关心传统文化的大多是老年人，年轻人则十分淡漠，只是一味地追求和模仿现代的所谓时髦：男青年争相留长发、染黄发、唱流行歌曲；姑娘们则想方设法、不惜一切代价离开山寨，出走外地。面对这种情况，数十年投身基诺族文化研究的杜玉亭教授曾这样写道：“鉴于中青年已不穿或压根儿不再有传统民族服装，民族传统服饰有可能在10年左右消失；民族口碑文史及其风俗传承机制，有可能在20年内消失；民族传统歌舞有可能在20年内消失；作为民族传统文化载体且是民族特征之一的语言，有可能在30年内消失。”①

### （三）传承、发展民族乡村传统文化的资金、人才短缺

云南已经有了民族民间文化保护的地方性法规，但实施情况却不容乐观。各地民族民间文化保护经费大多无法保证，经费不足无法展开紧急抢救，即使是专业的民族文化研究者和研究机构，往往也因资金短缺而无法深入自己的研究，有的地方文化研究所，其设施与资料都严重老化，田野调查成果因资金短缺无法出版。此外，从事民族文化工作的人员专业素质不高，有相当一部分人缺乏文化保护专业知识，特别缺乏传播、

① 赵自庄：《云南民族文化区域构建》，载张庆善主编的《中国少数民族艺术遗产保护及当代艺术发展国际学术研讨会论文集》，文化艺术出版社，2004年，第80页。

抢救、挖掘和整理民族审美文化的专业人才。

同时，民间艺人受到的重视不够，致使民间艺术队伍后继乏人。年事已高的民间艺人相继故去，这从某种侧面代表着某一民族乡村传统文化的消失。因为民族乡村传统文化的最大的特点是不脱离民族特殊的生活生产方式，是民族个性、民族审美习惯的“活”的显现。它依托于人本身而存在，以声音、形象和技艺为表现手段，并以身口相传作为文化链而得以延续，是“活”的文化。因此对于民族乡村传统文化传承的过程来说，人才就显得尤为重要。尤其非物质文化遗产更是和人的活动息息相关的，是靠人传承下来的，如果从事民间艺术和技艺的艺人日益减少，非物质文化遗产就会逐渐消失了。少数民族乡村的文化资源谁都可以使用，由于文化产业经济型人才的缺乏，使得文化资源的利用并未给当地带来多少实际效益。如深圳、北京、昆明等地的民族节目经常取材于云南少数民族乡村文化，往往演员本身也来自云南少数民族乡村，但仅是演员获取微不足道的劳务费，对云南少数民族乡村的文化产业和整体经济实力并没有多大实际帮助。

（四）民族乡村群众文化保护理念欠缺

部分少数民族乡村打着创新或打造的幌子，实则缺乏文化意识与文化自觉，造成了一些“建设性破坏”。民居发展到今天，已远不仅仅是人类的栖居之所，而是承载了更多的含义。它是时代的产物，也是一个民族、一个地区社会生产力、科技水平和社会制度、意识形态及文化艺术的综合反映。可以说，民居本身的含义就是“空间文化”，就是“文化的容器”。各有特色的民居是云南各少数民族乡村群众适应自然环境、展示文化风俗的智慧结晶。云南藏族的碉楼，纳西族、白族、布依族的石头房，傣族、布朗族、基诺、拉祜等民族的竹楼建筑，彝族的土掌房，德昂族的冠盖式住房等都各有特色、千姿百态，是每一民族所处的地理环境、气候等自然条件影响的反映。像白族屋脊上的虎头，彝族民居中的浮雕鹰翅、鹰爪，佤族民居中的木鸟装饰等，既是装饰艺术的一种表现形式，也是少数民族崇拜的神物，体现着他们的信仰。

在全球化、现代化、城市化快速推进的今天，科学技术所创造的现代文明使我们的文化趋于一体化，本来也许从这些多姿多彩的民族乡村建筑中，我们可以得到更多的灵感，使我们的居所变得更加丰富多彩。然而不幸的是，很多少数民族乡村的民居都改成了砖木结构或砖泥结构的楼房。譬如德宏州潞西市三台山乡出冬瓜村在新农村建设的时代背景下，村内除保存较为完整的几家德昂族木结构干栏式住宅以外，许多家庭在近几年拆掉老房子，建成砖混结构的住房，外部形态为白墙灰瓦或是蓝色的铁皮瓦，现阶段全村住房主要为砖木混合结构，已没有了典型的德昂族民居特色。类似出冬瓜村这种通过所谓的帮扶、开发造成的民族乡村文化的破坏，非但没有产生新的艺术魅力，反而消解了原来的民族文化意蕴，对德昂族文化本身造成伤害。

在城市化和全球经济、文化趋向一体化的时代背景下，如何让云南少数民族乡村文化得到关注、认知、肯定，从而获得良好的生境是一个重大课题。封闭性的保护显然是行不通的。“今天，在我们周围，存在着一种由不断增长的服务和物质财富所构成的惊人的消费现象，它构成了人类自然环境中的一种根本变化。恰当地说，富裕的人们不再像过去那样受到人的包围，而是受到物的包围……我们生活在物的时代。”[①]从消费社会学的角度看，消费是联结经济与文化的社会活动行为，是经济生活、文化生活与社会生活的连接点和汇接地。而人首先是消费的人，人的一生都在消费。消费商品的制造与生产不但是物质生产的过程，而且也是一个文化生产和传导的过程。一方面，商品是文化的载体，一定的商品总是体现了一定的文化

① [法]让·波德里亚：《消费社会》，刘成富、全志钢译，南京大学出版社，2001年，第1页。

内涵，具有一定的表现和传播功能，换言之，商品具有文化传导的功能。另一方面，文化又是商品的内在属性，商品总是按照一定的文化编码来进行生产和营销的。因此，在这个消费时代，通过开发云南少数民族乡村文化资源，让承载着云南少数民族乡村文化的商品在人们的物质生活中充当相应的角色，在帮助生产者取得经济效益的同时，向社会传播云南少数民族乡村文化，引起人们的关注，获得社会的肯定与支持，从而促进少数民族乡村群众文化保护理念的树立，这也许也是一条可尝试的路子。

（五）保护措施不当致使民族乡村传统文化衰退

值得注意的是，云南各少数民族乡村传统文化的衰退正是在各种挽救和弘扬措施不断实施时发生的，其中不乏政府部门、乡村干部的不当措施，以行政手段人为造成少数民族乡村传统文化的衰退。如前述的德昂族最重要的传统节日当尊重德昂族的意愿更为“龙阳节”，同时保留“泼水节”。又如“关于少数民族民间传统活动场地保护问题”，拿潞西市芒市城郊来说，“德宏州看守所”这一块地盘，原先是一大片松树林和竹林，每逢春节期间，芒市城郊邻近村寨的傣族青年男女三三两两、不约而同来到这里举行“丢包”“竹筒对歌”等传统活动，引来各族群众纷纷前去观看、参与，形成了一道具有边疆民族特色的十分亮丽的风景线。可是，自从这块地盘被政府征用建盖“州看守所”之后，情况就发生了根本性的变化，活动场地没有了，“丢包”“竹筒对歌”等这些民族传统活动也日渐萎缩，最终导致此项少数民族乡村民间传统活动在芒市坝彻底消失，真是让人感到万分痛惜！场地没了，根基没了，民族文化保护将从何说起？为此，课题组认为应将“少数民族民间传统活动场地保护问题”列为《自治条例》中的一个条款。

**【案例8】地方干部乡村文化保护意识不足引发的文化变异**

“奘房”是一个庄严、肃穆、洁净的场所，是傣族村寨的标志性建筑，它不仅仅是傣族、德昂族信教群众虔诚供佛，膜拜佛主的圣地，同时也是傣、德昂民族思想、文化、教育的传播地；是傣族、德昂族村寨文化活动的中心，是沟通联系千家万户信教群众的桥梁和纽带，是傣族人民心里寄托的重要场所。日常宗教庆典、节庆法事都是在“奘房”举行的。“奘房”在傣族、德昂族人民的整个社会生活中发挥着极其重要的作用，它是一个庄严肃穆、凝心聚力的重要场所。然而，如今不少乡镇干部、村社干部却将“奘房”视为“社房”或“会议室”，在“奘房”内肆无忌惮地大声喧哗、大放厥词，从事一些与宗教信仰毫无关联的活动，有的村社干部甚至还将一些带有浓厚政治色彩的宣传标语粘贴在了“奘房”的柱子上，一些与宗教毫无关联的如锦旗、布标、标牌等东西也公然悬挂在了“奘房”的栏杆或墙壁上，这些做法是傣族信教群众难于容忍的行为！

### （六）过度引入商业化导致民族乡村传统文化的衰退

少数民族乡村传统文化如果不加以保护和发展，就将面临衰竭，这是一个共识。但如何保护发展？各地有各地的办法，其中最主要的一个办法就是引入商业化机制。引入商业化，其结果可能就会比较麻烦。比如现在很多风景点或民俗村，都将民族文化和体育表演融为一体，经过舞台化加工，将民族体育项目作为旅游景点的节目来进行表演。记得几年前，笔者曾经在云南民族村遇到过一位爬刀杆的傈僳族小伙子，他每天都要在民族村为游客表演三四场。不可否认，商业化会带来一些好处。比如，通过商业化，云南少数民族乡村传统文化项目可以走出地域限制，获得更多生存机会；通过商业化，从事云南少数民族乡村传统文化的群众增加了收入，四处演出又开阔了眼界；通过商业化，一些项目带动了后继人群的加入和学习，培养了云南少数民族乡村传统文化的后备人才等等。前面说的傈僳族小伙子，如果不是因为来云南民族村演出，他有可能把这个独门绝技放在一边，而到其他什么地方打工去了。大理三月街赛马会上，来自洱源县山区的彝族马队每年只要参加马赛拿到几千元奖金，就够他们在山里生活一年。这10多年来，他们年年参赛，赛马会成为主要收入来源之一。但有一点要注意，商业化掌握不好也可能会给少数民族乡村传统文化的保护和发展带来负面影响。比如一些旅游景点为了取悦游客，搞一些稀奇古怪的节目，把少数民族乡村传统文化演绎得弄得面目全非；为了迎合市场，有些原本以少数民族乡村传统文化为龙头的活动，逐步演化为经贸洽谈会、招商引资会等等。

商业化是一把双刃剑，舞不好还会伤及自身。令人欣喜的是，现在各地政府和文化部门都已经看到了保护和发展云南少数民族乡村传统文化的重要性，也增加了重视程度，加大了投入力度。在保护和发展云南少数民族乡村传统文化这个系统工程中，学者也增强了责任意识，带着思想深入调研，在丰富的云南少数民族乡村传统文化资源中找经验，找亮点，在好的做法中找规律，探索自然、实在、有动感、有思想的乡村文化保护和开发的理论，用以指导实践。

在我们看来，云南少数民族乡村传统文化的商业化开发关键是把握好“度”的问题，这个商业化如果是以云南少数民族乡村传统文化为核心，有利于乡村传统文化的保护和发展，那么就不妨拿来一用，当然更需把握好“度”。前面提到田丰先生的文化传习馆，解散后的民间艺人们几年后重新组建了云南源生乐坊，经过商业化运作，现在已经演到了美国肯尼迪艺术中心的舞台上，这些民间艺人们无疑为云南少数民族乡村传统文化的保护发展提供了榜样，增添了信心。

毋庸讳言，云南少数民族乡村传统文化和经济活动的结合促进了经济的增长，也使民族文化得到了传扬。但因为这种结合一开始就是以发展经济为主要目的，因而这里的文化传扬就不能不带有与本族实际生活脱节的强烈的功利主义色彩。由此我们也就看到，大量表现民族特色的用品堆满货架，但本族消费者却日益减少，外族消费者对这些物品的需求也大多出于新奇，而随着新鲜感的减退，这些物品便被束之高阁。在少数民族旅游区，虽然表现民族文化的各种建筑、用具、服饰和礼仪等随处可见，但这些东西很多已不是少数民族乡村传统文化的自然显露，而是出于商业利益的着意夸示甚至扭曲，与民间的本色已有相当的距离。这些现象说明，当今云南少数民族乡村传统文化表现出来的复兴，更多还仰赖一种表层的人为造设，在它下面还泛动着衰退的潜流。

云南少数民族乡村传统文化已有的复兴尚多与民间生活脱节，衰退是深层的。如上所述，因党和国家的重视及各民族群众的自觉参与，少数民族乡村文化正在通过各种途径得到展现。但这种展现很多却是游离于民间社会生活之外的。像东巴文化在媒体的曝光度上，在国际国内相关领域的研究、整理、出版或演出展示等方面实在是达到了前所未有的程度，但同时它在纳西族民间，也即在它的原生土壤上却大大失落。

云南少数民族乡村传统文化既得到了复兴，又在严重衰退，这种评价似乎很矛盾，但事实的确如此。国家及社会的着力弘扬与现代化、城市化的猛烈冲击是影响云南少数民族乡村传统文化现状的正负两种主要社会因素，而它们的作用力却是相反的，在两种不同社会因素作用下，云南少数民族乡村传统文化的不同内容、不同层面呈现出不同甚至是相反的性状因而也是合乎逻辑的。

## 第三节　云南少数民族乡村传统文化的变异

民俗原是人类本能的需求和创造，民众又在自己的进化和发展中不断地变革和创造着为自己所需要的新民俗，因此就本质而言，民俗既是传统的，又是变异的、新生的，即它是“活态”的[①]。云南少数民族乡村传统文化与其他传统文化形态一样，影响其发生、发展、变异的条件包括自然因素、经济因素、政治因素、文化因素等，并与其孕育、生成、演变与创造它的生境、人群的进化、生产生活方式的变更、社会需求等息息相关。随着城市化进程的推进，随着云南少数民族乡村经济、社会的发展，作为物质文化和精神文化表现的少数民族乡村传统文化必然会发生相应的变异，包括居住文化、节日文化、歌舞文化、服饰文化、传统工艺文化等。

## 一、民族乡村传统文化变异的表现和原因分析

云南少数民族乡村传统文化的衰退是指这种文化的减少和消失。然而，有些现象其实不是衰退，而是变异或者说是调适。因为云南少数民族乡村传统文化的许多成分在实际生活中并没有减少或消失，而是与现代生活相结合，使自身得到了适应新环境的演化变迁。如彝族过去有凡事迎请“毕摩”的习俗。毕摩被认为是神的代言人，是祛鬼邪、求吉祥的神的化身。因此人们凡遇到疾病、灾祸，都认为是碰到了邪魔鬼怪，必定要请毕摩司法驱鬼，消灾免难。现在人们仍请毕摩，但用意大多是办喜事图吉祥，或为完成的孩子“成年礼”，盼其长大成人；或为耄耋之年的老人冲傩还愿，祝其健康长寿。其形式活泼、优美滑稽，使参与者都能感到愉悦满足。云南不少民族乡村如白族的喜州镇，群众仍然保持穿着传统白族服饰，但在款式、质料和制作方式上已发生了变化，揉进了现代技艺和时尚。此外，许多少数民族乡村的群众仍保持着自己的饮食习惯，但也开始注意吸收其他民族的饮食方式，注重营养、卫生和多样性，如西双版纳地区的傣族、景颇族村寨饮食习惯的变

① 贺学君：《民俗变异与民俗学者的立场》，参见冯骥才：《守望民间》，西苑出版社，2002年，第241页。

化；许多少数民族乡村仍然保持了传统的民居，但从建筑材料、样式到内部装饰都已十分考究并具有了相当的现代气息，如德宏德昂族乡村的民居；许多地区仍保持着传统的节庆，但在节庆活动中也开始大量地掺杂着现代形式的娱乐和商品交易的内容，如大理地区的三月街民族节；许多传统音乐引入了西洋乐器和流行音调，许多艺术形式得到了改造、填充了新的社会内容等等，如白族调在传承方式、传承人、表演场域等发生了变化的同时，也出现了白族调的展演化、舞台化倾向。

### （一）民族乡村传统文化形式的变异：宗教文化的舞蹈、歌唱性质由娱神向娱人的转变

在经历社会经济、政治的稳定发展后，云南少数民族乡村传统宗教、节日等民俗祭祀中的舞蹈、歌唱活动开始由娱神转向娱人，人们在宗教活动中逐渐增添欢悦的内容，其结果是对神的畏惧逐渐解除，在神灵面前勇于以歌舞娱乐的方式宣泄自己的感情，从中感受强烈的审美快感，先前属于人类自身的却又被扭曲为娱神的歌舞活动复归于人类自身的需要。比如一些乡村明清以前的火把节，彝族人以祭神驱鬼为主，明清以后，除了照旧祭神驱鬼，祭祀后的耍龙、跳跃活动都已逐渐淡化娱神的成分，发展至今，节日祭祀的各项歌舞活动几乎完全以娱乐为中心，娱神的内涵已成为潜在、深层的民族心理。可以说，广泛存在于云南少数民族乡村宗教文化中的歌舞活动从娱神到娱人的演化过程，同时也是人类观念意识演化发展的过程。

**【案例9】文山丘北仙人洞村彝族撒尼人火把节的变异**[①]

农历六月二十四日是彝族人民包括撒尼人在内的传统节日——“火把节”。这一天他们会在田间地头打起火把，驱魔祈福，而青年男女则聚在一起欢闹后，便成双成对地钻进了树林谈恋爱。2002年的火把节在仙人洞村过得却与往年不一样。

① 此案例系课题组成员于2002年对仙人洞村的调查记录。

早在火把节开始前的一个多月，仙人洞村的领导们便开始筹划这一活动了。他们联络了丘北县境内的其它几个撒尼村寨的领导，决定一起欢度当年的火把节，地点就定在游客集中的仙人洞村，由仙人洞村的党支书——黄绍忠担任本次活动的最高“领导”。经过多次开会商讨，各村的领导和一些以前在县里工作过的退休老干部一致同意当年的“火把节”共持续两天，内容包括“宗教表演”“婚礼表演”“歌舞表演”“山歌表演”“篝火晚会”以及“农民赛装会”等内容，许多内容都是新增加的。

“宗教表演”即是由仙人洞村的七个“毕摩”在“宗教祭祀广场”上表演祭祀火神。说是表演并不十分准确，只因为在仙人洞村的活动日程上写着“宗教表演”，才有如此一说。但事实上宗教祭祀的过程却早于“宗教表演”就开始了。农历六月二十四日的一大早，几个“毕摩”便手持“法器”和燃香在“宗教祭祀广场”上念经祈福了。他们说要在表演开始前准备好一切。没过多久，他们在“宗教祭祀广场”前用树枝竖起了一顶草帽，那是一种“警示”的标志，一问果然是在“忌人”，旁人是不能进去的，否则会“破”了祭祀，使之无效。但这却无法阻止偶尔经过的几个游客，“毕摩们”对此表示了十分的容忍。“宗教表演”正式开始时，七位“毕摩”换上了他的“法衣”——那是从石林县购买的一种披肩，据说是过去彝族“毕摩”祭祀时的着装，但在仙人洞村却早已失传。“表演”的过程并不十分冗长，“毕摩们”在其中一位“毕摩”的带领下念诵经文，一位仙人洞村的年轻男子（在当天担任仙人洞村的保安以维持秩序），手持话筒将这些经文通过村里的喇叭放了出来，然后“毕摩们”绕场一周，“表演”就基本结束了，“火把节”的“宗教祭祀”也到此完结。

“传统生活方式的变迁也就是符号系统的变迁，或者毋宁说是符号意义系统的变迁。”[①]旅游业的导入为仙人洞村带来了发展的活力，也引发了撒尼人生活方式上深刻的变革。作为与他者相区别的“撒尼人”的“民族特征”，其本身是根深蒂固于撒尼人的生活方式或者说文化之中的，是撒尼人对“人”这一概念亦或“自我”的“转喻”的表述，是被撒尼人所自觉的，而并非“他者”的“隐喻”。“旅游”这一文化现象的立足点是建立在自然—文化的差异性基础之上的，这种差异性强调了不同群体的“民族性”，为了彰显这种“差异”，那些具有意义的“符号系统”不断地被提炼出来，并被赋予了新的内涵，在某种程度上“转喻”的符号逐渐变成了“隐喻”[②]的意义。很明显，仙人洞村的“火把节祭祀活动”中多少是有一定娱人表演成分的，但又不能将其完全的割裂开来，这似乎与萧凤霞（Helen Siu）的“强化的仪式景观”有些类似，但究其原因和背景却大相径庭。萧凤霞的论点认为中国的宗教生活虽然基于“一个国家力量有效渗透”的社会文化背景中，它仍然处于“文化碎片再循环”的阶段[③]。仙人洞村的情景与其说是“文化碎片再循环”，不如说是“文化要素的再创造”。“火把节祭祀”的实质内容没有变，但其形式却多少有点“创造”的意味在里面。例如祭祀场上火、牛、虫、蛇、天等诸神像是2000年时雕塑的，在此之前，这些神的形象只是传说中的“语言”，没有固定的形象，而“毕摩”身上穿着的“法衣”也是

① 纳日碧力戈：《现代背景下的族群建构》，云南教育出版社，2000年，第269页。

② 转喻指“部分代表整体”，隐喻指分属于不同文化脉络的两个事物之间的类似（类比）关系，转喻是亲切的，表示邻近，而隐喻是陌生的，它取决于类似。参见纳日碧力戈：《现代背景下的族群建构》，云南教育出版社，2000年，第199~204页。

③ 景军：《知识、组织与象征资本——中国北方两坐孔庙之田野研究》，载杨念群主编：《空间·记忆·社会转型——“新社会史”研究论文精选集》，上海人民出版社，2001年。

此后从外地购买的。这些文化外在要素的强调，显示出了他们作为一种“工具”显现“传统”和“威严”的作用，用具体的形象将抽象的“符号意义”固化下来，利用象征的形式强化了这一宗教仪式的“神圣性”和“权威性”。这种针对“自我”的“祭祀活动”和针对“他者”的“表演”虽然在一定程度上是分离的，但在“旅游发展”的背景下，彼此又是相互关联的。“祭祀活动”是维护民族内部关系的“象征仪式”，通过它强调了“撒尼人”这一群体的独立性，从而与“他者”相区别，而这种区别也正是“表演”的内在推动力之一。通过“表演”，使“他者”感受此“差异”，从而“旅游”之存在基础——“自然—文化”的差异性便更加突显出来。二者相辅相成、循环往复。“旅游开发”在“文化差异”的背景下显现出来，它的出现强化了人们对差异的认同，进而推动了新的“文化要素”的产生和创造，而新的“文化要素”的创造又进一步强化了“自我”与“他者”的差异，通过具体的“物质文化”表现出来，又推动了“旅游”的发展。

钟敬文先生认为，娱乐最早并不是为了娱乐别人而出现的，而更多的是为了发泄自我内心的情感，也就是说人们在欢娱心情达到高潮时才会表演起来[①]。当一个人的表演博得旁观者的喝彩时，表演者的欢娱情绪将进一步高涨，达到娱人娱己的极高境界。如巍山彝族的“哑神节”、南涧彝族的“跳菜舞”等就是通过一些夸张的表演达到娱人娱己的境界。又如云南许多少数民族乡村如白族、彝族普遍的择偶观强调男子要高大健壮、勇敢机智，白族的“赛马”、傈僳族的“上刀山、下火海”等在娱己的同时明显带有娱人和自我炫耀的目的。随着市场经济的发展，在旅游业的影响下，旅游区（如云南民族村）的一些表演性的少数民族体育活动的娱人功能更是发展到

① 钟敬文：《论娱乐》，原载《浙江学刊》，1999（5）。

极致，表演性取代了自娱性，甚至完全成了一种娱人的商业性活动。这种发展和变异，反映了少数民族乡村群众观念意识及认识能力的发展。从云南少数民族乡村传统文化中的宗教、歌舞、体育等活动由自娱→娱人娱己→娱人的发展，可以看出云南少数民族乡村传统文化中的宗教、歌舞、体育等活动朝市场化、商业化、舞台化、艺术化发展的端倪和趋势。

（二）民族乡村传统文化功能的变异：节日、民俗文化中的教育功能向商品价值功能过渡

云南少数民族乡村长期以来传承的传统节日、民俗等活动原本用于祭祀，具有教育子孙后代的功能，但背后本身是为了虚幻的经济利益；现在用于娱乐和表演，则是为了现实的经济利益，用一些地方官员的说法是“文化搭台、经济唱戏”。改革开放后，随着城市化进程的推进和市场经济大潮的涌动，云南少数民族乡村传统文化作为公开表演的娱乐节目，更是成为旅游品牌与旅游消费的内容，或者在“文化搭台、经济唱戏”中作为地方文化特色的重要成分展示，许多少数民族乡村在为经济建设开路搭台时，则把乡村传统文化用于更直接的经济目的。因此，娱神功利目的的弱化以致消失，是云南少数民族乡村群众认识水平提高、摆脱贫困和封闭状态之后的一种必然结果，新的经济功能的产生则是在社会转型背景下由市场经济引发的。

21世纪，人类已然进入城市化时代，进入第三代生产力时代，亦即信息时代的智能生产力时代，这是一个强调文化软实力的时代，是文化资本的时代。这一时代生产力的显著标志是文化与经济崭新关系的建立，其重要特征是“文化的经济化”和“经济的文化化”，以及由此产生的当代文化经济的一体化趋势[①]。而所谓文化的经济化，就是指文化进入市场和产业，

① 金元浦：《重新审视大众文化》，原载《中国社会科学》，2000（6）。

文化中渗透经济和商品的要素，使文化成为社会生产力中的一个重要组成部分。由此文化的商品性被解放出来，其本身的造血功能也就得到了增强，并可能进入良性循环的发展机制。城市化的加速和市场经济的发展给云南少数民族乡村传统文化提供了新机遇，因此，少数民族乡村传统文化只有顺应城市化和市场经济的发展要求，才能获得生存与发展并改善自己的生存状况。从这个角度说，云南少数民族乡村传统文化作为公开表演的娱乐节目，其功能由文化传承和教育向商品价值功能过渡的变异具有一定的合理性，是文化调适和转型的需要。然而，这种变异不能最终演变成一味迎合观众、迎合市场经济、迎合官员的政绩炫耀。

### （三）民族乡村传统文化节日娱乐时间、空间和内涵的变异

当前云南少数民族乡村传统文化节日娱乐活动时空的变异有三种表现，一是活动内容的非时节再现，即时间上的变异，二是活动空间的非原生地再现，即空间变异，三是文化内涵变异。

1.时间变异。

自古以来，云南每个少数民族乡村的传统娱乐活动大都有固定的时间，并形成许多禁忌。其时间的限制源于传统农耕生产方式的束缚，是农耕生产方式的产物。农时对农民来说就是生命，误了农时，就可能失去一年的收成，直接威胁到他们的生存。而在生产力很低、生产方式极端落后的状况下，基本没有闲散剩余的劳动力。在这样的生产力背景下，少数民族乡村的人们只能在农闲之际进行文化娱乐活动。如云南的德昂族和傣族在关门节过后至开门节之前是生产大忙时节，期间禁止村寨中所有男女进行社交和谈恋爱，与之相应的一切娱乐均在禁忌之列。又如文山苗族乡村在三月三花炮节之后寨子里的芦笙就要收起来，禁止各种娱乐活动。再比如铜鼓在瑶族地区乡村中是权威的象征、通神的重器和欢庆的乐器，动用铜鼓有许

多禁忌，农历九月“尝新节”时才能开始起用，过了正月十五之后就要入洞埋藏，谓之“封鼓”，有些铜鼓甚至是每13年才敲响一次的。类似的情况在其他省的少数民族乡村中也普遍存在，如贵州黔东南雷山县郎德村一带的风俗严格规定“吃新节”后才开始吹芦笙，到正月十五以后芦笙闭悬，违者要宰牛扫寨，发誓不再违犯。云南少数民族乡村中存在的这类禁忌显然具有保证农事活动的积极意义。然而如今，当这些村寨（最典型的是云南民族村）被作为旅游景点进行市场化开发之后，只要游客一到，不论春夏秋冬的哪一天，村民都会吹笙迎接，神秘的铜鼓也可每日为游客敲响，这就是乡村民族文化在世间上发生的变异。最典型的时间变异要数云南佤族木鼓的变异了。“木鼓舞”原本是用于木鼓祭祀活动，与佤族砍人头祭谷均有密切联系，在特定的环境下（“魔巴”主持较大的祭祀及重大喜庆活动和事件时才能由特定的人在木鼓房内敲响木鼓，平时不能乱敲，且鼓点的节奏也视用途而异）才跳。随着社会的发展，木鼓祭祀活动已不存在，砍头之俗早被革除，木鼓的形制、功能、敲鼓的时间地点、鼓点的节奏都发生了变异，舞蹈也改变了它舞蹈的特定环境，变成了现在不分场合都可以跳的自娱性舞蹈。佤族作家袁智中在《失落的木鼓》中就敏锐地感受到了文化变异和消亡的危机，她沉痛地发现：“在现代文明的席卷下，自然世界的神秘面纱被一层层剥离，木鼓和木鼓文化与那些正在快速消亡的佤族传统建筑、佤族村寨一样，已经成为了一种被遗弃的文明。火塘边暮年的歌者已经失去了文化的传人，维系了佤族社会上千年历史的‘司岗里’古歌，在各种文化的冲击下变得七零八落，就像祭祀谷魂、祭拜祖先这样神圣的活动中，已经很少看到年轻人的身影。”

值得注意的是，云南少数民族乡村传统文化的时间上变异有的正是在各种挽救和弘扬措施不断实施时发生的，其中不乏政府部门、乡村干部的不当措施，以行政手段人为造成少数民族乡村传统文化的变异，傣族泼水节就是一个例子。

**【案例10】傣族“泼水节”时间的变异**

“泼水节”作为东南亚地区泰、傣、德昂等民族的传统宗教节日，由于傣历的年是以太阳进入白羊宫首之时为岁首，因此元旦并不在一月初一，而是在傣历的六月初至七月初六之间，故将泼水节（傣历新年）称作“六月新年”（傣语“楞喝桑勘比迈”）。泼水节的节期，过去是按傣族天文历法推算而定的，而德宏地区现在通过行政手段，认定公历（阳历）每年的4月12日至14日来过泼水节！

由此看来，节日、娱乐活动内容的时间移位实际上已经对云南少数民族乡村传统文化观念形成了强烈冲击，尤其是旅游业的发展可以说已构成了冲击云南少数民族乡村传统文化禁锢、转变传统文化价值观念、震撼乡村民众文化心理的“强效剂”。旅游业的发展使得云南一些少数民族乡村传统文化活动已成为专为国内外游客表演的一种独特仪式和传统文化的象征符号，传统乡村文化已被彻底抽空，而最后留下的只是一具躯壳。这种变异对于云南少数民族乡村传统文化保护来说无异于釜底抽薪。

2.空间变异。

旅游业带来的云南少数民族乡村传统文化活动的空间变异，主要表现为对被开辟成旅游点的村落的一些少数民族传统娱乐活动的空间上的位移，比如云南民族村。传统的节日被移植到了风景区，参加的人也不再是少数民族村民，而是游客，甚至外国人。山歌被移植到了漂流的船上和宾馆酒店；传统的舞蹈被改编成广场舞……当一些村落被开辟成旅游点后，为了使之更具吸引力，留住游客的时间更长，单靠本村寨原有的娱乐内容显然是不足的。于是，旅游开发和投资经营者便把该地区可以开发的文化资源甚至别的地区和别的民族的娱乐活动移位到这些村落中。云南民族村在开发为旅游点后，尽管各种舞蹈活动主要由各个民族村寨村民为客人表演原汁原味的舞蹈，但当遇到大的团队参观时，为了丰富该村的文化内容以吸引游客，同时降低接待成本，民族村即让各个村寨的村民全体参与演出鼓舞。这样，舞蹈品种丰富了，风格也各具特色了，曲目也增加了，足以让游客玩上一天而不感到乏味。在实践中，这种空间位移却存在许多问题。在云南少数民族乡村的一些景区（点）甚至存在项目设置中混编了其他民族的传统项目的情况，因而没能突出本地、本民族特色，造成各景区（点）的项目设置大同小异、旅游商品单一的状况。由于旅游开发中急功近利、一哄而起、克隆节目，也导致当地的一些少数民族乡村人文资源开发不足，面临衰退与消失的命运。传统乡村文化为适应市场需要或现代人生活的需要，往往失去原有文化的本质特征，很多专家都表示出了必要的担心。

3.文化内涵的变异。

和其他商品一样，文化一旦变成了商品，便会具有商品的两种属性，即使用价值和价值。通过交换，商品生产者与商品相分离，结果是商品生产者失去了对商品使用价值的控制力，包括对赋予这些商品的意义的控制力。类似这种文化内涵的变异例子很多，例如文山丘北仙人洞村的彝族撒尼人在开发旅游业时，旅游局领导为了指导村民“建设和保护”民族乡村文化，教村民们把他从书本上学来的所谓撒尼人的“传统特色”——“吞口”[①]悬挂于家堂中；在村落周围的密枝林中绘制壁画，雕制一些奇形怪状的木雕，以突出所谓的“民族特色”，来附和“文化保护”的需要；在提倡农户开办家庭旅馆“农家乐”的过程中，又指导农户要“越土越好”，并让农户将辣椒、玉米挂在屋檐下以突出“农家乐”的特色，满足游客“猎奇”的心理；甚至还将贵州出产的一些木雕面具引入仙

① 一种用木瓢刻制并彩绘的人面形手工制品，并非仙人洞村的撒尼人原有。

人洞村，将其悬挂于开办了“农家乐”的家庭中。这种做法与“文化保护和传承”的做法是格格不入的。又如在傣族人的眼里，水是圣洁之物，相互泼水是祝福吉祥的表示，但参加泼水节的一些游客却把水当作恶作剧的工具，泼水已失去了它本来的面目，更失去了其原来的潜在含义。

**【案例11】傣族“泼水节”文化内涵的变异**

“泼水节”傣语称“摆爽南”“摆赏建”。原先，傣族人民过“泼水节”时的规范礼仪是：参与者身着民族节日盛装，手提水桶，手持鲜花恭敬地向长者、亲友、路人泼洒圣洁、吉祥之水，用手轻轻拍一拍后背肩，互道祝福、问候的礼仪，如今取而代之的却是：本来泼水节是有固定日子，并且要到指定的地方取水，但有的地方天天都是泼水节，且不管什么水都拿来泼；“水汽球”四处飞舞，狂轰泛炸；“挤水枪”四面扫射，喷出的水柱直射人的面颊，让人睁不开双眼；走着走着冷不丁被人从后背、从楼上偷袭——一桶冰冷的水从头淋到脚，成了一只只狼狈不堪的“落汤鸡”，让人一回想起来就发怵和感到十分的尴尬！“泼水节”并非西方的“愚人节”，它的本义不是让人“难堪”“遭灾”，而是相互祝愿“吉祥”“快乐”，企盼佛主保佑“平安”“幸福”的传统礼仪，它从远古流传至今，是我国傣族地区和东南亚地区十分盛行的宗教传统节日，属全人类非物质文化遗产。如今“泼水节”相互祝福的礼仪为何“变味”了？傣族质朴的民风、民俗为何遭到损毁？为此，我们建议政府有关部门应采取行政干预措施等手段，着力规范“少数民族传统礼仪”，并将“边疆少数民族传统节日和传统礼仪的传承问题”列为《自治条例》中的一个条款。

在旅游业的影响下，云南少数民族乡村传统文化的许多内涵在生产者和消费者两方面都发生了变异。例如东巴教是纳西族的一种宗教信仰，东巴仪式和祭祀舞蹈原是为了驱鬼、求福、祭祖、占卜等而进行的，但对于旅游者来说，东巴仪式是被他们消费的奇异的“原始”人文景观，展示东巴仪式的东巴也从宗教祭司变成了演员。有些居民学东巴文化，既不是为了自己的信仰，也不是为了服务于其他纳西人的信仰，而是为了在旅游业中谋得一职，或当东巴演员等。由此看来，当前云南少数民族乡村文化在内涵的变异上有进步，有发展，也有某种丢失。

旅游业的发展使现代化的浪潮渗透到世界的各个角落，包括最边远、最不发达的地区，因为越是原始闭塞的地区越具有旅游者感兴趣的原始文化，因而越有旅游开发的价值。在市场经济条件下，旅游业对云南少数民族乡村传统文化的作用是相当复杂的，毋庸讳言，既有正面的效应，亦有负面的影响。因此，对云南少数民族乡村文化旅游效益的研究不可急功近利，不应只局限于短期的经济效益和旅游产品的开发，对旅游区少数民族乡村文化的发展历史与现状要进行全面综合的深入考察与研究，这样才能更好地开发其商业价值，从而在更高的层次上实现良性互动。

### （四）民族乡村传统工艺文化的变异

在城市化进程中，云南少数民族乡村的民族传统工艺在种类、造型、色彩、图案，特别是原料和工艺技术方面都发生了程度不同的变化。这种变化与在农耕社会中的发展、变化不同，为了加以区别，我们将其称为变异。在农业社会时代，云南少数民族乡村的民族传统工艺以天然原料、手工或原始机械生产为主要特征，虽然也在不断发展变化，但始终尚未脱离天然原料、手工生产的基本轨迹。然而在现代社会中，这种状况却发生了根本性和转折性的变化，其中变化最明显的是现代工业原料和机械化生产技术被不同程度地采用，由此引发了民族传统工艺的变异。例如，同样是斑铜制作工艺，生斑铜与熟斑铜有着很大的区别，机械化生产出的熟斑铜其斑纹显得比较规则，而用天然铜矿捶打出来的生斑铜，它的斑纹却很独特，看上去瑰丽无比，生斑铜这门技能，因为不能谋生，市场非常狭窄，产量非常低，不像熟斑铜能实现产业化、机械化，所以许多斑铜艺人不愿学习生斑铜技艺，这门手艺也就发生变异变成熟斑铜一统天下了。又如滇南苗族的服饰材料现在已由工业生产的化纤、人造丝、棉等布料替代了原来靠手工自纺的传统麻、棉布料和蚕丝，于是化学纤维、机制布料等便逐渐成为了如今滇南苗族妇女着装材料的主流。再如白族等少数民族的民族服饰制作技术现也逐渐向半机械或机器化生产工艺转化，现在要找到一套比较原汁原味的、材料是手工做的、刺绣是手工刺绣的、文化内涵有本民族的特色的少数民族服饰都已经很困难了。尽管滇南苗区的民族服饰制作技术是变异较大也较明显的地方，不过即使是在苗族服饰文化保存较好的贵州施洞，服饰制作技术也发生了不同程度的变异。本来，传统的手工纺织、染色、刺绣和银饰工艺构成了施洞苗族服饰文化的显著特点，然而现代的化学染料现在却在很大程度上代替了传统的蓝靛生产和染色工艺，机制纱也代替了自纺棉纱，传统的手工弹花机已经消失，纺织工艺也发生了变化，传统的服饰文化特点彻底丧失。如上例子表明，云南少数民族乡村传统工艺文化发生的变异是非常明显的。

1.云南少数民族乡村传统工艺文化变异的表现和类型。

近现代以工业文明为代表的城市文化对云南少数民族乡村传统工艺文化的冲击实际上很早就开始了，并且持续不断，且随着城市化和现代化进程的加快，其冲击更加强烈、广泛。尽管云南少数民族乡村传统工艺文化在城市文化和现代工业文明的冲击下变异、衰退甚至消失的速度都在加快，变异的表现主要体现在三个方面。

形式层面的变异，主要是工艺种类和形式层面的巨大变异，以滇西为例，民族乡村传统的几大重要工艺类型包括大理石、扎染、银铜木雕、木刻、陶器等，现在的具体种类远远超过历史上的任何繁盛时期，突破了单一的住宅建筑、日常生活实用类型，装饰性、纪念性的工艺品种大规模增加，仅新华村的银铜器皿就从过去的十多种增加到7大类上百个小类，具体产品的表现形式甚至达到上千种。

意蕴层面的变异。少数民族乡村传统工艺往往具有文化、意义传达价值，也和世俗生活、宗教礼仪相结合，具有实用功能。仍然以滇西少数民族乡村传统工艺为例，目前其工艺从生存环境、生产行为、审美情感、宗教生活、世俗生活和文化交流等方面已同传统工艺相比发生了本质变异。部分工艺品在滇西少数民族乡村（主要是藏区）仍以实用为主，这类产品在本土具有一定市场，随着现代服饰取代民族服饰，现代建筑材料、新式建筑取代传统土木结构及价格便宜的工业用具、不锈钢、现代家用炊具的大量使用，作为日常生活用具、建筑材料的民族工艺品市场在城市化相对高的白族乡村逐渐萎缩，工艺品的实用功能逐渐淡化，于是为了开拓市场，迎合他者的需求，白族乡村工艺技艺出现快地域扩张性质，并出现大量新增加的非本土的工艺品种，如为藏区设计、制作、复制工艺品的技艺。

经济功能的变异。这是少数民族乡村传统工艺目前具有的明显倾向，地区、规模化的生产凸显了少数民族乡村传统工艺的经济功能，同时也弱化了其文化意义和地方性知识的特性。以滇西少数民族乡村工艺文化为例，当下其工艺的审美、文化负载和传承功能都出现了新的变异，民族工艺的审美功能凸显，成为评估工艺档次、优劣的主要标准，其为他者服务的转向是本地区民族乡村工艺的地方记号被无限强化、放大，由此承担起文化交流、融合的文化功能。应当指出的是，那些在文化意义及艺术这两个层面上有地域性特征和较强民族特点的技艺，往往对城市文化和现代工业文明有较强的抵御力。于是，那些实用性低、艺术性强、民族文化意义浓郁的少数民族乡村传统工艺（如大理扎染布，贵州苗族的盛装，凉山彝族的漆艺，藏族的唐卡、佛像、面具等工艺）文化就抵御力强，保存较好；而那些实用性强、艺术性弱、文化意义淡的乡村传统工艺（如毛毡、油绸、沙酒、竹篾、丝线等传统工艺）则容易受到冲击。我们认为，云南少数民族乡村传统工艺的变异是一系列综合因素的结果，其关系可归结为：生存带来异文化追求，而商业化引起功利主义，技术行为则放大了工艺的民族性，文化的交融导致工艺技术的现代拼贴，在市场的扩大和规模化生产中催生了新的产业。

生活方式的改变，对云南少数民族乡村传统工艺产品的需求减少，直接导致了生产者数量的减少和相关技艺的衰退或变异，其中受到最严重挑战、变化最迅速的是前面提到的公众掌握型的技艺，如纺织工艺、食物加工工艺等。虽然这类技艺看似掌握者人数众多，然而当面对更轻便省力的新技艺的冲击的时候，人们要么放弃了需求日益减少的传统技艺，要么转而改学新技艺，致使这类技艺的掌握者迅速减少，最终成为仅有少数人群才能掌握的技艺类型。比如过去曾是贵州台江、雷山、凯里交界处巴拉河沿岸苗族妇女人人皆会的苗族刺绣中的双针锁绣技法已严重衰退，如今只有少数五六十岁的妇女掌握这种技艺了。

第二类是部分工匠掌握型的技艺。这类技艺是某些村庄中一部分人或某一家族世代掌握和传承的工艺技术，比如彝族的漆器工艺、白族的银饰工艺等，这类技艺的掌握者也只是某些村寨的匠人。又如苗族银饰，尽管每个苗家女性都会置备和使用，然而也非一次性制成完整的一套，要视家庭经济状况逐件地添置，过去许多贫困家庭的女性往往仅有银饰中的主要构件。

第三类是特殊工匠掌握型的技艺。这类技艺是仅为某些村庄中极少数人掌握的工艺技术，主要是为村内或民族内提供某些特别消费品。比如阿昌族的户撒刀技艺，如今只有项老赛等少数几个传承人。又如少数民族乐器制作技艺，尽管每一民族或地区都有自己特别的乐器和制作技艺（如德昂族的“丁琴”），然而使用乐器的毕竟只是少数人，有的甚至已经无人会使用，而乐器制作技艺掌握者人数更是稀少或者失传。

后两类技艺的传承方式，尽管具有明显的家族、代际或师徒传承特点，然而这类技艺却往往只限于某些村庄或某个家族人员所掌握，故可被视为专有谋生技艺，其技艺除具有保密性常伴有诸多禁忌和仪式。而对学习技艺者来说，他们中除了某些人属于指定性继承人也许因出于无奈非学不可外，绝大部分人出于个人喜好或者将其视为谋生技能而主动学习的。不过相当多的少数民族乡村传统工艺，现在都随着人们生产生活方式变化、需求减少导致学习者也在减少甚至失传。

2.云南少数民族乡村传统工艺文化变异的必然性。

从人类文明史的角度看，云南少数民族乡村传统工艺受现代城市文化的冲击是不可避免的，其衰退和变异也是不可避免的。因为这是农业文明向工业文明、乡村社会向城市社会、传统社会向现代社会转型的必然趋势。在这样的背景下，一方面要看到对云南少数民族乡村传统工艺文化不加区分的保护，或者说要让云南少数民族乡村传统工艺文化保持以前农业社会时的兴盛状况是不现实的，也是不可能的；另一方面也要看到，在这样的大趋势中，许多对人类有价值的云南少数民族乡村传统工艺文化也一并受到冲击，逐渐衰退，甚至消失。因此，选择其中重要的、有价值的加以保护就显得十分必要。

我们认为，一定程度上，变异是云南少数民族乡村传统文化在新形势下得以保留和发展的重要途径。社会在发展，产生和滋养文化的大环境发生了变化，文化本身要存在和发展就必须适应这种改变。实际上，作为云南各少数民族乡村文化主要特质的传统因素不会轻易从生活中消失，却会以改变的形式长期存在，云南各少数民族传统文化的繁荣也是在变异的基础上得到展示的。因此，变异是阻断云南少数民族乡村传统文化衰退的重要途径，同时也是促成云南少数民族乡村传统文化繁荣的前提。

## 二、正确引导云南少数民族乡村传统文化的变异

云南少数民族乡村传统文化经历了数千年的风雨，已积淀成为中华民族传统文化的重要组成部分，是活的历史，是云南各少数民族生存方式的表现，也是民族发展的重要支柱，可为民族的发展提供丰富的经济资源、政治资源、文化资源。改革开放以来，云南少数民族乡村传统文化得到相应挖掘、规范和推广，市场经济的推动，又在相当程度上解放了云南少数民族乡村传统文化所蕴含的商品性，旅游、商贸等经济活动对少数民族乡村传统文化的开发和利用使其获得繁荣与发展的良好机遇。然而，现代化过程必然伴随着对传统文化的冲击，这是世界现代历史和当代社会发展中极具普遍性的问题。

与现代化相适应的、与时俱进的变异将是云南少数民族乡村传统文化在新形势下得以保留和发展的惟一途径。社会在发展，产生和滋养文化的环境发生了变化，文化本身要存在和发展就要适应这种改变。云南少数民族乡村传统文化的繁荣多是在变异的基础上得到展示的，变异是阻断衰退的惟一途径，也是支撑繁荣的前提。如今，云南少数民族乡村正在由传统的自然经济迅速地向市场经济过渡，在自然经济基础上发展起来的、适应自然经济的少数民族乡村传统文化必须适应这种经济的变革，在变异中求生存与发展。

云南少数民族乡村传统文化的积极变异是文化适应的表现。我们应当正确加以引导，促使传统乡村文化的精髓与现代生活更好地结合，并赋予传统文化以新的生命力。比如传统工艺文化并非仅仅具有经济价值，它同时还具有科技、艺术、历史、文化等价值。因此，对传统工艺文化资源的合理开发，虽

然有利于有经济价值的传统工艺文化的保护，值得提倡、鼓励和支持，但它并不等于对传统工艺文化的总体保护。特别是对那些经济价值低但又有很高的科技价值或历史和文化价值的文化类型，则有必要采取措施实行专门的保护，并在深入研究的基础上处理好保护与开发的关系。引导变异应是追求健康的、为大众所喜爱的、积极向上的文化品位，决不可片面追求商品价值，甚至将糟粕当成精华来宣扬。

# 第三章　云南少数民族乡村传统文化保护的困境

前面对云南少数民族乡村传统文化的复兴、衰退和变异的表现和原因做了理论的辨析和整体的把握。我们认为，云南少数民族乡村文化如同其他文化遗产一样，更主要的还是如何处理好继承、保护和开发利用问题。人类社会发展到今天，各民族已经积累了无数优秀的民族传统文化遗产。这些传统文化之所以能够流传下来，说明它们具有与现实相关联的价值存在。“传统是文化的传统，它附着于社会的现实生活之上”[①]，与现代是紧密相连的，同时，从根本上讲，云南少数民族乡村传统文化就像人性，是永恒的，它对于抚慰人们的心灵无疑是一剂良药。在保护云南少数民族乡村传统文化的过程中，让乡村文化的主体从中得到实惠从而自觉意识到保护的重要性，让乡村文化的欣赏者也确实体验到其文化魅力，这就在传统和现代的关联中使遗产具有了当代意义和价值，同时也为少数民族乡村文化的出路找到了广阔的发展前景和无限的可能。客观地说，云南对少数民族乡村文化的保护、开发和利用虽早，但一定程度上讲尚未从传统文化的真正内涵上进行全面地开发、保护和利用，还未在社会效益和经济效益之间找到合理的平衡点。近年来，这种局面虽有所改变但还存在不少问题。

① 杨善民、韩锋：《文化哲学》，山东大学出版社，2002年，第265页。

## 第一节　云南少数民族乡村文化保护、开发和利用存在的问题

任何一个社会的稳定与发展，都离不开文化的调和与教化作用，而文化的调和与教化作用的发挥又离不开对传统民族文化的保护、继承与发展。因而传统民族文化不管是物质形式的还是非物质形式的，其存在和发展的目的取决于三方面：一是要传播，二是要传承，三是要发展创新。这三方面中前两方面归纳起来实际上就是美国学者罗杰·皮尔逊所谓的社会文化传播或传递的两种方式：横向的“文化扩散”和纵向的“社会遗传”①。当前人创造的民族文化经一定的手段和方式横向地“从一个群体传至另一个群体，从一个社会传入另一个社会时”，或者“在同一社会内部从一代传至另一代时”，其民族文化的价值就得到了部分的体现；不过，价值的部分体现毕竟还不够，如果仅停留在这一层次，人类就将停滞不前。因此，当面对城市化进程大提速的环境时，我们必须对少数民族乡村传统文化进行合理的整合和创新。套用一句较为现代的术语，这种整合和创新就是对少数民族乡村传统文化的调适和现代转换。这种调适、整合和创新必须是审慎的，既要创新，又不能“越位”，如此一来，传承、保护和开发、创新之间的“度”的把握就显得尤为关键。云南近年来在少数民族乡村文化传承、保护和开发、创新方面虽然取得了让人瞩目的成绩，同时也不可避免地存在着一些问题。这些问题集中体现在以下几个方面。

### 一、保护意识淡薄

举个例子，2006年6月1日，国务院在中央政府门户网上

① 冯利、覃光广：《当代国外文化学研究》，中央民族学院出版社，1986年，第159页。

发出通知，公布中国第一批共计518项国家级非物质文化遗产名录，此后全国兴起了一股非物质文化遗产保护热，各种媒体纷纷报道。令人遗憾的是，云南在这方面的报道、宣传相当有限，要知道，第一批共计518项国家级非物质文化遗产名录中云南占了31项（其中30项属于少数民族乡村文化遗产）。这一定程度上反映出云南省媒体、民众对少数民族乡村文化中的非物质文化遗产保护、开发意识的淡薄。不过这并不奇怪，因为云南省乃至全国的非物质文化遗产保护工作，像世界上的很多国家一样，都是以政府为主导的①。因此，只有不断提高社会公众的参与意识，形成全社会主动参与保护少数民族乡村文化的自觉性，才是实现保护目标并持久做好保护工作的根本。从这个角度讲，公众参与保护的程度，从根本上决定着少数民族乡村文化的命运，只有其在公众中呈现旺盛的生命状态，才是这一保护的最高境界，实际上世界上一些实施非物质文化遗产保护时间较长、成效较显著的国家（如日本、韩国等）也都把唤起民众的广泛参与作为实施保护的一项重要内容。因此，我们衷心希望通过“文化遗产日”的设立能够由政府进行广泛的宣传、动员，从而在全省民众间真正唤起全民保护少数民族乡村文化的文化自觉，多点理解，少点误解，进而使少数民族在文化自卑与文化自满间找到文化自信。

保护意识淡薄的另一个表现是，现在全国很多地方都开始异常重视非物质文化遗产和自然遗产，但多热衷于申报国家级，认为某项文化遗产申报成功，不仅能提高知名度，还能获得经费支持，创造经济利益。事实上，多数地方政府仅把“申遗”当作一种经济行为，也就是以“保护”之名行“生财”之实，有的甚至打着保护的旗号对文化进行破坏。

① 王文章.《形成广泛参与非物质文化遗产保护的文化自觉》，原载《光明日报》，2007-6-9，第3版。

## 二、对保护、开发的认识有错误，不能正确认识、处理民族乡村文化的“优”与“劣”、先进与落后、精华与糟粕的关系

对于少数民族乡村文化来说，怎样看待其“优”与“劣”、先进与落后、精华与糟粕？在许多人看来，欠发达地区的文化和少数民族乡村文化是“落后”的，理所应当被比它“先进”的文化所取代。甚至在很多人的潜意识里存在着这样几个公式：西方文化>汉族文化>少数民族乡村文化；强势文化=先进文化=城市文化，弱势文化=落后文化=少数民族乡村文化。在前一个公式里，“大于”符号的含义即“先进于”。其实，关于少数民族乡村文化的“先进”与“落后”的辨别是一个相当复杂的问题，其复杂性首先在于“文化”这个概念的复杂性、多义性及其内涵与外延的不确定性。更重要的是很多人在认识问题时头脑简单、思维单纯，总试图用“精华糟粕二元论”这一直线式的判断标准来裁决和审视我们有着几千年历史的少数民族乡村文化。

实际上，一种少数民族乡村文化的产生与存在，既与相关的生产方式、生产力的发展水平有关，也与产生这种文化的土壤与背景——包括民族、地域的独特生活方式、文化传统、文化心理、审美原则、风俗习惯有关，在所谓的“精华”“糟粕”之间还存在着大量的“精华”与“糟粕”并存并生的文化，存在着大量的在某个文化体系里被视为“糟粕”而在另一个文化体系里被视为“精华”的文化。应该强调的是，人类的认识水平总是在不断变化、更新的，其审美判断标准也总是处在不断变化中，我们过去的一些价值判断标准在今天被认为是错误的，今天的价值标准也不能保证不在明天被后人纠正，更何况对有些文化现象的价值判断随着时间的推移常伴有有“返古”的倾向，比如对“唐装”“四旧”的重新认识等等。总之，我们不能仅仅以生产力的发展水平及其物质生活的发达程

度来判断某种少数民族乡村文化现象的“先进”与“落后”，更不能以我们自己的审美原则和审美习惯来衡量完全与我们所处的不同文化环境中产生的文化现象。比如“三寸金莲”已经完全被历史所淘汰，但它毕竟是那个时代的审美产物。作为少数民族乡村文化，也有类似于这样符合民族审美的文化现象，像对傣族、独龙族的文面和黎族的文身我们应该怎么理解？我们今天认为天足比缠足美丽，是出于我们今天的审美观。但我们不能简单地认为，凡是对人的身体造成伤害甚至畸形的文化现象就都是丑陋的、不合理的、应该谴责的。实际上，无论是在历史中还是在现实生活中，人类为了寄托自己的灵魂或追求自己心目中的美丽而不惜伤害自身肉体的特殊文化现象是一种普遍的存在。在我国古代的典籍中，范晔的《后汉书·西南夷列传》、樊绰的《蛮书》及后来的《百夷传》《滇志》《西南夷风土记》《皇清职贡图》均记载了傣族文身的习俗，范成大的《桂海虞衡志》记载了黎族文身的历史……在西方，英国人类学家弗雷泽在《金枝》一书中也曾说过，原始人文身“是为了要同一个动物，一个精灵，或其他强有力的神物，建立某种相互感应关系，以便使人把自己的灵魂或灵魂的某些部分安全地寄存在对方身上，而且又能从对方身上获得神奇力量”[①]。人们能否接受这种“美丽”，常常仅是一种对“度”的个性化把握和对“美”的主观感受，由于深受时代的局限和制约，因而很难在理论上具有普世意义的清晰界限和公认的原则，但对文身现象的部分价值的认同却是不可否认的，如文身是研究原始艺术特别是人体装饰艺术的实证材料，是研究成年礼仪及婚姻制度的实证材料，是研究原始宗教信仰的实证材料，是研究各民族审美意识和价值观念的实证材料，是研究各民族生存环

① 参看[英]詹姆斯·乔治·弗雷泽：《金枝·死亡与复活的仪礼》，徐育新、汪培基、张泽石译，新世界出版社，2006年。

境和生产方式的实证材料[①]。

实际上，值得我们注意的是，这些文化现象的主体民族是如何看待这一现象的。黎族是这样描述黎族“文身”的：“历经几千年而不断延续下来的文身，是黎族一笔极其宝贵的文化遗产。文身是黎族历史上氏族的凝聚符号，特别是与外族人发生战争时，文身、服饰就是‘自己人’最鲜明的标志。文身也是图腾崇拜的象征，成人的符号。刻在身上这些不同纹饰构成的图案中，包含着各种对生命的祈求，对幸福的盼望，对灾难的回避等内容，是黎族生命的综合体。文身是黎族历史上最壮观的文化现象，但随着时代的发展，黎族文身必将完全消失。”[②]面对这“历史上最壮观的文化现象”的必然消失，人们可以黯然神伤，甚至可以鼓掌叫好；对不同少数民族乡村文化的不同文化现象，人们可以喜欢、理解，甚至可以不喜欢、不理解。但无论如何，我们却不能不对另一种文化持有一种最起码的尊重，因为这不仅仅是礼貌问题，而且是现代社会中不同民族、不同文化和谐相处的准则，我们只有对不同少数民族乡村文化进行承认和肯定，方能支持各种创作从而建立各种文化间的真正对话。

### 三、对民族乡村文化资源的保护、开发缺乏整体的宏观把握，保护面比较窄，群众关注度不高，媒体宣传不够

这个结论包含两重意思。一是对云南少数民族乡村文化资源保护和开发布局的宏观把握不够，保护、开发是否最有效跟布局是否合理很有关系，而布局的确立又应当依据交通组织、区位优势、民族历史文化的特点等来定，但现有的保护、开发状况却是处处雷同、重复建设，因而无法形成合理而有效的空

① 刘军：《文身——亟待保存和研究的物质性非物质文化遗产》，原载《中央民族大学学报》（哲社版），2006（1）。

② 王雪萍主编：《中国黎族》，民族出版社，2004年，第210页。

间布局。二是对云南少数民族乡村文化资源的总体价值缺乏宏观把握，因而开发的程度不高。关于少数民族乡村文化保护，媒体往往将关注点聚焦在政府、专家层面上做文章，而事实上只有通过课堂教育、少数民族乡村文化保护成果展等多种途径，才可以让民众对少数民族乡村文化保护参与的热情空前高涨，从而唤醒民众意识，使文化保护事业变成每一个公民的自觉行动。一项少数民族乡村文化要得以保护，需要全民参与，更要保护这个文化遗产的生态。有句话说："活鱼是要在水中看的。"随着城市化进程加快，社会变迁使得人们的观念发生了改变，少数民族乡村文化正受到强势城市文化的冲击。我们通过对少数民族乡村文化的解读和保护，能够了解其先民是以怎样的智慧来应对挑战和困难的。少数民族乡村民众在生活实践中不仅创造了许多有实用价值的知识，还创造了许多有审美价值的精神产品，让精神得到陶冶，境界得以提升。中华民族是一个有多元一体文化的民族，是一个非常有内涵的民族，如此说不仅指我们能发明铁犁，制作出镰刀来，也指我们有各种优美的音乐，有风格各异的舞蹈等等……比如"山歌"，曾经有那样一些人在那样的环境下，从内心深处生发出了《小河淌水》那样优美的旋律。他们的生活除了艰苦的劳作，还有心灵的愉悦，有美的旋律。然而在物质主义、拜金主义盛行的今天，人们往往却忘记了人类之所以区别于其他动物的最大不同在于：人类是文化动物，人类有精神世界。

## 四、对民族乡村文化传承人的关心、帮助不够

少数民族乡村文化保护千头万绪，非如此，难免治丝益棼。"皮之不存，毛将焉附？"少数民族乡村文化"传承人"是最基本的文化载体。黑格尔说过："中国有最完整的国史。"这里所说的"国史"既含汗牛充栋的文史典籍，还包括以"传承人"为代表的普通民众（包括汉族和各少数民族）的

文化创造，姑且以“最完整”称之。“传承人”既是创造我国数千年文化大军中的精英，又是异彩纷呈的少数民族乡村文化的重要载体。应该说，少数民族乡村文化尤其是非物质文化的成果，主要靠“传承人”世代口传身授赓续不辍，方能得以传世。从此意义讲，“传承人”无疑堪称活态的乡村民间文化瑰宝。纳西族东巴、彝族毕摩、傣族波占、怒族达施、拉祜族安占、景颇族斋瓦、基诺族白腊泡等，他们无不身怀本民族珍奇而丰富的文化遗产宝藏。基于此，我们一直主张除“精神、物质、行为、制度”四大文化层外，还应加上“特殊文化层”——“人才文化”，或曰“传承人文化”。这一能动性“文化层”，对整个少数民族乡村文化，无论是自然繁衍还是人为保存，都具有重要的乃至决定性的作用。

毋庸讳言，出于种种原由，时下少数民族乡村文化“传承人”保护问题实在严峻：一是数量、分布及“传承”潜力等诸多不明；二是不少“传承”经年中断，且后继乏人。例如截至2006年，云南省命名的461个乡村民间艺人中已有30个人离开了我们，他们的故去，从某种侧面代表着某种少数民族乡村文化的消失。故此，云南省少数民族乡村文化保护的“切入点”似应首先在大普查，而非一般“查”，更非个别“查”，离开“大普查”，那就根本不会有“集成”（全面保护）！这个“大普查”要突出两“大”。一要“大”在“传承人”所传“文”类之全。以少数民族乡村民间工艺而论，诸如造纸、刺绣、挑花、蜡染、纺织、编织、佛画、油塑、雕塑、制陶、皮革、骨器、银器、铜器、石器、玉器、漆器、竹器、木器、乐器以及剪纸、灯彩、瓦窑等等，是“艺”必查，查而尽录。二是“大”在“传承人”的“人”类之广。举凡讲古文才、歌王舞手、巧匠能工乃至神巫庙祝……所有少数民族乡村文化的“传承人”（含已辞世的）都要进行通查并立档妥存。将“传承人”列为切入点，既因少数民族乡村文化门类本身特点所致，也是当前少数民族乡村文化保护的急迫形势使然。

眼下全球经济一体化和城市化的滚滚洪流，对少数民族乡村传统文化冲击太猛，而其“传承人”大多年事已高、余年苦短，若不先行“切入”，只恐时不待人。当务之急，要急在“有效保护”，要火速制订、落实相应的有效保护措施。要扭转前面我们提到的过去存在的那种只注重申报、补贴和开发而不注重保护和传承的受众面，甚至区别对待的歧视性做法。我们希望在对传承人进行认定时多一点理解和宽容，因为传承人有限且多年事高，随着民间精英的流失和民间文化大师的消失，目前分布在云南乃至全国广袤民间的各种乡村绝活绝学已经在真正地向“绝”的方向发展。而大到一种文化，小到一种技艺的流传，之所以濒临消失，其实很大程度上是因为我们没有形成一套真正有效的激励机制来保障它，而所谓的保护更多的只是普查、记录、公布或对老艺人命名并“适当”（实为象征性）补贴，而缺乏整体性、活态性、受众面的保护，因而无法形成有人教、有人学的良性机制。

## 五、保护、开发过程中商业化味道浓，存在以旅游代替保护、以商业化代替研发、保护的认识和做法

文化产业对少数民族乡村文化的保护和开发来说是把双刃剑。就目前而言，云南省乃至全国在少数民族乡村文化的保护中的政策或做法确实有些令人担忧：一些人或地方将少数民族乡村文化商品化、碎片化、拼盘化（如有些地方把当地老百姓用来祈祷、祭祀的实用傩戏表演化），或者将少数民族乡村文化非民间化（如将民间老艺人集中起来培训或者将民间艺术演出形式舞台化）等，这种产业化的运作实际上是在加速少数民族乡村文化的消亡，同时也是对少数民族乡村文化保护、发展原则的一种误解。

事实上，少数民族乡村文化中的一部分确实比较容易被

商业化，比如白族扎染工艺品，它本身是人类精巧手艺和审美观的体现。旅游者走到大理，走过白族村镇，总愿意买些民族工艺品带回去作为旅游纪念，于是，一些民族文化商品化了。其实，我们还不太担心这种商品化，而是比较害怕商业集团的介入和参与。那些抱着牟利动机的所谓开发少数民族乡村文化，从短期看也可能给当地老百姓在经济上带来些许好处，但更多的好处是到了利益集团手里。最严重的是，它把少数民族乡村文化中最美好的文化给表面化、庸俗化和商业化了。其对少数民族乡村经济、社会、文化变迁造成的冲击和影响是多样化的。一方面，通过民族乡村旅游业的发展使得乡村逐渐同国际国内其他地区一道加入了国际化进程，并在与游客的交流、接触中强化了对自身民族乡村文化的认同，进而使得民族乡村文化得以恢复、重建、复制、再造和创新；另一方面，随着旅游业的深入发展，民族乡村文化真实性面临着遭到扭曲、异化的危险。可以想象一下，一个少数民族乡村歌手（如民族村内的演员），当他（她）每天对着观众职业性地微笑、职业性地唱那些情歌，那和他们在平时所唱的那种发自内心的情感和艺术冲动中的歌决不会一样。让人比较担心的是，这实际上是在对某一少数民族乡村文化面貌进行长期的、彻头彻尾的商业化改造，也难怪我国已故民族学家宋蜀华先生发出了令人深省的感叹："在经济一体化的浪潮中，保护民族文化（包括口头和非物质文化）尤其是人数少的群体的文化，这是十分紧迫的工作，行将消亡的更需要抢救。保护一个民族的文化，就是保护该民族自身，其重要性不言而喻。保护和抢救工作既是该民族，同时也是人类的共同任务。"[①]此种情形，正如美国学者佛克斯（Fox）所言："旅游业像一把火，它可以煮熟你的饭，

① 宋蜀华：《从民族学视角论抢救中国少数民族文化艺术遗产在抢救和保护中的地位》，转引自中央艺术研究院编《人类口头和非物质文化遗产抢救与保护国际学术研讨会》，2002年。

也可以烧掉你的屋。”[①]

## 六、保护、开发形式存在单一性、片面性，造成过多讲究整体性而欠缺个性化考虑，保护、开发特点不突出

社会上有这样一个观点：“我们保护文化遗产的目的就是最终让它们进博物馆；如果是这样，我们不必以很沉痛的心情去大声呼吁濒危。”事实上，单纯讲究保护整体性，特定文化存在的条件没有了，那也就只能标本化。文化是不可能再生的，少数民族乡村文化尤其如此。博物馆其实就是一个保存文化遗产样本的场所。我们为什么保护少数民族乡村文化？从更长远的意义上讲，它是为了我们能够更好地走明天的路。目前，云南对少数民族乡村文化的保护、开发活动多集中在少数民族历史文化传统维系的层面，较少考虑传统在各相关法规许可的范围内的利用、创新，也较少考虑利用乡村文化的突出特点和优势，促进在乡村的原生环境中进行逼真地保护、开发，或者仅仅是将其放进博物馆了事，以为进了博物馆就算是保护了。实际上，一定程度上，“把文化放进了博物馆，等于宣布了一种文化的死亡”[②]。须知，文化是活的，并非死水一潭，况且云南各少数民族历史文化的差异性本身就极富特点，因而少数民族乡村文化的保护、开发必须着意加以突出的体现，但在开发的实际中，却存在到处都是盖庙、建房子、看民族歌舞的雷同，显得极为单调，工艺技术的保护和工艺品的出售也全都是些相似的品种，由此造成云南少数民族乡村文化资源的浪费。

现有的保护、开发形式主要是采取直接展示，而且在程度

---

① 转引自王国祥：《民族旅游地区保护与开发互动机制探索——云南省邱北县仙人洞彝族文化生态村个案研究》，原载《云南社会科学》，2003（2）。

② 马小宁：《文化不应放入博物馆——访哈佛大学肯尼迪行政学院亚洲部主任塞奇教授》，原载《人民日报》，2001-1-20。

上不进行分层。虽然这是忠实于历史遗传和民族乡村文化的真实，具有可直接观察体悟的优势，但没有创造一种自然的愉悦气氛，容易导致资源的有效开发受到影响；同时，忽视了资源享用者目的、动机和自身文化素养的差异，而是以资源享用者的目的、动机、认知水平一致为潜在前提，导致资源享用者的不同需求得不到充分满足为终结。这样一来，会导致少数民族乡村文化资源缺乏参与性。可以说，除了民族歌舞、饮食、服饰等项目外，云南现有的少数民族乡村文化保护、开发手段，只能让资源享用者仅仅通过认识、价值判断等精神层面的思维活动与开发的资源进行精神境界中的默默交流，而不能通过活动和少数民族乡村文化的动作性演示参与其中，从而造成少数民族乡村文化资源与趣味性无缘，以至缺乏长久的吸引力。

## 七、民族乡村文化流失惨重，一些乡村的文化遗产遭到国外掠夺性抢购

一个社会在发展过程中会面临各种各样的问题。比如如果我们跑到周边国家去，廉价买回了别国的名贵木材、宝石、玉器，对此你会怎么评论？道理是一样的。你还没有这个眼光，没有这个觉悟的时候，你就不能杜绝这种现象的发生。当民众的文明达到一定程度，知识教养、文化水平达到一定程度，就会在社会内部建立起一个健康有效的文化保护机制。这跟整个社会的文化培养有关，跟一个社会的文化自觉意识有关。目前云南乃至全国少数民族地区乡村有大量的民族文化资源流失到国外，而且这种情况还相当严重："一些外国商人借商贸、旅游、学术交流机会进入我国民族地区，大量采集、收购、记录和使用少数民族民间文学艺术，甚至通过非法渠道买卖少数民族文物，形成了一股文化资源掠夺潮。在西南、东北等少数民族文化传统丰富的地区，许多外国人深入村寨，低价收购民族服装、头饰、配饰，而且有的专门收购年代久远的工艺品，或

者收录歌曲、舞蹈等民间艺术，制作成光盘或出版作为自己的研究成果。”[1]此情况在云南较为突出，如苗族刺绣、独龙毯均遭到国外掠夺性抢购。云南省民族博物馆曾经要征集一套比较原汁原味的、材料是手工做的、刺绣是手工刺绣的、文化内涵有本民族的特色的苗族服饰都已经很困难了。云南省民族博物馆副馆长普卫华说：“现在虽然我们在不断尽力的收集，但是有些东西还是不断在流失，比如一些国外的机构每年，他们都到云南来收集、收购少数民族非常好的东西。”

## 八、民族乡村文化保护、开发中存在宗教化倾向

少数民族乡村文化保护的宗教化是指在对遗产发掘、整理、研究、开发的过程中，诸如把白族传统文化纳入“本主文化”名下，把傣族文化纳入“贝叶文化”名下，把彝族文化纳入“毕摩文化”名下，把纳西族文化纳入“东巴文化”名下，如此等等，进而要求承认这些少数民族宗教的合法地位，保证和完善少数民族宗教的组织活动。从本质上说，这是少数民族乡村文化在当代适应过程中出现的一种强调民族宗教对少数民族乡村文化的整合、标识作用，进而适应社会主义精神文明建设的制度化、规范化改造和完善的文化变迁意向，本来无可厚非，但由于保存状况和认识原因所致，现在整理的少数民族古籍资源是以宗教性文化内涵为主，并尝试要求承认这些少数民族宗教的合法地位，保证和完善少数民族宗教的组织活动正常进行，这就势必会影响乡村文化保护、开发的社会效益和对宗教古籍中建筑工艺、书画艺术等方面的把握。因而一定程度上讲，这种宗教化倾向是一种较为保守的当代应变动向，应该引起高度重视。

---

① 王鹤云：《浅论保护中国少数民族民间文学艺术的有效方式》，载张庆善主编：《中国少数民族艺术遗产保护及当代艺术发展国际学术研讨会论文集》，文化艺术出版社，2004年，第522页。

但实际上，要把云南少数民族乡村文化中的宗教成分完全剔除，不仅是违反文化发展规律的，而且也是不可能的，因为宗教、科学和艺术都是人类各民族文化的共同构成因素，它们一经产生就从各自领域发挥着各自的功能，许多神秘的因素也渗透杂糅进了口头文学、神话、表演艺术和手工技艺中，并形成一个不可分割的少数民族乡村文化整体，那些试图保留纯而又纯没有丝毫宗教神秘因素的少数民族乡村文化的想法只不过是一种不切实际的幻想。李亦园先生曾说过："人类必须创造一些东西，一方面表达自己的感情，一方面又因为这些表达的创造又倒过来安慰我们自己。这些表达如文字、音乐、艺术、思想等即是不同的精神文化，而且更重要的也包括宗教。"① 尽管在科学、理性、知识昌明的今天，绝大多数人们都已经认识到宗教的非科学性，但宗教仍然有其部分存在的合理价值，如给那些需要的人以心理满足和抚慰、如聚集人心、如协调人际关系等等。关于这点，我们认为马林诺夫斯基说过的一段话对我们今天保护、开发云南少数民族乡村文化仍然具有重要的认识和指导价值。他说："无论有多少知识和科学能帮助人满足他的需要，它们总是有限度的。人事中有一片广大的领域，非科学所能用武之地。它不能消除疾病和腐朽，它不能抵抗死亡，它不能有效地增加人和环境的和谐，它更不能确立人和人之间的良好关系。这领域永远是在科学支配之外，它是属于宗教的范围……不论已经昌明的或尚属原始的科学，它并不能完全支配机遇，消灭意外，及预测自然事变中仍然的遭遇。它不能使人类的工作都适合于实际的需要及得到可靠的成效。在这领域中欲发生一种具有实用目的的特殊仪式活动，在人类学中

① 李亦园：《田野图像——我的人类学研究生崖》，山东画报出版社，1999年，第71页。

总称作'巫术'。"[①]从这段话中，我们可以明白一点，即不管人类的科学和理性如何进步，都无法解决人类遇到的所有问题，也就是"人事中有一片广大的领域，非科学所能用武之地"，而这一片科学不能用武之地，就是艺术、宗教、巫术等大显身手之地。因此，尽管《保护非物质文化遗产公约》并没有明文将那些鬼神信仰、巫术等蒙昧精神文化部分列入保护对象，但这并不说明鬼神信仰（包括祖先崇拜等）、巫术迷信等神秘文化不属于人类的非物质遗产，恰恰相反，这类现象仍然会在一定时间内在一定的人群中发生作用。

## 九、过度商业化开发导致民族乡村文化"失真"或成"伪民俗"

自然景观的美是天设地造的，人文景观的美是自然、纯朴、本真的，云南少数民族乡村文化的魅力与价值来自它的自然和本真。民俗文化旅游，是当今国际旅游业一道绚丽的风景线，世界著名的旅游胜地对此无不重视。近些年来，我国各地也兴起了一股民俗文化旅游的热潮，以此拉动地方经济发展，云南也不例外。但在这背后却隐藏着一股"伪民俗"的暗流。在2011年12月中旬举办的全国非物质文化遗产保护工作会议上，文化部副部长王文章指出，在文化遗产的保护和利用中，要充分尊重文化遗产的文化价值和特定内涵，坚决制止"伪民俗"。[②]与历史真实的真民俗不同，"伪民俗"是指东拼西凑，胡乱包装，瞎编乱造的民俗物及硬贴上去的各式解说、民俗传说、故事等等。"伪民俗"完全不顾少数民族乡村文化的质朴风格和地域特色，是对少数民族乡村文化的掠夺式开发。如果任其发展下去，必将使少数民族乡村文化遭到破坏，进而失去吸引力和生命力。

---

① [英]马林诺夫斯基：《文化论》，费孝通译，中国民间文艺出版社，1987年，第73~75页

② 见《新华网》，2011-12-11。

城市化背景下，以云南少数民族乡村文化为主导的乡村旅游业是一项很有经济效益的产业，常被当地乡村作为吸引游客、发展乡镇旅游业的金字招牌。但是由于缺乏正确引导和约束，乡村文化往往更多地被当地政府官员、乡民或商家当作赚取利益的幌子。在经济利益和政绩的推动下，一些政府官员在所谓的“文化商人”的建议下，越俎代庖，利用自己手中的权力，不是抱着保护与传承的思想，而是以一种“做给别人看”的心态来打造乡村文化，对其进行破坏性的商业包装，用表演的方式制造“伪民俗”，迎合游客的猎奇心理，致使其缺了原来意义上的乡村民族文化变色、变味。

例如大理的“五朵金花”通过和游客合影来收取小费；丽江泸沽湖的摩梭姑娘通过和游客“调情”表演收取小费；西双版纳的橄榄坝“泼水节”每天例行商演；许多少数民族乡村所谓的民族风味餐馆、茶室也往往都是外来商家按照自身理解以及市场需要而开设，空有外形没有内涵，而偶尔说几句民族语言的导游乃至表演民族歌舞的姑娘和小伙，也大多是汉族人穿上民族服装假扮的。又如泸沽湖畔的“摩梭女儿国”是“茶马古道”上的重要驿站。如今，田野上的摩梭村寨，被旅游开发者竖立起一道道标新立异的“村标”:为表示某村还有巫师达巴，就将放大的巫师法鼓、法螺等悬挂在村头作为“村标”，而按照传统古规，这些神器是不能随便挂在村头的；为表示当地有“阿夏走访婚”习俗，就在某村村头以“阿夏花楼”的窗子作为村标。这些画蛇添足的摆设让人有进入都市中人造“民族村”的感觉。真实自然的摩梭村寨难道需要加上这样的商标才能吸引游客?……在大理、西双版纳等地的旅游景点类似上述情况的“伪民俗”也存在。

**【案例12】云南西双版纳傣族自治州一个展示克木人生活景区的“伪民俗”**

克木人是我国一个特殊的跨境群体，共有3 000多人，和红河州的莽人一样是我国当前少数民族特困群众中最困难的群体。新中国成立以前，克木人尚处在原始社会末期向奴隶社会过渡阶段，过着游耕生活，因此鲜为人知，如今他们已经被云南省政府划归为布朗族。2008年年初，胡锦涛总书记、温家宝总理就云南莽人和克木人的经济、社会发展问题做出重要指示，要求有关部门尽快帮助解决莽人、克木人的生产生活困难和发展问题。克木人和云南的其他少数民族一样，有自己的语言，接受过教育，并在政府的帮助下发展家庭养殖业，解决了温饱问题，在保留自己特色民族文化[①]的基础上逐步过上了现代生活，而游客在景区看到的则是一幅被严重歪曲的图景。一进克木人生活展示区大门，游客就会看到一些衣着暴露、嗷嗷直叫却不知所云的"克木人"。他们像一群野人一样表演吐火，用舌头舔烧红的烙铁，表演结束后就指着啤酒让游客给他们买啤酒，实质上是向游客"讨小费"。导游说，他们都是居住在深山的克木人，不会说普通话，白天在景区工作，晚上回到自己的住处。事实是，这些"克木人"只是景区请人扮演的，克木人的真实生活状况早已不是如此。

克木人生活展示景区是"伪民俗"的真实案例。它不仅没有让游客了解到真实的克木人的历史、现状和独特文化，反而牵强附会地把克木人塑造成"不会说话、拥有异能、蛮横强壮"的"野人"形象。这些"伪民俗"实质上是对少数民族乡村文化的一种丑化和矮化，极大地伤害了少数民族乡村文化，也伤害了民族感情，是对游客的误导，它们用最恶劣的手段掏空了少数民族乡村民俗文化的久远内蕴，用无耻的复制、抄袭和极端贫乏的想象、空洞与乏味，轻而易举地消磨了在历史长河中如蚌磨珠那样孕育出的古老民俗的崇高价值。

---

① 参看王国祥：《西双版纳雨林中的克木人》，云南教育出版社，2009年。课题组成员李旭作为该书责编曾写过书评，介绍克木人传统文化的现状和演变。

类似上述的伪民俗案例，在当下云南乃至中国并非个案。伴随着城市化时代的来临，少数民族乡村民俗文化才骤不及防地遭遇了如此无情的开发和利用。当下，那些原本像五脏六腑一样，敛纳着每一个民族生命之气的祭礼仪式与节日庆典，是如何被掏去了历史记忆与祖先情感，最终变成了一场场没心没肺的广场展演？那些原本像丹田元气一样地运行着一个民族的文化气脉的仪式与典礼，最终如何被抽空了伦理价值与道德内核，变成了一个个大红大绿的旅游节日？事实上，与少数民族乡村文化中民俗精神势不两立的商业化的“伪民俗”，只揣着一个浅薄的图谋：以资本打造出来的人造物，横空截入历史的肌体之中，以冒充历史的身份盗用民俗，将耗费巨额时光成本而积聚起的如海一般深厚民俗价值变成利润。人类用它几千年的蹉跎化育了民俗，商业化只消几年就可以把它消解一空。当下的低级“伪民俗”最可惧的地方在于它用甚嚣尘上的表层文化多样性，手刃了民间原有的生生不息的文化生产机制；在于它用垄断的、冷硬的商品价值观，不出声地大规模扫荡并碾碎原本活着的民俗文化躯体，让纷飞的文化碎片无从聚合，从而令乡村文化的肌体失血、贫血、孱弱、衰竭……

民俗不是不可以开发，关键在于如何开发。“民俗旅游”也好，“历史故里”招商也好，都必须实事求是，遵循起码的文化品格，尽力保持民俗的真实性和本原性。否则，只会成为闹剧，败坏民俗的趣味和内在价值，使之成为虚假的风景。此外，作为少数民族乡村传统文化的重要组成部分，民俗中有精华也有糟粕，我们需要批判地继承，科学地保护，防止其变味变质。如何既保护好民俗的“原生态”，又能适度开发，同时杜绝“伪民俗”，是一个需要认真思考的问题！我国知名历史学家章开沅曾不无忧虑地说：“有些文化是不能开发的，而是需要保护。文化资源开发不能过度或者使用不当。”然而，现在许多地方却是用华丽的“官俗”取代质朴的民俗，拿矫揉造作的“伪民俗”取代纯真无邪的真遗产，从而使保存有大量少数民族乡村传统文化基因的遗产遭到人为的全面破坏。而这不只是对少数民族乡村传统文化的践踏，更是对中华民族渊源历史文化精神的粗暴亵渎，这是我们整个中华民族文化的悲哀！鲁迅先生曾在《致姚克》中对姚克说：“歌、诗、词、曲，我以为原是民间物，文人取为己有，越做越难懂，弄得变成僵石，他们就又去取一样，又来慢慢的绞死它。”鲁迅先生这里所说的是中国历史上文人士大夫破坏民间文化的一般规律，但实际上这也恰恰点出了当前云南等地少数民族乡村文化保护与传承中所存在的问题。不一样的是，少数民族乡村民间传统文化的破坏者在今天换成了某些官员及其聘请来的商人、导演、画家或是什么文人。正是他们在权力的要求下，在金钱的驱使下，在发展经济的理由中，凭借着自己的个人好恶，将一件件“民间物”爽快大方地拿来，又一件件地无情地将其绞死。

少数民族乡村文化过多地被用于商业用途，沦为商家揽客敛财的噱头，表现的大多是乡村文化的表象而非实质，有些甚至远离其文化的宗旨和内涵，失去了原有的民族文化精髓，不但没有对文化起到保护和弘扬的作用，反而还扭曲乡村文化，误导人们对乡村文化的正确认识，最终只会导致乡村文化的退化、变异甚至消亡。少数民族乡村民俗文化旅游如果想要实现可持续发展，必须摒弃“出奇制胜”的捷径心理，必须回归乡村文化的真实，在文化的保护和利用中，要充分尊重其文化价值和特定内涵，坚决制止“伪民俗”，踏踏实实地沉入到少数民族乡村民俗文化的内核，挖掘其精华，展现其本质，这样的民俗文化旅游方能经得起时间考验，吸引游客一来再来。

今天，各地都提出发展旅游振兴当地经济，但需要提醒政府部门、少数民族乡民和旅游开发者，不要随意地对一切天然和文明遗址旧器打扮涂抹，要先花一番工夫读懂它的精髓价值之所在。别人慕名来少数民族乡村旅游，是冲着少数民族乡村文化而来，但如果任其被“伪民俗”文化或某种说不出有多少魅力和价值的文化置换掉，以后人家还会有兴趣来吗？一个少数民族乡村自身总要保留一些能让游客肃然起敬的特色文化，最理想的发展方式是原住乡民有较强的自我组织和自我认同意识，并通过与学者和各方面的交流，还有和外来移民和旅人、游客中那些真正有责任感和热情想帮助本地人一起保护传承好地方文化的人齐心协力，平衡经济发展与文化保护之间的关系。为此，决策者在政策制度上要加强少数民族乡村文化的产业化管理，重视对少数民族乡村文化的保护与发展，对少数民族乡村文化产业化发展加强宏观调控，制定可行的战略规划，加强民族文化的市场管理，把握民族文化消费的性质和方向，鼓励和倡导内容健康、形式多样的民族文化产品和服务，满足人们多层次、多方面日益增长的文化需要。对旅游开发者而言，要严厉约束少数民族乡村文化的庸俗商业化行为，杜绝歪曲民族文化风貌的现象，防止少数民族乡村文化在城市化进程中遭到无法挽回的破坏和污染。对少数民族地区乡民而言，要加强培养自身对少数民族乡村文化的民族自信心和自豪感，采取由乡民在发展的目标设定、道路选择、资源调配等环节上自主发展的方式，引导与鼓励其成员尤其是年轻一代，积极投身于少数民族乡村文化的传承与弘扬事业上。毕竟，少数民族乡民对自己文化的重视程度，是乡村传统文化能否得到保护与发展的关键所在。

以上所举问题还无法穷尽当前云南在少数民族乡村文化保护和开发方面存在的所有问题，但无论是决策者、研究者还是文化的所属主体都应该意识到一点：必须处理好保护和开发的关系，不能竭泽而渔。

## 第二节　云南少数民族乡村传统文化保护存在问题的原因分析

本节主要探讨城市化进程中云南少数民族乡村文化保护存在问题的原因，并对城市化背景下少数民族乡村文化权利本身具有的一些特质加以分析。

### 一、城市化进程的双面冲击

1949年，云南城镇化水平仅为4.8%。1982~1990年，全省城镇人口从421万人增加到551万人，年均增加16.2万人；城镇化水平从12.96%上升到14.91%，年均上升0.24个百分点。1990~2000年，全省城镇人口从551万人增加到990万人，年均增加43.9万人；城镇化水平从14.91%上升到23.38%，年均上升0.85个百分点。2000~2008年，全省城镇人口990万人增加到1 499万人，年均增加63.1万人；城镇化水平从23.4%上升到33%，年均上升0.96个百分点。2010年底，云南城镇化水平达到36%。[①]

目前，云南全省有8个民族自治州、29个民族自治县，民族自治地方共有78个县（市），国土面积占全省总面积的70.2%，人口占全省总人口的49.3%，还先后建立了197个民族乡（现有149个），是全国民族自治地方最多的省份。全省有8个边境州（市），其中5个是民族自治州，有25个边境县（市），其中22个是民族自治县或民族自治地方县（市）。2010年，边境县（市）总人口664.13万人，占全省总人口的14.45%，其中少数民族人口388.52万人，占边境县总人口的58.5%，占全省少数民族人口的25.33%。云南省自然村数量的变化目前无具体统计资料，因此我们只能从村委会数量变化进

① 数据源于云南省住房和城乡建设厅历年统计资料。

行管窥：从1990到2001年其数量在13 365～13 433个之间变化；2001年开始逐年减少，从2000年的13 433个减少到2004年的13 198个；截至2010年9月全省有13 020个。2010年，全省少数民族人口比例占30%以上的建制村有6 999个，辖68 490个自然村，总人口1 577.59万人，其中少数民族人口1 210.56万人，占总人口的76.74%。①

由以上数据可以看出，城市化进程正在向乡村推进，少数民族乡村面对的冲击越来越大。

### （一）外来文化、城市文化的冲击使孕育民族乡村传统文化的大环境受到挤压

城市化影响着少数民族乡民传统的生产生活方式，使乡村传统文化越来越受到轻视，其自有的传承者也日渐变少。交通条件的改善、电的使用、电视和电话的普及，少数民族乡村的耕作制度和生产方式正在发生巨大改变，村民剩余闲暇时间逐渐增多，传统的对歌、听故事、编织手工艺品、参与文艺表演等这些原本传统的休闲方式已不再是人们生活的内容，城市文化的冲击使少数民族乡村传统文化的受众越来越少。

生产方式的改变和农作物改良高产品种的推广，使得云南少数民族乡村剩余劳动力增多了，许多乡民纷纷外出打工涌入东部沿海发达城市，并成为一种改变现有贫困生活水平走上致富之路的手段和潮流。外出打工的乡民开阔了眼界，同时也改变了少数民族乡村传统文化生存的社会基础，不少乡村成为留守村，少数民族乡村传统文化中的家庭伦理受到挑战。毋庸置疑，少数民族乡村群众外出打工对推动城市化进程、增加乡村群众收入、促进乡村经济发展和对乡民观念的改变、提高乡民素质等都具有十分重要的作用，但是，少数民族乡民外出打工对乡村传统文化的传承也确实形成一种巨大挑战，因为外出打



① 数据源于云南省住房和城乡建设厅统计资料。

工的个体多为青壮劳力，他们所接受的是社会的主流文化、都市文化的价值观念，无形中使得他们大多背离了故土的民族乡村传统、价值观念，民族乡村文化文化认同也悄无声息地发生了改变。

此外，在城市化背景下，大量现代工业用品不断进入云南少数民族乡村寻常百姓家，成为乡民的日常生活用品，其产品的优越性使得一些原本对少数民族乡民来说必不可少的传统工艺逐渐退出历史舞台，传统的民族手工制品因为制作成本高且费时费力又土气，故渐渐没有了市场。如现在文山许多苗族乡村的妇女都不再自纺自染布料，而是在市场上购买。苗族服饰材料如此，其他手工制品也大同小异，其结果是少数民族乡村传统工艺和一些“绝活”正在一天天消失。

由于少数民族乡村传统文化没有得到足够重视，加上其本身的传承机制异常脆弱，故使其传承后继乏人。一个典型的怪现象是，随着城市化进程的推进，国家在“普九”“普十”中扫除了汉语文化和现代科技知识的“文盲”，另一方面却出现了民族语言和民族传统文化的新“文盲”，少数民族文化不受重视的情况在城市中时常有所体现，少数民族乡村民间艺人得不到足够的尊重，民间工艺品的市场得不到很好的开发，民间歌舞和表演艺人缺少观众和舞台，老一辈艺人的生活日益艰难，所以年青一代继承少数民族乡村民间文化的寥寥无几。此外，在教育产业化的带动下，学校教育渐渐进入了误区，从小学到大学，到处都过分强调外语等课程教学，受到各种考试指挥棒和大众教育的排挤，具有民族特色的教育很少受到重视，也很难进入学校课堂，对城里长大的少数民族孩子来说，这无异让其中断了本民族文化的学习和传承。对少数民族乡村孩子来说，他们的负担更重。尽管他们带着本民族的文化，还要学习着主流民族的文化，因此他们一进入校门就不得不面对双语学习环境，经历文化差异。他们将从日常生活熟悉的语言和文化环境下进入他文化为主体的场域中，于是少数民族乡村传统文化中断现象必然出现。刚入学的少数民族儿童将从自己熟悉的传统生活方式转入到现代学校教育，入学仪式的完成也同时象征着民族文化中断，进而促使他们怕学、厌学，学习成绩差，过早地辍学，在某种程度上也可以说他们“抛弃”了这种现代性学校教育。

以十年前云南双江拉祜族佤族布朗族傣族自治县勐库镇的拉祜族、佤族、布朗族及傣族的入学儿童情况为例。我们发现拉祜族儿童比其他三个民族儿童学习差很远，原因主要在于该镇的傣族、布朗族和佤族多居住在坝区，其儿童很大程度上已形成双语环境。由于拉祜族大多数居住在山区乡村，其儿童几乎不会讲汉语，进行完全的汉语教育对这一部分拉祜族儿童来说无疑是严重的民族乡村传统文化的中断。出于与其他民族儿童有较大的学习成绩差距，当地的教师甚至包括拉祜族本民族的教师都会误认为拉祜族儿童“笨”“智商低”[①]。实际上类似这种现象在云南少数民族乡村并非特例，即使在台湾等发达地区也存在。比如李亦园也曾析过台湾原住民儿童学习成绩较差的原因，他非常中肯地指出:我们平常会认为他们笨，是来自于他们在学校里的成绩较差。学校的成绩较差也是事实，但是学校成绩差并不等于笨，要知道，一个山地学童的负担经常是平地学童的两三倍，因为他们除了要与平地学童同样学习与适应学校的要求之外，还要学习新的语言（包括语音与文法的改变），同时也要放弃若干原有的价值观，改为接受汉人或现代社会的价值系统。这实在是很难的事，因此负担极重，学习的速度就较慢了，但是学校的制度又是鼓励竞争的，于是一旦落后了，信心就失去，信心一失去，就更不容易学习了，这是一种恶性循环，一种适应与文化学习制度的失败，但却与聪明愚

① 马茜、肖亮中：《文化中断与少数民族教育——兼谈对少数民族教育的理性态度》，原载《陕西师范大学学报》，2002（1）。

蠢无关[①]。

需要说明的是，十年后前面所举拉祜族儿童学习的例子在今天的云南少数民族乡村中尽管不再普遍，但仍然存在。近二十年来，云南在民族双语教学、用民族文字开展扫盲和科技培训等方面取得一定成效。课题组从云南省民委了解到，截至2011年，全省有46个县19个语种9 651所学校进行双语单文教学；有20个县11个民族14种文字在707所学校开展民汉双语教学。此外，云南还用民族文字在民族地区开展扫盲、宣传和科技培训等工作。我们要强调的是，中国的很多少数民族乡村自然环境复杂、文化生态多样、社会发展差异性大，这本身就决定了少数民族教育发展的多样性和多类型。所以我们在重视现代教育的同时，不应忽视地方性知识，尤其不能忽视对参与教育过程的各个不同少数民族文化群体的文化价值的理解和尊重，更重要的是，我们不能忽视各少数民族乡村传统文化知识体系的存在，并把其知识体系排除在教学内容之外。

（二）城市文化的强势影响和介入对民族乡村有形文化造成显而易见的损害

有形文化的表现形式多种多样，除了百年保存下来的外貌，还有历史沿袭下来的文物古迹。随着特色小城镇建设的推进、城中村的改造和乡村进城务工人员的不断涌入，云南城市人口不断密集，结果是在许多地区少数民族村寨变为集镇，集镇变为郊区，郊区变为小城市，小城市变为中型城市。当前，云南的许多少数民族乡村正处在这一转变过程中。另外，随着城市化步伐的加快，西部大开发的推进，一些大型工程的开工上马，如水电站、高速公路、铁路、机场的建设，也给云南少数民族乡村、城镇的地上地下文物带来了不同程度的破坏。旧村落、旧城镇的改造威胁的是村落、城市外貌中历史传承下来

① 李亦园：《人类的视野》，上海文艺出版社，1996年，第393~394页。

的文物，这种改造弄不好就是对云南少数民族乡村传统文化的破坏。在这方面，大理、丽江古城尽管也遇到诸多问题，但部分做法还是值得借鉴的。与此相比，更多少数民族地区在村落、城市改造中把过去古老的青石板街换成千篇一律的水泥街，把具有浓郁民族风情的吊脚木楼换成新式的洋房或在旧房子聚落中建一些贴了瓷砖的高楼大厦的做法也不鲜见。在发展云南少数民族乡村生态旅游业、开发旅游景点的过程中，由于缺乏科学的论证和合理规划，一些风景优美的少数民族乡村出现了破坏性开发的现象，由此造成了不可弥补的损失，短期来看此举固然能使当地的财政收入有所提高，但从长期来看，对少数民族乡村传统文化造成的毁坏得不偿失。

### （三）城市化进程的推进加速了民族乡村无形文化遗产的衰退

无形文化遗产也称为人类口头与非物质文化遗产，是指人类特殊的文化活动和以口传心授为主要传承方式的民间文化遗产。根据《保护非物质文化遗产公约》第2条所下的定义，非物质文化遗产指“被各群体、团体、有时为个人视为其文化遗产的各种实践、表演、表现形式、知识和技能及其有关的工具、实物、工艺品和文化场所”。云南少数民族的非物质文化遗产多扎根于乡村且资源异常丰富，然而由于现代化和城市化步伐的加快，流行文化和城市文化不断向乡村渗透，许多少数民族的非物质文化遗产命运岌岌可危，作为民族乡村传统文化的重要载体——民族语言、民歌、民族舞蹈、民族体育、民族医药等正走向衰落。

以云南少数民族语言为例，云南作为中国少数民族最多的省份，少数民族人口1 500余万人，人口在5 000人以上的世居少数民族有25个，其中有15个民族是云南独有的，少数民族语言丰富多彩，全省有22个民族使用着26种语言。调查统计显示，在云南少数民族聚居地区，少数民族母语仍然是该民族语言，以本民族语言为主要交流工具的少数民族约有1 014万人，但全省少数民族人口中约有650万人不通或基本不通汉语。近几十年来，云南十多种民族语言正面临濒危。如基诺族总人口只有二三万，2006年以前，这个民族已经放弃了双语教学，统一用汉语授课。有专家预言，二十年后这个民族的语言将会彻底消失。据我们2006年到玉溪调查，玉溪市有彝、哈尼、傣等8个少数民族，人口65万余人，占全市的人口总数的三分之一，而会说会写本民族语言、文字的人已很少了，少数民族青少年能说能写本民族语言的已是屈指可数；通海的哈尼族群众已经基本不会写不会说本民族的语言了，被汉化的趋势明显；红塔区洛河乡梅冲哈尼村四周被彝族村寨包围，哈尼族会说哈尼、汉、彝三种语言，存在被彝化的现象，民族传统、习惯有了明显的变化。又如彝族语言文字，其发展趋势也不容乐观。云南彝族人口较多，毕摩作为彝族中懂得古彝语古彝文、通晓本民族风俗礼仪的知识分子普遍受到重视。但据峨山县民宗局调查，改革开放初期，峨山县的彝族毕摩人数不少于50人，到2006年已经不足20人，有古彝文经书、会主持丧葬并能念诵、解释经书要义的已经不足10人，对占全县总数55.51%的8.35万彝族群众来讲，彝族毕摩成了稀世之品。

云南少数民族语言文化遗产之所以命运岌岌可危，究其具体原因，一方面是强势经济、文化对弱势文化的冲击。少数民族乡村的经济发展普遍落后于汉族乡村，为了改变现状，他们就要向外发展，并学习强势经济、文化发展经验。例如在经济发展的过程中，出现了许多少数民族语言中没有的政治、科技名词，好多都沿用汉语的说法。而民族语言的使用范围很有限，许多年轻人已经不愿再去学习，一旦掌握这些语言的老一代人去世后，语言将没有办法传承下去，长久以往，本民族的语言就被忽视，就出现了“传承危机”，面临消亡，逐渐衰落了。另一方面是少数民族自身对本民族语言存在错误观念。许多年轻人觉得说自己的地方话很土，在与现代社会的接触中，经济的落后使他们对本民族的语言失去了自信。

## 二、旅游业对民族乡村文化的影响

近年来云南旅游业发展迅速，商业浪潮随之席卷了几乎所有少数民族乡村旅游地，当地居民传统的生产方式和生活习俗受其影响，少数民族乡村文化的危机由此降临。

以丽江为例，作家于坚曾在《幸存之城——云南省丽江市大研镇》中说："许多世界文化遗产，实际上只是一座座古代建筑的空壳，曾经存在于其中的日常生活已经完全消亡，但大研镇却是一座活着的城市，她的建筑，她的相濡以沫的日常生活，她的美丽、勤劳、保守的母亲。在这几年，大研镇的生活世界已经不像往日那样，被视为周围世界中的一个杰出的栖居典范了。这个城市的日常生活正在以前所未有的速度消亡。在大研镇的纳西古乐队里，精通古曲的演奏者，而且正在以平均每年一人的速度死去；旧日的手工作坊后继乏人；许多宅院人去楼空，只是老人在看守，年轻人向往'日日新'的生活，远走他乡。兜售伪民俗的商贩乘虚而入，已经蚕食了城邦的许多店铺，很可能有一日，这个城市只剩下一种工艺，就是大批地生产那种不伦不类的旅游工艺品……"

云南省社会科学院文化人类学家杨福泉教授曾作《盛名下的忧思》一文，为云南省丽江市本土文化正在被千篇一律的工业文化和都市文化所蚕食而深感忧患。现在他又把这篇文章放到了他的博客上。杨福泉说，纳西这一古老民族、云南省丽江市这一文化名城，和很多民族一样，面临着如何避免最终趋同于千篇一律的都市文化、工业文化或为大文化所同化的命运之考验。

无疑，旅游对一个地方的经济发展起到重要的作用。然而，现在旅游业的操作模式主要是大众旅游，它是以被过分商业化了的少数民族文化作为游客的兴趣而驱使发展的，而外来的投资者的投资目标是利润，而非指向少数民族文化的。杨福泉在研究了丽江市大众旅游业后，提出了现行大众旅游运营中的两个核心问题：一是缺乏有效的政策控制和对旅游者行为的监督，及对当地生态系统和文化系统的负面影响的控制监督；二是缺乏政策去提高当地社区可持续旅游发展管理的能力。在以制度和政策为导向的大众旅游的环境中，基于社区的、具有文化蕴涵的和生态可持续的旅游面临着许多挑战。

2009年，在丽江市纳西东巴文化传承协会首届民族文化与旅游发展研讨会上，与会专家指出，东巴文化正在被一些不负责任的人利用，一些外地企业乘丽江市旅游产业的崛起和世界知名度的提高，进军丽江旅游市场，并打着东巴文化的牌子，一些未有东巴知识的人穿上东巴服就成了东巴，这对游客形成了一种欺骗，此举对东巴文化的挖掘、传承、保护和展示及树立东巴文化品牌极为不利。因此，有关专家在会上提出，应为东巴“正名”，开展东巴学位评定，提倡在旅游企业内东巴持学位证上岗，让伪文化在旅游市场难以立足。

尽管各方力量似乎都在还原一个原来的丽江古城，但这种力量似乎仍然缺少一个铿锵有力的依靠。事实是，大量的外乡人已经占据今后还将占据古城许多原住民的居住和生活。现在的丽江市古城确实已被外乡人占据而成了“四不像”，商业气氛太浓，唯一可以领略古城风采的倒是离丽江古城不远的束河镇，但是很可能要不了多久，这茶马古道上的重镇也会重复丽江市同样的命运。

### 三、民族乡村传统文化立法保护相对滞后

由于立法观念和法律保护意识跟不上社会主义市场经济建设和现代化发展的需要，特别是随着城市化进程加速，我国少数民族乡村传统文化保护和传承呈现出相当严峻的局面。

### （一）法律体系不完备

总体而言，现有的乡村文化遗产保护缺少一部国家性的基本法律，立法层次针对性不强，不利于少数民族乡村文化保护工作的协调统一，也不利于国家文化遗产保护体系的建立。

1. 缺少上位法。

目前，我国针对文化遗产的立法在国家层面主要是一些行政法规、规章和指导性意见等行政规范性文件，国务院相关的部、委、办也颁布了相当数量的行政规范性文件保护民族民间传统文化。其中，有的是综合性的法律规定，如国务院办公厅颁布的《关于加强我国非物质文化遗产保护工作的意见》和2011年通过并施行的《中华人民共和国非物质文化遗产法》，有的是针对某种文化事象的规定，如文化部颁布的《关于加强戏曲、曲艺传统剧目、曲目的挖掘工作的通知》，缺乏一部专门针对乡村文化遗产的上位法。中国的情况较为特殊，作为传统乡土国家，中国本身就与西方基本实现城市化的国家有巨大差别，在中国城市化进程加快的背景下，乡村文化尤其是少数民族乡村文化保护的问题异常突出，却缺乏一部针对乡村文化保护的法律。

此外，现有的《文物保护法》于1982年11月通过，虽经2002年10月和2007年12月两次修订，但作为国家大法其规定过于笼统，具体到乡村传统文化保护确实没有多大的可操作性。《刑法》中虽有专章规定破坏文物后应该遭受的处罚，但范围依然太宽泛，未必能够对乡村文化的保护发挥实质性的作用。《著作权法》《传统工艺美术保护条例》则对民间文学艺术作品、传统工艺美术的保护作出了原则性规定，范围依然太宽泛或太狭窄，对乡村传统文化保护针对性不强。我们以为，随着全球化趋势的加强、现代化进程的加快和城市化的不可逆转，我国的文化生态发生了巨大变化，乡村地区尤其是少数民族乡村传统文化受到越来越大的冲击，一些依靠口授和行为传承的文化遗产正在不断消失，许多传统技艺濒临消亡，大量有历史、文化价值的珍贵实物与资料遭到毁弃或流失境外，随意滥用、过度开发非物质文化遗产的现象时有发生，有些乡村文化如同许多不可再生资源一样，一旦被毁掉便会永远地消失，这无论对当地还是对国家都是不可挽回的巨大损失。在目前乡村的经济实力和思想观念仍然无法与城市持平的情况下，出台一部专门针对乡村文化的保护条例，用以规范乡村文化的申报程序，统一乡村文化开发手续，界定乡村文化责任主体，明确恶意破坏分子的法律责任，将会是一项执政成本低而执政效率高的立法工作。

关于全国性的专门针对城市化进程中少数民族文化权利的立法保护，学术界虽已经有所探讨，由于现实和技术等多方面的因素，这一立法仍然处于研究阶段，上位法的缺失，使得地方性法规的规定千变万化。某些省份已经颁布实施的非物质文化遗产[①]（民族民间传统文化）保护条例等对城市化进程中少数民族文化权利法律规范的保护范围，采用了概括式和列举式相结合的立法技术，这在诸多试图立法的具体省份中当属典范。但从全国的范围来看，各省份具体情况又互不相同，立法也就各有千秋。在这些地方法规出现冲突时，基于立法者对基本概念理解不一和在法规侧重点上有所偏颇，必须需要一个统一的上位法进行调节。

出于以上考虑，我们建议颁布一部专门针对乡村文化传承和保护的上位法。

2. 缺少实施细则，可操作性不强。

一些地方性法规的规定过于概括化，更类似于原则性的表述，缺乏针对性，在具体的司法实践中比较难以引用。例如，

---

① 2000年以前，在我国学界和政界，一般用“民族民间文化”指称“非物质文化遗产”，如2000年5月，云南颁布了全国第一部非物质文化遗产保护的地方性法规——《云南省民族民间传统文化保护条例》。

代表作品保护名录和少数民族传统文化之乡、民族文化生态保护区、民族文化村寨博物馆的命名，仅规定了命名条件和程序，而没有如何保护这些命名项目的具体措施，也没有规定与之相关各方的责任。一旦产生法律纠纷，一方面，法院在引用法律时可能会难站住脚，另一方面。法院即使承认了违法的事实，却会由于没有具体法律责任的规定，而赋予法官很大的自由裁量权，从而起不到真正意义上的惩戒违法事件责任者的效果。

3. 涵盖文化各领域的法律不完善，有些领域尚处无法可依阶段。

在少数民族乡村传统文化保护的现行法规中，对少数民族乡村传统文化保护的法律方法主要是通过建立分级名录体系、命名制度、奖励制度、经费保障制度、保密制度等一系列管理制度，使少数民族传统文化得以保存。这些制度对于静态的少数民族乡村传统文化保护相对有效，它们满足了静态文化保存的条件，即征集、整理、建档、收藏、研究、展示、出版。然而，随着城市化进程的推进，少数民族乡村传统文化中还有很多动态的文化因子，它们是活着的文化，依旧以民间喜闻乐见的形式在不同的地区或人群中流传。对于这些活着的文化因子，不能以静态文化的管理方法来对待它们，应当有与之相适应的管理方法，激励少数民族传统文化的普及和推广，使这些活着的民族乡村传统文化得以代代相传。

（二）保护民族文化权利的法律内容不完善

1. 法规过于重视政府职责，有关发动社会力量保护民族文化权利的规定太少。

政府是国家权力的执行机关，由它组织管理民族文化虽然具有一定的优势，但是少数民族乡村传统文化的内涵丰富，政府人员和财政能力有限，此外，政府不可能了解所有被保护的少数民族乡村文化对象。因此，在政府之外，必须有各种不同的主体参与，尤其是少数民族乡村文化的传承人、发明人的参与，且需要法律赋予这些人合法的有效的权利。

2. 少数民族非物质文化法律保护滞后。

作为物质文化以外的无形文化遗产，少数民族非物质文化是一个庞大而繁杂的体系，它涵盖面广、领域宽，我们虽有了《中华人民共和国非物质文化遗产法》，但专门针对少数民族非物质文化遗产的立法尚处于起步阶段，它的发展取决于中国政府对于少数民族非物质文化遗产领域的掌握情况，一旦现实中通过科学手段探索并有效保护了一种非物质文化遗产，那么法律的保护也应当随之跟进。

在少数民族非物质文化遗产的保护方面，我国政府一直以比较积极的态度面对。2001年5月，联合国教科文组织将中国的昆曲列入首批“人类口头和非物质遗产代表作”，此后古琴艺术、新疆维吾尔族木卡姆艺术和蒙古族长调民歌相继入选世界“人类口头和非物质遗产代表作”，中国成为世界上入选项目最多的少数国家之一。这对少数民族非物质文化遗产保护具有巨大的推动作用。随之而来的是，各民族的非物质文化遗产法律制定和完善进入了一个新的时期。然而，城市化进程中的少数民族非物质文化遗产的特点在于它具有灵活性、流动性等特点，在保护的同时，抢救往往占据第一位，这是立法保护少数民族非物质文化遗产的立足点，也正是现有法律所欠缺的部分。法律具有稳定性、长期性的静态特点，它所保护的文化，是少数民族多年流传的智慧结晶，如何将两者很好的结合起来，应是立法者思考的问题。

## 四、民族乡村文化保护存在问题的实质

少数民族乡村文化的涵义极为丰富，歌舞、文艺活动仅仅是其中一部分，还包括民俗风情、伦理道德、价值观念等等内容。但令人忧虑的是，在城市化背景下，城市的价值观随着

商品以及农村进城务工人员涌入少数民族乡村，少数民族乡村文化在内容上呈现日益荒漠化的趋势，乡村文化生活及社会闲暇日益金钱化、感官化以及低俗化，群众文化娱乐活动也日益单调，一些不健康的文化活动随之渗入少数民族乡村。遗憾的是，涌入乡村的城市文化主要不是精神文化，不是制度文化，而更多的是以欲望表达、感官刺激为主的物质文化。这种物质文化严重地冲击甚至侵蚀少数民族乡村的民间传统道德，城市的现代生活映照出少数民族乡村生活的落后与闭塞，使得乡民对传统乡村文化的认同产生动摇。文化认同对象呈现出空置与虚化状态，民族乡村文化认同日益显得焦虑与困惑。另外，学校教育中以升学、逃离乡村、进入城市作为强势价值渲染，民族传统乡村文化不足以给乡村主体的生存提供价值基础与精神支持，于是，乡村文化保护面临着严峻的考验。

### （一）民族乡村城市化进程的背后是文化危机（问题的根源）

我们认为，城市化进程背景下少数民族乡村文化保护存在问题的背后根源是文化危机。从发生逻辑看，少数民族乡村的价值观念、传统习俗、民族文化认同等的消失很大程度上源于城市和少数民族乡村发展水平和程度的巨大落差，而城市文化中的一些负面影响如超前消费、信誉减低、过度贷款、社会文化发生质变、堕化并向少数民族乡村地区的传导是问题的主要原因，即是说，正是城市文化、商业文化中负面影响导致少数民族乡村文化的危机。所以，我们认为解决问题的思路应是：文化原因—经济问题—文化出路。

### （二）当前民族乡村文化呈现出趋利性、短视性（短板）

相比较城市，少数民族乡村是我国市场经济发育程度较低的地区，其区域文化是在市场经济主导下的中华文化体系的一部分。整体而言，本来少数民族乡村市场意识淡薄，但随着现代交通、通信、媒体的普及和民族乡村旅游业的发展及外出打工人员眼界的开阔，少数民族乡村的乡民们的市场意识开始变得强烈，逐渐变得关注和重视实际利益、短期利益和现实诉求，甚至部分人开始有得过且过、小富即安、事不关己、高高挂起等心态，加上一些商人对少数民族乡村文化的恶性开发，致使少数民族乡村文化陷入舞台化、失真化甚至低俗化的境地，由此成为我们推动社会进步和文化弘扬等宏大诉求的一个短板。

（三）民族乡村文化开发过度商业化（陷阱）

现在，许多城市在迈向国际化大都市的过程中，竞相在文化产业上下功夫，大办特办动漫产业、游戏产业，我们觉得有打着文化牌作为幌子的嫌疑，不可否认，其利润诉求远远大于发展文化产业的诉求，文化的教育、高雅、品位等原始本义在现代化、市场化和商业化运作背景下异化为赚钱的工具。受此潮流的传导和影响，云南少数民族乡村文化的发展也出现同样动态，在繁荣文化产业的幌子下，民族旅游业引发的民族乡村文化异化程度严重，民族乡村文化过度商业化及由此带来的文化本义袭夺现象比比皆是，这是有关部门需要深入思考的问题。

（四）民族乡村文化自卑与自信的调适（平衡）

对云南少数民族乡村文化的宣传太过高调或太过低调均不利于乡村文化保护。在城市化进程加快的现实语境下，适当加大宣传力度具有提升少数民族乡村经济与社会发展士气的作用。云南少数民族众多，民族文化底蕴深厚，海菜腔、小水井合唱团等若不是在中央电视台露面，有多少人知道云南的原生态文化那么吸引城市人，正所谓“长在深闺人未知”，低调、务实的云南人在少数民族乡村文化宣传方面似乎有着天生的劣势。云南少数民族乡村逐渐走向城镇化的趋势已不可逆转，城镇文化的精髓之一是市民化、平民化，如果少数民族乡民都不知道关于自己文化在外人眼中的价值，这种平民的文化特质如何体现？如何融入城市化潮流？我们以为，在城市化背景下，云南少数民族乡村城镇化、平民化的文化形成和发展过程也一定是少数民族乡村群众对乡村文化的认识从自卑、束之高阁之物走向自信、自豪、原生、具象化的融入过程，是少数民族乡村文化与城市文化共生、共荣、平衡的过程，也是少数民族乡村文化保护、调适、发展、创新并融入城市的再现过程。因此，我们认为，寻求、解决乡民转变为市民的高期望的认同需求和云南少数民族乡村低调、务实的文化特质两者之间的平衡点，是有关部门需要考虑的问题。

（五）民族乡村经济与文化的整合（出路）

我们认为，当前的国际次贷危机发轫于城市商业文化危机，一定程度上是长期以来文化同质化、一体化引发的文化生态失衡的体现。在中国，扩大内需，实行与工业化、农业现代化协同推进的城镇化战略已成时下官员和民众的一致看法，成为应对当前的国际次贷危机引发的有效外需减少和本地产业发展的结构性危机的策略，也是解决“三农”问题的根本出路。我们以为，对于云南少数民族乡村来说，解决“三农”问题的根本不能仅仅是限于经济的和商业的逻辑，只有将其与少数民族地区城市化进程面临的乡村文化保护结合起来，这种城市化发展才有了文化的原动力，才能可持续。

# 第四章　少数民族乡村传统文化发展趋向预测

进入21世纪，文化全球化传播的力度和强度超过以往任何一个时代。西方发达国家所实施的文化发展战略使以西方国家价值观、世界观为核心的强势文化对世界产生的影响力越来越大。这确实印证了英国学者汤林森所提出的观点："这是一种新的文化殖民，是文化帝国主义在全球的扩张。"如情人节、圣诞节这些原本有着深厚西方民族文化背景的节日在世界各国包括中国普遍流行开来；麦当劳、肯德基、德克士已经完全被中国消费者接受；好莱坞大片、迪士尼乐园更是在中国乃至全球市场中赚得钵满盆满，同时其中所蕴涵的文化思想也自然而然影响着众多消费者。而中国传统的端午节、中秋节、重阳节等传统节日对年轻人而言却显得格外陌生，京剧、武术对多数中国人而言似乎很遥远。这种文化全球化浪潮即使在中国城市化进程相对缓慢的广大少数民族乡村也未能幸免。

全球化、现代化、城市化进程使少数民族乡村传统文化的保护、传承和建设面临前所未有的机遇和挑战。在这样一种全球经济、文化趋向一体化的时代潮流和城市化进程加快的背景下，如何让中国少数民族乡村传统文化获得良好的生存空间是一个重大课题。其生存前景会怎样呢？封闭起来的保护显然是行不通的，任其在民间自发地发展也有诸多弊端，依靠国家的强制措施或投入大量的人力、物力也只能起到政策导向的作用。

我们认为，要在城市化进程中保护、传承和发展少数民族乡村文化，首先要对全球化、现代化、城市化进程的关系和实质进行梳理，这既关系到各少数民族乡村传统文化的生存前景，也关系到少数民族乡村传统文化现代转型的发展战略。在此背景下，我们认为，可以从生存论和意义论互补的角度来看处于弱势的少数民族乡村传统文化的生存状态和前景：就生存论层次而言，少数民族乡村传统文化要继续生存，就只能作总体的、根本的适应性转型，提高其“文化自觉性”，调整其文化心态，加强其对自身传统文化的调适、转换，进而推进文化重塑和整合，走一体化的道路，并以亚文化的形态存在；从意义论层次来看，少数民族乡村传统文化则可以在有可能作个性化选择的精神信仰和生活境界的范围内，以多元化的民间风俗习惯和个性生活情趣形态长期存在，并对现代社会、现代人的生活产生参考性影响。

## 第一节　少数民族乡村传统文化复兴、衰退和变异将长期并存

改革开放是我国的基本国策，这一国策不会改变；城市化进程和小城镇建设正在走向深入实施；随着中国融入WTO的完成，世界经济一体化和城市化进程再度加快。这几个因素意味着现代化、城市化将向云南等少数民族聚居区和各民族生活的纵深层次推进。与此相应，现代文化、城市文化对传统文化、少数民族乡村文化的渗透、冲击也将愈加剧烈，少数民族乡村传统文化面对这些渗透和冲击所出现的衰退和变异也将愈加明显。

### 一、民族乡村传统文化衰退和变异仍将持续

少数民族乡村传统文化的衰退、消失和调适、变异总是与

城市化、现代化的进程相对应，而就以往20年的情况来看，衰退、消失和调适、变异呈加速度态势。

（一）民族乡村传统文化生境改变引发的必然趋势

少数民族乡村传统文化生成是特定社会和自然条件的产物，特定环境是少数民族乡村传统文化生成和保持的土壤。随着城市化的扩张，少数民族地区乡村的生产方式、生活方式必然发生转型，少数民族乡村传统文化生成和保持的环境将进一步丧失或改变。当这种环境丧失或改变以后，少数民族乡村传统文化也必然难以生存或保持原样。许多在原始生产条件下使用的生产工具在当代已不再有使用价值，它们被淘汰和消失也将成为必然，而那些适应先前生活状况的生活器具和习俗也将随着现代城市生活的来临来失去生存的意义。如果说，由于发展的局限，我国相当一部分少数民族乡村至今还相当封闭，生产力水平和生活水平还很低，保持少数民族乡村传统文化的完整性还有着适宜条件的话，那么随着城市化的深入和经济重心的西移，这种状况将迅速改变，而这也意味着少数民族乡村传统文化的生存环境将面临更严重的威胁。

比如少数民族乡村民间传统舞蹈曾经有过它辉煌的全盛，但是随着人们生活环境、生活方式的改变，其发展难免陷入了尴尬的境地。高度发展的城市物质文明和现代社会的快节奏生活方式，让纯粹的少数民族乡村民间传统舞蹈失去了其赖以生存的土壤。在21世纪，面对古老生活方式的不断变化，少数民族乡村原生态舞蹈如果不进行主动的、自觉的保护，其消失的速度将会很快。同样，在现代城市文明和工业文明的冲击下，虽然少数民族乡村传统工艺变异、衰退乃至消失的速度都在加快，然而在文化、艺术这两个层面上均具有极强民族风格或地域性特征的少数民族乡村传统技艺，却对现代城市文明和工业文明有着比较强的抵御力。因此，一些艺术性强和民族文化浓郁的少数民族乡村传统工艺，如白族木雕和扎染、苗族盛装和蜡染、彝族漆器、藏族唐卡和佛像等其文化抵御力就强并保存较好，然而那些实用性强、艺术性弱、民族文化意义不浓的乡村传统工艺就比较容易受到冲击，比如正处于消失中的生斑铜工艺、毛毡、油绸、竹碗、藤碟、沙酒、棕绳、篾索、竹篼、丝线等民村乡村传统工艺就是比较典型的例子。

（二）实用主义传统思维惯性影响的结果

中华民族是一个比较讲究实用主义的民族（李泽厚语），实用主义对少数民族乡村传统文化的传承影响不小，许多文化因子正因为其实用所以承袭和存在，部分文化因子却因为不用或少用故而失传和消失。比如少数民族人口流动增多，由于不可避免地产生语言交流障碍，为消除障碍，所以民族语言就没人讲了；又比如由于少数民族传统服饰做工较为复杂且费时，因而就被现代服饰取代了；再比如因生产生活工具的改进，于是民族民间的木制品、竹制品、手工艺品等用不上，于是就被塑料、钢铁制品取代；同理，用来耕田的犁耙、戽斗、水车、挞斗都已经闲置不用，而塑料袋则取代了草袋、麻袋，塑料布取代了油纸、晒簟、篾席、蓑衣，塑料鞋取代了草鞋、钉鞋、木屐，塑料桶取代了木桶、木盆，塑料碗取代了竹碗、藤碟，尼龙绳取代了草绳、棕绳、篾索等等。这些，都是实用价值不同程度地冲击少数民族乡村传统文化价值的体现。可以说，传统的生活用具纷纷退出历史舞台的同时，也是少数民族乡村传统文化加速失传的时期。

（三）城乡一体化趋势的必然

此外，城市化的快速推进大大扩展了城乡之间、族际之间交往的深度和广度，这将直接导致作为交往工的语言和行为方式的普同化。在我国，汉语普通话不但已成为汉族成员的通用语言，也成为少数民族与汉族以及其他少数民族成员之间的通用语言。这种状况的形成在于汉族人口分布的广博以及各民族之间交往的广泛。可以预见，城市化和市场经济将使城乡之间、族际之间的交往得到更大的扩展，这也使得原本得到流行的汉语普通话更加普及，而一些少数民族语言的使用范围将缩小。与此相对应，汉语也将因具有更广泛的应用领域而在少数民族乡村得到进一步推广，少数民族文字的使用范围也将受到局限。与语言的境况相类似，由于城乡之间、族际之间交往日趋广泛，原来在不同民族、不同地区、不同乡村流行的行为方式、价值观念、礼仪习俗等也将趋向普同化，或者在当地民族和地区文化基础上吸收新的文化要素，从而形成少数民族乡村传统文化的调适和变异。

（四）现代传媒的迅速普及影响民族乡村传统文化的传承

作为高效的信息传载工具，电视、广播、电信、互联网等是现代社会重点发展的产业，而这些现代传媒手段对社会的覆盖范围、传导速度、影响效果都将达到前所未有的深度和广度，并大大影响人们的思维方式、价值观念、行为方式和对整个少数民族乡村传统文化的看法。相对于现代传媒的影响，少数民族乡村传统文化传承的手段较为落后，传承面窄，因而影响微弱。由此，少数民族乡村传统文化的重要内容，如民间艺术、习俗、礼仪、服饰、观念以及民族成员对少数民族乡村传统文化的兴趣等等都将受到直接的威胁。

21世纪是信息社会、城市社会，面对随现代传媒大量涌入的外来文化、城市文化，少数民族乡村传统文化如何应对立足，的确是一个严峻考验。如在少数民族乡村民族传统民间舞蹈保护的问题上，杨丽萍就认为在保持原汁原味的同时，变化是一件很自然的事，因而舞蹈是要跟着生活方式的改变而改变的，禁变就会产生停滞。在她看来，《云南映象》就是一种“变化中的原生态”，并且承认至少有两方面的“变化”，一方面是为了适应舞台表演而作出的“变化”，另一方面是将来重新回到田间地头的《云南映象》的农民演员带给云南民间原生态舞蹈的“变化”。透过《云南映象》，我们体会到的不仅仅是云南25个少数民族中的9个民族浓浓的乡村气息，看到了接近失传的打鼓手法，以及在乡村已近失传的民歌和原始的民俗，我们还感受到了杨丽萍作为一位舞蹈家的艺术主张。杨丽萍把对云南少数民族乡村原生态舞蹈的保护看做自己的责任，这是杨丽萍的美好理想，这种基于舞台表演的保护方法起到的积极作用，是让更多的都市人意识到了云南少数民族乡村原生态舞蹈的神奇魅力，开始关注少数民族乡村传统活态舞蹈。当然，杨丽萍为保护少数民族乡村传统文化所做的努力，究竟是否能完全解决少数民族乡村传统舞蹈文化传承的问题，这到底是不是对云南少数民族乡村原生态舞蹈最为合理的保护方法?这一切还需时间的印证。我们所能确定的是，合理保护少数民族乡村原生态的舞蹈决不应只有《云南映像》一种保护模式。对少数民族乡村民间传统舞蹈文化的保护是一项巨大的工程，其保护的方式也应是多元的，这其中包括保护活态的文化和活态的人。

## 二、民族乡村传统文化复兴局面也将持续并扩展

改革开放以来，我国少数民族乡村的经济和人民生活发生了历史性的巨变，与此同时，各民族地区乡村的文化教育水平也有了明显提高，这使得各民族地区乡村的群众在追求物质生活水平进一步提高的同时，也相应地有了在精神文化上表现自己、抚慰自己、振奋自己，并借以增强民族自豪感和凝聚力的要求。当前具有世界性影响的“文化民族主义” 倾向就是在向全球化、现代化、城市化推进过程中各民族群众为追求个性和自身利益而努力在文化上张扬自己的表现。因此，少数民族乡村群众对乡村传统文化复兴的要求，既是民族地区乡村发展的正常进程，也显然与这种文化民族主义的潮流合拍，更是少数民族乡村群众利益之所系。正如本课题第二章所述，自觉保护、弘扬少数民族乡村传统文化的现象正在增多，由此而推动

的少数民族乡村传统文化的复兴也只会持续而不会中断。我们之所以做出这样一个判断是基于以下几点原因。

（一）党和国家有关政策的支撑

少数民族乡村传统文化的复兴具有良好的基础，将会继续得到党和国家有关政策的支撑。对于保护和繁荣民族乡村文化，国家和各地有关部门已确实给予了相当的重视，从中宣部、文化部、国家民委到地方各级党委、政府和相关部门，在具体的规划、政策措施、财政投入、组织协调等方面作了大量的工作，取得了一定成效，如对即将湮没的少数民族乡村传统文化遗产的抢救、发掘，民间文艺的收集、整理、出版，文化队伍的培养已取得了相当的成绩，所有这些都将促进少数民族乡村传统文化的进一步复兴。党的十七届六中全会通过的《决定》更是表明，发展少数民族乡村文化事业，保护和整理少数民族乡村的文化遗产，大力繁荣少数民族乡村文艺创作，加强各级各类文化设施建设，积极培养少数民族乡村文艺人才，发展少数民族乡村艺术教育等，都是党和国家始终不渝的政策。这些政策在未来也只会得到完善和发展而不会改变。这就使少数民族乡村传统文化的进一步复兴能够得到基本的政治保证。

（二）各少数民族乡村群众对繁荣自身乡村传统文化需要的持续增强

各少数民族乡村传统文化之所以会继续复兴，源于各少数民族乡村群众对繁荣自身乡村传统文化需要的持续和进一步增强。如云南藏区奔子栏行政村的“拉斯节”的文化传统就是典型例子。

**【案例13】奔子栏行政村的“拉斯节”**

奔子栏行政村位于金沙江畔西岸的世界自然遗产“三江并流”腹心地带，距德钦县城103千米，距香格里拉县城81千米，该行政村含13个自然村，共有550户，人口3 109人，其中藏族人口占99%以上，几乎全民信仰藏传佛教。“拉斯节”普遍流行于云南怒江香格里拉县和德钦县藏区乡村群众中，是云南藏区藏族在汉历春节期间在各个村落之间普遍举办的集神山祭祀、锅庄歌舞、聚餐以及幽默逗趣的“卡哲”为一体的传统村落系列性公共文化活动，即使在“文化大革命”中也未被中断，只是规模较小。近年来，随着国家民族宗教政策的落实，“拉斯节”这一传统节日正逐步得到弘扬，成为在春节期间藏民们最盛大的节庆活动。尽管“拉斯节”的内涵现已实现了从军事抵御为主向娱神、娱人及娱己为主的转化，且其名称也从具有浓郁军事性质的“纳柔”转变成以请山神、祭祀、娱乐为主要目的的“拉斯”①，但其原有的祭祀意味仍然存在，只是已经逐渐演变为一种集体性的聚会活动。

在“拉斯节”期间，平时分散居住的各家各户都联合起来，家家户户积极参与，有车的出车，有钱的出钱，有力的出力，人人身着盛装，男人们上神山祭祀，女人们则三五成群等候迎接在回村的各个路口，手持哈达美酒吟唱锅庄，就连年幼的孩子也被安排在村口列队等候。“拉斯节”实际上成为了奔子栏各村落个体间、家庭间进行相互交流的重要载体，实现了传统社会初级群体的再次整合，发挥了再造乡村熟人社会的社会功能。在活动期间，人们对各村之间参与规模、组织优劣的评论、攀比以及对本村活动组织、参与情况等的自我批评成为最广泛谈论的话题，体现了村民对秩序规范、行为规则、共同价值观念以及对村庄共同利益的维护，形成了奔子栏藏民的内聚力、向心力。与此同时，在交往互动和相互合作中派生出的情感，则进一步促进和强化了村落整合，完成了对村落传统价值观念的维护和道德秩序的建构。而在这些活动中，按长幼、性别顺序组成的锅庄队列又体现了奔子栏藏民的节庆礼仪。活动中集诗、歌、舞三位一体，严格按照序歌、迎宾舞、相会

① 据奔子栏村的村民介绍，“拉斯”原名“纳柔”，纳是箭之意，柔是弓之意，“纳柔”即“弓箭”之意。

舞、辞别舞、挽留舞顺序依次进行的对唱和共舞更是贯穿于各项活动的始终，其颂词有讲述藏族古老历史的，有歌颂活佛、英雄人物的，有颂扬山川日月、大地物产、神山圣水的，有表达人间美好感情的，也有祝福人寿年丰、和平幸福的，还有讽刺伪善、教育人民善良和正义以及相互考察对方历史、气象、宗教、生产知识的等等。这些包含了藏族传统价值观、传统知识和文化宗教传统的锅庄颂词，起到了传承藏族传统价值观的功能。

### （三）越来越多的人认识到少数民族乡村传统文化的价值并自觉展开保护

在当下的中国，越来越多的人认识到少数民族乡村传统文化的价值并自觉展开保护。环顾我们身处的文化环境，少数民族乡村文化的影子无处不在，“少数民族文化现象”正成为从演艺界、政界、学界甚至普通的老百姓“自觉”关注、研究的对象，更多的城里人已经由不得自己的情感意志，而实实在在地向往少数民族乡村的淳朴自然和人文环境。国外城市化发达国家出现的城市郊区化动向也证明了乡村的魅力。现实就是如此，随着城市化进程的突飞猛进，少数民族乡村文化更是成了城市人的心灵鸡汤，能大补城市人的传统文化精气，于是阻止少数民族乡村传统文化的“水土流失”，业已成为民间与政府的共识，从政府到民间，从学院到乡村，乡村传统文化的保护工作正在逐步展开。这表明随着城市化进程加快，少数民族乡村传统文化自身的独特魅力和价值将推动其保护和传承的复兴。

# 第二节　城市化背景下少数民族乡村传统文化的保护和传承前景[①]

我们认为，就生存论层次的现代化而言，少数民族乡村传统文化要继续生存，就只能作总体的、根本的适应性转型，走一体化的道路，并以亚文化的形态存在；从意义论层次的现代化来看，少数民族乡村传统文化则可以在有可能作个性化选择的精神信仰和生活境界的范围内，以多元化的民间风俗习惯和个性生活情趣形态长期存在，并对现代社会、现代人的生活产生参考性影响。

## 一、民族乡村传统文化经适应性转型，以亚文化形态存在

### （一）把握文化时代性、民族性和地域性的张力

我们认为，少数民族乡村传统文化要继续生存，首先应注意把握文化时代性、民族性和地域性的张力。这从根本上讲就是把握好普遍性与特殊性这一对矛盾的关系。

历史发展成为世界历史的过程表明，城市化、现代化与全球化的进程已经不可逆转，而全球化的文化实践具有历史必然性，是人类社会发展的不可逾越的阶段，是人类的一种普遍的历史发展趋势。历史地看，少数民族乡村多半是在“世界历史”形成的条件下被交往全球化“拖进”现代化、城市化的洪流之中的。为了维护自己的生存和发展，他们不得不参与现代化、城市化条件下的生存竞争，并且，作为弱势的一方，现代化、城市化竞争的种种规则对他们而言都是“预设”的，他们无力左右这些竞争规则，而只能被动地适应。这就是说，

① 本节内容的基本观点作者曾以《城市化进程与中国少数民族传统文化的生存前景》为题发表于《云南民族大学学报》（哲社版）2009年第4期，后被中国人民大学复印报刊资料《民族问题研究》2009年第10期全文转载。本书写作时部分文字作了改动，特此说明。

在“世界历史”尚未形成，各民族乡村社会文化的历史进程尚未世界化，族际交往的范围、频率和程度相对狭小、低缓、浅表的条件下，少数民族乡村传统文化或文化的地域性、民族性（个性、多样性）有可能在各民族乡村社会文化发展的过程中起主导作用；而在“世界历史”形成、交往全球化、城市化的现当代，则是现代文化或文化的世界性（共性、统一性）在各民族乡村社会文化进步的过程中起主导作用。因此，作为少数民族乡村传统文化的承继者，必须积极寻求世界文化资源中具有普遍意义的平台，总结、提炼人类文化实践的一般规律，在这种普遍的、一般的、合于理性的平台基础上获得少数民族乡村传统文化的合法性与认同感，并致力于将民族乡村传统文化中的优秀成分，转化成具有全球意义的文化价值资源，进而对世界文化作出独特的贡献，唯有如此，才能避免被完全边缘化进而陷入依附性①发展的境地。

（二）改造、转型民族乡村传统文化

我们认为，少数民族乡村传统文化要继续生存，就应改造、转型少数民族乡村传统文化，使其形成与中华文化一体的核心价值和共同理想。

中国的城市化、现代化进程正在加速，在取得辉煌成就的同时，也产生各种矛盾和价值冲突。在文化价值层面，市场经济实践带来文化的多元化发展，传统的经典价值观念和少数民族乡村的传统价值观念都一起受到空前挑战，统一的规范被多元的价值取向所取代。传统与现代的价值冲突、城市与乡村

① 依附理论，最初是用来解释和指导拉美和“外围”地区经济成长的一种发展理论。一开始指的是发展中国家在经济上对发达国家的依附，之后，“依附”的外延逐渐扩大。自依附理论提出以来，对于该理论基本概念的质疑和批评就从来没有停止过。我们认为，依附不等同于依赖。依赖，讲的是丧失自我意识，被动地学习；而依附，则是主动地学习，是借鉴。少数民族地区乡村只有重视本地区文化传统，增强文化自觉意识，才能最终避免在全球化、城市化过程中主体性的迷失。

的价值冲突、经济与道德的价值冲突、公平与效率的价值冲突以及个体与整体的价值冲突等等文化价值层面的矛盾冲突不可避免地凸显出来。这些矛盾和问题的解决在很大程度上有赖于中华文化普遍价值的再次形成。中共十七大报告在提出推动社会主义文化大发展大繁荣的目标时，首先强调要建设社会主义核心价值体系，增强社会主义意识形态的吸引力和凝聚力。社会主义核心价值体系是社会主义意识形态的本质体现。要巩固马克思主义指导地位，坚持不懈地用马克思主义中国化最新成果武装全党、教育人民，用中国特色社会主义共同理想凝聚力量，用以爱国主义为核心的民族精神和以改革创新为核心的时代精神鼓舞斗志，用社会主义荣辱观引领风尚，巩固全党全国各族人民团结奋斗的共同思想基础。建立社会主义核心价值体系，一方面要坚持马克思主义在意识形态领域的指导地位，另一方面要积极挖掘民族优秀文化精神，积极借鉴人类有益文明成果，才能在尊重差异、包容多样的基础上保持全社会共同的理想信念、全民族共同的文化纽带，使中国文化的核心精神得以延续。也就是说，面对交往全球化、城市化带来的现代化竞争，面对现代化提出的开放化、民主化、法制化、市场化、专业化、产业化、知识化、流动化等等“一体化”的要求，为了在激烈的生存竞争中立足，少数民族乡村只能从根本上改变因习成风、分散自给、封闭自足、悠然自得的传统生产生活方式，和全国人民一道用以爱国主义为核心的民族精神和以改革创新为核心的时代精神，培养和增强开放意识、法制意识、商品意识、竞争意识、效率意识、质量意识、品牌意识、服务意识和教育意识，重塑、整合自己的民族文化，形成既有本民族文化特色又能融入建设社会主义核心价值体系的核心价值和共同理想。少数民族乡村传统文化在当前出现的市场化动向、艺术化动向，以及社会生活从原来主要靠民族习惯法、民族宗教和伦理习俗等非正式控制手段来运作，到当前村政建设、法制建设等正式控制的加强，从根本上说，都是少数民族乡村传统文化适应城市化、适应现代化的表现。

（三）民族乡村传统文化需要创新

创新意识和创新能力日益成为文化保护和传承的关键性因素，也是其生命所在。自我封闭、缺乏创新、固守僵化只能使少数民族乡村文化走向没落与衰亡。文化兴，则国家兴；文化衰，则国家衰。对少数民族乡村来说也是如此。在推进少数民族乡村城市化的过程中，文化具有十分重要的意义。在几千年悠久的历史长河中，各少数民族乡村创造了博大精深的乡村传统文化。然而，再优秀的传统文化也不可能自然而然地成为现代化发展的资源，因为传统文化形成的历史条件不同于当代，当然不可能“拿来就用”。少数民族乡村文化是一个宽泛的概念，其中到底包括哪些内容，哪些不适合当代发展，哪些可以经过改造、调适和创新适用于当代的需要，都需要精心研究加以区别，从而取其精华，去其糟粕。任何一种未经改造、调适和创新的文化只能走向衰落甚至死亡。在当今世界高新科技和信息产业迅猛发展的今天，如果少数民族乡村文化不及时吸收和拥有最新科学文化成果，不站在科学文化的制高点上不断创新，那它就可能落后于时代，失去自己的生命力。只有经过创新的少数民族乡村文化，才是反映时代精神、体现时代发展方向的文化。人类文化发展的历史证明，对于民族文化最有效的保护就是与时俱进地不断发展，对于民族文化最有效的继承就是和母体血肉相连地不断创新。

文化创新是一个多层次、全方位、庞大的系统工程，其包涵的内容、涉及的方面十分广泛。城市化语境下少数民族乡村文化的创新至少应包括以下三个层面。一是内容创新。文化是一条历史的长河，抱残守缺、固守传统只会使原有鲜活的精神源泉日渐枯竭。少数民族乡村文化只有在内容不断创新的基础上、在研究现实问题的过程中才能复活，才能焕发生机。二是观念创新。城市化进程中有许多话语、价值和标准来自城市，但这并不能证明城市文化可以取代一切。单从情感上考虑而鼓吹“城市文化优越论”是不现实的。少数民族乡村群众应当以海纳百川的宏大心态对待城市文化，以一种平静的心态看待自己，找准少数民族乡村文化的定为。三是结构创新。一方面，吸收城市文化中的科学精神，并和少数民族乡村文化机体内原生的生态意识、人文精神实现重组，进一步完善其文化的结构；另一方面，以理性批判精神审视少数民族乡村文化，改变少数民族乡村文化结构中存在的文化与宗教混为一谈的单一结构，还文化以应有的理性，使每一个人都真正体会到文化带给我们的精神上的快乐和幸福，在多元结构中实现深层文化的超越。

城市化已经深刻影响着少数民族乡村社会生活的方方面面。作为一种现实的存在和发展趋势，城市化对少数民族乡村文化产生了不容忽视的影响。在丰富多彩、多元共生的文化图景下，少数民族乡村文化必须以开阔的视野、健康的心态、创新的精神和超越的意识积极应对城市化。只有这样，少数民族乡村文化才能适应城市化背景下文化发展的趋势，随着时代精神的发展而不断进步，才能在激烈的竞争中立于不败之地。

### （四）民族乡村传统文化需做整体的适应性调整

当然，即使在生存论意义上，少数民族乡村传统文化对城市化、现代化、全球化要求做整体的适应性调整，也并不意味着一定得完全放弃文化的民族性。从世界范围来看，后发展国家现代化的进程不免要描摹西方，这种描摹在其现实意义上只能是一种经济、政治的描摹，而非全盘西化、全盘模仿。哈贝马斯就认为，传统社会向现代社会的转化是一个逐渐合理化的过程，社会的更新和演进，也就是社会的进化必将达到一种较为理想的状态。在这个目标状态中，文化传统被不断地批判和更新，政治形式依赖于一套形成决策的程序，人越来越自由，对现代化的进程越来越具有反思性和批判性。这种反思与批判是依托于被批判和更新的文化传统在动态的过程中呈现的文化现代性而完成的。恰恰是这种作为现代化反省和批判的文化现代性是不能完全模仿西方的——无论是西方文化还是少数民族乡村传统文化都是生长在历史盘根错节的复杂系统中。这样，少数民族乡村传统文化的现代性必须以中国民族文化、少数民族乡村传统文化为本位来发挥其反思和批判的作用，中国的城市化和现代化才能获得其整体正当性。比如，在市场化过程中，从社会分工角度说，交换行为只有在不同使用价值的物品之间才会发生，从同行业和同类商品角度看，商品生产的收益既取决于投入成本、产品质量，也受产品的文化含量和特色的影响，而少数民族乡村正可以利用独特的自然资源和文化资源，生产使用价值不同、文化特点突出的商品来满足市场需求。从市场规律来看，相对受众来说，大众文化满足的是个体的审美消费需求。审美消费需求虽然属于高级需要，但它因人而异，因文化水平、艺术修养高低而异。目前，中国大众的文化修养是多层次并存的。而大众文化这种特殊的消费品总是试图满足尽可能多的人的需求。因此，文化产业要长远发展，必须注重文化产品应有的固有属性——审美性，满足消费者的审美需求。而将经过几千年积淀下来的中国少数民族乡村传统文化结晶在文化产品中很好地运用，不仅能保证文化产品的审美性，还能让文化产品成为这些少数民族乡村传统文化结晶的载体，传播、发展少数民族乡村传统文化。又如，在现代社会控制方面，少数民族村政建设、法制建设等正式控制的方式当然需要加强，但由于生活环境、历史文化等特殊原因，在相当长的时期内，民族习惯法、民族宗教信仰、民族伦理对少数民族社会的稳定还将继续发挥不可替代的作用。

## 二、民族乡村传统文化能对现代社会、现代人的生活产生重要的参考性影响

### （一）民族乡村传统文化、传统生活方式所反映的精神信仰和生活情趣至今仍具有超越生存需要的人文价值

人类迄今为止的文明史似乎总是伴随着这样一种悖论：在技术上的每一点进步，社会分工、协作和交易范围的每一次扩大，人的满足感或幸福感理应随之不断增长的时候，人们却常常发现自己与自然、与他人、与天真、完整的生活越来越疏远、隔膜乃至敌对。从中国古代的老子，西方近代以来的卢梭，到马克思，甚至到后现代主义的思想家，对人类历史的这种缺憾似乎都有着特别清醒的意识，甚至有不少人还程度不同地表现出对人类童年时代的向往，并怀着在更高阶段上“还给”人类天真、完整的人性和丰富的生活情趣的理想。从这方面看，人类文化的演进就不是替代式的、“一次性”的，而必然是累积式的、“重返性”的。为了不至于迷失理想的生活方向，人类在前进的道路上总会，而且也需要不时地左顾右盼、回头张望，并借此以确定理想生活的参照。少数民族乡村传统文化至今犹存并受青睐，从根本上说，或许就在于它以丰富的形式和相对天真、质朴、完整的品格，给现代人的生活提供了某种参照和选择的可能。课题主持人曾在《论少数民族文化的艺术化和市场化》一文中指出，由于很大程度上来说文化工业只承认效益，因此对于实际生活来说，少数民族文化具有疏远性、否定性、反抗性。少数民族文化诞生在实际生活的尽头，其产生的必要性就在于实际生活有缺陷，如果实际生活十全十美、无可挑剔，那么少数民族文化就根本没有必要产生。少数民族文化以完美的理想化的方式弥补实际生活的缺陷，它是实际生活的一种对照、一种参照，也是实际生活的一种否定、一种对抗。

少数民族乡村传统文化对于实际生活的否定性和反抗性

表现在它的个性和独特性，它的丰富性和多样性，它摆脱束缚的自由本性，它对于世俗功利目的的超越，它对于社会的启蒙功能和批判功能等。另外，少数民族乡村传统文化的否定性和反抗性还在于它以审美形式建立起一种有别于实际生活的新的经验世界，用语词、声音、色彩、形象构成了一种与实际生活之维相疏离的审美之维，对实际生活保持一种假定性、距离感和超越感。因此，我们应意识到，就意义论层次的现代化来看，少数民族乡村传统文化、传统生活方式所反映的精神信仰和生活情趣，至今也还具有超越生存需要的人文价值。《云南映象》的成功为我们做了一个最好的诠释。大型原生态歌舞剧《云南映象》体现了少数民族乡民对生命的态度和对自然的感悟，来自云南村寨的数十名演员用其质朴的歌声和舞蹈语言，加上空灵悦耳的音乐，紧紧地吸引了观众的心，让我们看到了“原生态”乡村文化和生活方式旺盛的生命力。近年来“原生态”一词频频出现并为人们所关注，因为大家都认同“原汁原味”的东西最能反映民族原真的生活样式的本色，同时又饱含了对生活艺术的追求。它表明，少数民族乡村传统文化中原生态的民族歌舞蕴含着为现代社会所需要的巨大价值，在倡导回归自然的今天，“原生态”吸引着人们的注意力。正如杨丽萍所说，要把那些濒临消失的民间艺术挖掘出来，抢救下来，给后人留下一个活着的民俗文化博物馆。其实，活着的少数民族乡村文化的更大价值在于让人们明白一个道理，城市生活、城市文化不是人类惟一的生存、生活方式和文化模式。我们倡导的理念是：更好的城市，更好的生活；更好的乡村，更好的生活。

国内外经验表明，当城市人口达到一定比例（比如70%）之后，逆城市化现象（城市人口、产业向农村转移）将出现。目前我国东部区域性城乡一体化战略正渐次向中西部地区推进。但是，城乡一体化不是城乡一样化，城乡一体化意味着城乡居民共享现代文明，未来的乡村应该是城乡居民混居的家园。更何况，少数民族大多生活在自然环境比较恶劣、物质生活资源比较匮乏的环境中，充分发掘和利用民族传统文化本身的资源来满足心理、精神上的需要，对于他们消减因物质生活困乏带来的无奈，借以维持和增加生活的自足感和幸福感来说还是必需的。

### （二）城市化背景下民族乡村传统文化在生存论层次上的边缘化，绝不意味着在意义论层次上也一定会边缘化

“每种文化构成了解释世界和处理与世界关系的独特方式，世界是如此的复杂，以至于只有以尽可能多的角度来观察它，才能达到了解它和与它相处的愿望。”[①]毕竟，文化的产生、存在和发展，既出于生存的需要，更在于保证生活的充实和幸福，在于使人获得艺术化的生存——“更加诗意的栖居”（海德格尔用语）。难怪20世纪60年代兴起的后现代主义针对现代性的缺陷提出，观察世界并非只有一种视觉，而是有许多种；每一个个体的生活和思想都是一种叙述方式，都有其合理性，并非只有一种“大叙述”；每一种理想都有各具价值，各有其存在理由，并非只有一个理想王国。他们推重文化互补意识，认为如果说第一次启蒙的口号是“解放自我”，“第二次启蒙”的口号就是“尊重他者”，尊重差别，并强调多元文化互补特别是东西文化互补的重要性。课题主持人曾在《论少数民族文化的艺术化和市场化问题》中认为，对生命意义的探讨，是与人类的出现同步的。在人类的童年时代，原始艺术的题材就显示出对生命意义的诘问，所有的追问都可看作是对生命意义的回归——这就是文化的本质问题。因此，从尊重不同民族的文化类型开始，人类才可能在最广泛的意义上走向大同。正如只有当日尔曼民族追求的道德美，不妨碍他们欣赏拉

① 联合国教科文组织：《世界文化报告（1998）：文化、创新与市场》“序言”，北京大学出版社，2000年。

丁民族热爱的造型艺术美，这样的多元才能产生多彩。

19世纪以来，以西方文化的偏狭性取代人类文化的所有模式的趋势，已经使世界的进步意义发生了诸多的歧义。选择自由存在，取决于选择的多样化。道德行为与审美行为的融合，使世界上不同质的文化能够被相互地理解，不同民族的文化模式可以进行有意义的比较和交融，这才是世界和平、人类平等的重要基础。20世纪末、21世纪初以“过程哲学”为基础的“建构性后现代主义”更是进一步提出要将第一次启蒙的成绩与后现代主义整合起来，从而超越工具理性，呼唤审美智慧。在他们看来，工具理性使人们难以摆脱以功利为目的的行为动机，而审美智慧是一种建立在有机联系观念基础上的，以真善美的和谐统一为旨归的整合性思维。在这里，科学思维、理性思维、感性思维、宗教思维、艺术思维得以相互补充、相互丰富。在此之前，受二元对立思维模式的影响，现代理性是以排斥感性、情感价值和美为前提的，而审美智慧则强调亦此亦彼的和谐思维。对于城市化、现代化引发的文化全球化的危险，中国哲学“和而不同”的原则和重“情”的传统给了我们最深刻的启示。《国语·郑语》记载，西周末年，伯阳父（史伯）同郑桓公谈论政局时第一次区别了“和”与“同”的不同概念，提出“和实生物，同则不继”的思想，他说：“以他平他谓之和，故能丰长而物归之；若以同裨同，尽乃弃矣。”而中国文化历来强调“情”的价值，如完成于公元前2世纪之前的郭店楚简《性自命出》篇记载：“道始于情，情生于性，性自命出，命自天降。”这一切文化传统，正和“第二次启蒙”所倡导的审美智慧即整合性思维正相呼应。因此，一方面各国、各民族要充分地相互尊重，通过对话来欣赏他者的独特性；另一方面，只有深刻地认识自身文化，才能在全球文化的图景中找到民族文化的定位，并赢得全球的普遍关注和诚恳的尊重。因此，在城市化进程不可逆转的背景下，少数民族乡村传统文化在生存论层次上的边缘化，绝不意味着它们在意义论层次上也一定会边缘化。

因此，少数民族乡村文化如果要保证自身在时代性和民族性的张力中稳健前行，就要首先深入民族文化传统，然后在中西文化互竞当中全面展现民族乡村文化智慧的魅力和价值。事实上，从世界历史和全球化、城市化的视域看，这不仅是一种文化责任，也是一种历史责任，不仅关乎民族文化的方向，也关乎全球文化的前景。不过，最大的问题在于少数民族乡村传统文化如何“适履”，即什么应该传承下来？什么应该放弃呢？这个问题就是学界普遍提到的“文化自觉”问题。

（三）文化自觉应该是城市化背景下民族乡村文化保护和发展所持有的一种理性的认识和态度

“文化自觉”的概念，最初是由我国著名学者费孝通先生提出来的，他说：“生活在一定文化中的人对其文化有‘自知之明’，明白它的来历、形成的过程，所具有的特色和它发展的趋向，自知之明是为了加强文化转型的自主能力，取得决定适应新环境、新时代文化选择的自主地位。”[①]认知、理解和诠释自己的民族文化历史，联系现实，尊重并吸收他种文化的经验和长处，与他种文化共同建构新的文化语境，这就是我们所说的文化自觉。费孝通先生将此总结为16个字：“各美其美，美人之美，美美与共，天下大同。”在城市化背景下，保护、传承少数民族乡村传统文化，文化上的自觉是必不可少的。费孝通先生提出“文化自觉”的问题，依我们的理解，其中一个重要的内涵，应该是指拥有和传承着一种文化的民族、社区或者个人，一定要对自己的文化有一种自觉的意识，能冷静地看到自己文化的利弊，学习异文化的长处优点，在正确认识的基础上，懂得自己的文化，热爱自己的文化；此外，要能

① 费孝通：《论人类学与文化自觉》，华夏出版社，2004年，第194页。

够准确地认识到自己文化的真正价值，这样才会珍惜它，爱护它，并采取正确的方式方法来保护它、发展它。如果没有这种文化的自觉，文化毁灭在自己的手上了，可能还不会意识到。在当下，少数民族乡村传统文化保护和发展的出路应是在“文化自觉”的建构方式下，既创建符合少数民族乡村现实生活环境和民族特点的发展目标及发展道路，又在新的发展目标的指引下结合文化保护和传承的原真性原则，不断阐释与建构、传承自己特有的文化，树立文化自信、自尊、自豪感。然而，在很多少数民族乡村，从政府到村民却对其乡村传统文化做出了很多的改变，比如说具有历史价值的传统村落的大规模消失，再比如民族地区乡村歌舞表演的形式化等。冯骥才先生曾尖锐地说过这样一段话：“我们的后代将找不到城市的根脉，找不到自我的历史与文化地凭藉。当他们知道这是我们的所作所为——是我们亲手把一个个沉甸甸的、深厚的城市生命、变成亮闪闪的失忆者，一定会斥骂我们这一代人的物质与愚蠢。”[①]这段话一针见血地指出了我国当代城市建设的设计者和决策者因没有对本民族文化的一种“文化自觉”而导致的“破坏性建设的文化灾难”。城市如此，乡村亦然！

作为一种现实的存在和发展趋势，城市化对少数民族乡村文化产生了不容忽视的影响，但在丰富多彩、多元共生的文化图景下，少数民族乡村文化必须以开阔的视野、健康的心态、创新的精神和超越的意识积极应对城市化：既要敞开胸怀、拥抱城市，又要独立自强、不丢本色；既要大力弘扬少数民族乡村文化、保持少数民族乡村文化的独立性，又要积极融汇城市文化。

## 三、多种力量的存在和角逐致使民族乡村传统文化的未来走向更趋复杂

我们认为，由于生存论层次和意义论层次两种态势的并

① 冯骥才：《文化遗产日的意义》，原载《新华文摘》，2007（7）。

存和政府、民族群体、学者、商家等多种力量的角逐，使得少数民族乡村传统文化的未来走向更趋复杂。或许我们可以从不同的层面来分析少数民族乡村传统文化在相当一段时间内的发展。

在少数民族乡村社会的层面，必然有一些民族传统文化事象还将长期存在，全球化、现代化和城市化的力量并不能使之消亡。比如乡村民族传统的婚丧习俗、饮食习俗、民间信仰、巫医系统等，尽管在一定的历史时期内很多做法被人为强行禁止，但政府和民族乡村传统文化的持有人都意识到婚恋习俗是民族乡村传统文化中不可缺少的重要组成部分，并且采取了保护和传承行动。无论是从学者们跟踪调查民族村落、成立民族文化生态村、建立民族文化传习馆等情况看，还是从新闻报道和现实来看，都发现婚丧习俗等这类民族乡村传统文化事象恢复得很快这一事实。作为最能体现民族特征和民族乡村传统文化的元素之一，少数民族的婚恋习俗在一些地方目前已成为保护对象，如广西、云南等地的立法机关，就通过了保护非物质文化的法律、法规，婚恋习俗成为立法保护的内容，如坐落在黔西南布依族苗族自治州的贵州民族婚俗博物馆，集中展示了中国西南地区苗、侗、瑶、水、仡佬和布依等少数民族乡村地区五彩缤纷的婚恋习俗。不仅仅是政府采取了保护行动，少数民族乡村群众对自己文化特性的保护、传承意识也越来越强。传统的婚丧习俗虽然在过去破除旧风俗时尽管有所禁止和限制，但在广大少数民族乡村，从来就是禁而不止，总有暗流涌动，而随着政府禁令的解除，甚至作为民族传统文化的提倡，传统的婚丧礼俗在各少数民族村落得以光明正大的全面恢复。尽管与传统相比有了一些变迁，体现在程式、聘礼、嫁妆等方面随着社会生活和物质条件的变化而有一些改变，但基本上还是保持着各少数民族乡村的传统特色。诸如这类民族乡村文化事象的恢复和保护，不但能够维持中华文化的多样性生态平衡，而且有助于少数民族自尊心和自信心的提高。当生活在现代都市里的青年男女热衷于打领带、穿婚纱、进教堂的西化方式庆祝婚姻时，少数民族乡村的青年则把目光转向独具特色的古老婚俗。课题组调研发现，在大理喜州、凤仪、巍山等地的一些白族、彝族村落，当地村民自20世纪90年代开始到沿海打工以来，年轻人开始学会了穿西服和婚纱举行婚礼，此现象一度成为民族乡村一道时髦的风景，现在也有，但少了许多，近几年来，男女青年更热衷于用本民族的习俗举办婚礼，骑马、坐轿和穿民族服饰结婚的年轻人多了起来，用当地人的话来说："既然别人都对我们的结婚礼仪感兴趣，我们自己为什么要仍掉它？"

除少数民族乡村传统婚俗外，饮食文化等习俗因受地理环境、自然条件及物产、民族传统宗教信仰等的影响较大，人们自小形成的饮食偏好、行为习惯等是最难以改变的行为模式。大多数调查材料均表明，云南各少数民族乡村群众的饮食习惯基本未变，仍保留着许多特色食品，饮食礼仪（如南涧彝族跳菜等）在婚丧节庆的宴会上也比较多地保留着，如滇西、滇南白族、傣族、景颇族等乡村的人们普遍喜欢吃酸、辣，近年来这些具有典型民族饮食特色的餐馆更是在昆明等城市里很受欢迎。此外，各少数民族乡村的民间信仰也是比较不易流失和被消解的民族乡村传统文化事象之一，与之相联系的巫医在一些相对落后的少数民族乡村仍然有长期存在的空间，本课题前面提到的我们对楚雄州武定县己衣乡己衣大村彝族村寨的调查证实了这点，该村村民仍然相信毕摩的叫魂等巫术可以治病。

如果我们仔细分析和考察云南少数民族乡村这些传承力量较强的传统民族文化事象，当会发现其中有两个共同特征。一个特征是这类民族乡村统文化事象和民族个体家庭的关系比较直接，但与整个民族群体的关联度稍差。即是说，这些民族乡村传统文化事象的传承和沿袭不需要依靠整个少数民族群体或整个少数民族村落的结构性力量，而只需要该民族单个个体家庭就可以独立完成。第二个特征是这类少数民族乡村传统文化事象更多地也更直接地与该少数民族乡村群众的日常生活密切相关，或者说本身就是当地群众日常生活的一个组成部分。也就是说，这类少数民族乡村传统文化事象与乡村群众日常生活的耦合度比较高，当少数民族乡村群众的生存环境、生产方式、生活状况及生活条件在没有发生根本性改变的情况下，乡民个体仍然只能依据当地乡村的传统生活和行事，尽管他们可能受到了诸如现代化、全球化和城市化等外来文化的若干影响。

如果我们把以上两个特征放在现代化、全球化和城市化的背景下考察，就能更清晰地理解它的意义。历史和现实已证明：在文化发展问题上，同质化程度越高，则对多元化的要求也就愈发明显。对多元化的要求与其说是反对同质化，倒不如说是同质化加强的体现。一个很明显的例子就是，在全球文化逐步同质化的过程中各种文化传统中的文化保守主义的兴起。实际上，也只有在全球化过程当中，各种“全球性的地方知识”方有形成之可能，从一定意义上说，文化保守主义的兴起不过是全球化本身的产物。因此，可以预见的是，伴随着全球化的深入发展，文化保守主义势力必将愈发增强，文化多样性也更能得到充分体现。因此，我们认为，现代社会的发展过程实际上就是一个越来越强调个体化的过程。当然，中国的个体化过程没有呈现出西方的形式和结果。西方的个体化是启蒙运动的现实体现，伴随着西方近代化的三百余年历史，已经形成了稳固的社会基础。而我们则完全相反，中国的个体化过程，只是近些年来的事情。就强调个体化这一点来看中西可谓相类，正如文化全球化的著名研究者彼得·伯杰所指出的：“全球文化的各个领域都在促使个人更加独立于传统和集体性。个人化应视为一个社会的和心理的过程，它实际表现为人们的行为和意识，而不论他们对这一过程的见解如何。”[①]按照彼得·伯杰的观点，新的全球文化与现代化进程有着密切的内在关系，而且在当今世界上的许多地区，两者实际上是彼此等同的。随着改革开放政策的实行，我国融入世界贸易组织的步伐逐渐加快，尤其是城市化进程的提速，意味着我国正从追求表面的现代化发展到追求实质的现代化，确实也必然带来一个提升个体化的过程。总体来说，中国的个体化释放了个人的能量和创造力，对社会的变革是有积极意义的，从城市到乡村，个体化的趋势都是明显的。但由于中国的社会个体化过程中相应的社会保障、法制体系还跟不上，或者说这种个体化超越了中国当今社会的现实条件，因而个体化尤其是少数民族乡村的个体化并不会直接、快速地带来生存环境、生活状况和生活条件的根本改变，由此个体化也不会直接地否定少数民族乡村的文化传统。因此，在少数民族乡村，即使当个体有了新的条件和资源来应对现实的时候，他也会无视民族乡村文化传统。然而，如果当个体尚不具备新的条件和资源来应对现实时，他仍然不得不依赖民族乡村文化传统，或者说他只有遵循民族乡村文化传统方能更好地去应对现实，因此他必然会也不得不坚守民族乡村文化传统。基于以上分析，我们就可以明白上述少数民族乡村传统文化得以恢复且会长期存在源于其内在力量。当然，如果我们再深入一步进行分析，从历史发展这个长时段、大视野考虑问题，那么就会发现，尽管有些少数民族乡村传统文化按今天的眼光来看可能是不合时宜的，不过它未必就不能构成今后人类文化多样化生存的一种选项，因为到目前为止，世界范围内尚没有哪一种生活模式是无可挑剔、十全十美、没有缺陷的，以美国、欧洲等为代表西方文化也如此，因为在实践上，正如有学者所说的：“如果全世界的人都按照美国的消费标

① [美]亨廷顿、伯杰主编：《全球化的文化动力》（中译本），“引言”，康敬贻译，新华出版社，2004年，第8页。

准，人类现在还需要再有三个地球；如果各国按照美国水平向大气排放污染物，我们则缺少九个地球。”①

少数民族乡村传统文化中除了婚丧习俗、饮食习俗、民间信仰、巫医系统等这类文化事象只需要单个个体家庭就可以独立完成且恢复保护得较快外，我们认为，那些需要民族乡村群众群体参与或组织的乡村传统文化活动将在政府、学者、学校、民族精英等社会力量的扶持、引导、组织下继续发展。这类少数民族乡村文化活动主要以娱乐、健身等为主，可以活跃、丰富少数民族乡村群众的业余生活。由于意识形态的需要，政府的文化宣传部门有加强少数民族乡村文化建设的职能，且每年会专门划拨一定的经费，并通过各种形式，如组织传统民族节庆、民族文艺汇演、民族体育运动会、培养民族文体活动积极分子等，来推动少数民族乡村传统文化的保护和发展。此外，在一些旅游景区，政府、民族文化精英抑或投资者，虽然动机不尽相同，但都对有特色的少数民族乡村传统文化给予相应的经费投入，达到各自的保护、传承或开发的目的。

此外，文化消费已经成为今天人们的一种生活方式，体验不同特色的文化具有广阔的消费市场。“今天，在我们周围，存在着一种由不断增长的服务和物质财富所构成的惊人的消费现象，它构成了人类自然环境中的一种根本变化。恰当地说，富裕的人们不再像过去那样受到人的包围，而是受到物的包围……我们生活在物的时代。”②当人们对现代城市文明的生活模式感到厌倦时，从农业（主要是农业，但不仅仅是农业）—宗法社会的土壤中生长出来的少数民族乡村文化，因其文化差异而

① 房宁、王小东、宁强等：《全球化阴影下的中国之路》，中国社会科学出版社，1999年，第342~343页。

② [法]列维·布留尔：《原始思维》，丁由译，商务印书馆，1997年，第222页。

显得颇具魅力，其原生态的鲜声活色对都市人具有强大的吸引力，而少数民族的生命哲学、生活态度对被物质挤压掉精神信仰的当代城市人如何构建自己的精神家园不无启迪。可以说，中国广大少数民族乡村传统审美文化能多层次、多方位地丰富人们的精神生活，满足人们的审美需求。能满足人的需求就有意义，就有价值，就具有潜在的市场，就可以作为资源经过加工转化为商品。在文化产业大发展的时代背景下，消费已成为一种将经济与文化连接的社会活动，是文化生活、经济生活与社会生活的连接点和会聚地。而消费既是物质生活过程，也是文化生活过程，同时消费商品的制造与生产不再纯粹是物质生产的过程，也可以是一个文化生产和传导的过程。因此，消费者广泛接受的文化产品可以通过消费过程有效地实现文化的传承。在这个文化消费时代，关注少数民族乡村文化，发展民族乡村文化产业，让承载着民族乡村传统文化的文化产品在人们的社会生活中充当相应的角色，在帮助生产者取得经济效益的同时，向社会传播民族乡村传统文化，引起人们对民族乡村传统文化的关注，获得社会的肯定与支持，能有效促进民族乡村传统文化的保护和发展。

毋庸置疑，少数民族乡村土生土长的文化人有着很好的文化禀赋，他们或由于环境的熏陶，或由于某一事件的影响而产生对乡村民族传统文化的迷恋。作为群体，他们对乡村民族传统文化的保护与建构有很重要的作用，甚至少数民族乡村传统文化的很多东西就是由他们来传承并扩散到全民族中去的。只不过，作为个体，在条件允许的情况下，某些人的成就会大放异彩，但如果环境不适宜，则常常默默无闻、自生自灭。

总之，由于各种力量的存在，少数民族乡村传统文化会在新的条件下长期传承下去，有的事象在少数民族乡村生活中已有自己的生长点，因而是一种真实的文化存在；有的事象则在多重外在力量的扶持和引导下，正被不断地恢复、再显、调适、转化甚至是重构起来，这是一种新的“传统文化”；有的事象则因缺乏或内或外的支持力量和生长点而逐渐退出舞台，走向消亡。任何一种文化传统中，总会有某些文化事象的生与死、兴与亡，这时文化发展的常态和规律。

# 第五章 城市化背景下少数民族乡村文化保护、传承与开发的对策

文化是一个地区发展的根和魂，保护、传承、提升文化内涵和提供精神动力是城市和乡村的共同期待。城市化背景下，构建少数民族和谐乡村，推进社会主义新乡村建设，乡村文化的保护、传承与现代性变革将扮演十分重要的角色。课题组认为，保护、传承云南少数民族乡村传统文化应以费孝通先生提出的“各美其美，美人之美，美美与共，和而不同”的理念和“文化自觉”主张为根本性指导思想，倡导“学术国际化，传承民间化，产业市场化”的理念，总结、提升、坚持不脱离文化原生地的传承为主导、辅之以脱离文化原生地的传承，实现两种模式有机结合，多种力量共同参与的“云南模式”，促进少数民族乡村文化保护、传承事业与文化产业发展齐头并进。

我们认为，少数民族乡村作为经济发展的重要增长极，在城市化背景下，保护、传承少数民族乡村传统文化并且多角度、多层次推进乡村文化现代性调适和转化，必须把握好以下几个方面：既要通过推进城镇化、农业等传统产业现代化、集约化、城乡统筹一体化等措施，不断增强民族乡镇发展硬实力，更要坚持以少数民族乡村的自然、人文景观和独特的乡村文化吸引人，以少数民族乡村文化为核心规划、建设乡镇，以乡村特色文化为根本，总结、提升、推广云南保护、传承和开发少数民族乡村文化取得的经验和教训，坚持政府主导、专家学者引导、乡村群众广泛参与、学校教育与本土传承相结合、

立法保护与民众自觉保护相结合、传统保护与调适现代转型相结合、保护传承和适当商业化运作相结合等多元化模式和途径，繁荣少数民族乡村文化保护事业，推动少数民族乡村文化产业、生态旅游业、特色手工业和集约化农业等产业升级，努力实现文化民生、城乡共享，不断提升少数民族乡村文化软实力和城市化适应能力。

## 第一节　根本指导思想和规划目标

### 一、民族乡村文化保护、传承的根本指导思想是“文化自觉”

我们认为，在全球化、现代化、城市化进程中，对保护和传承少数民族乡村文化来说，“文化自觉”是必不可少的，从理论到实践都证明“文化自觉”应当成为根本的指导思想。“文化自觉”的概念，最初是由我国著名学者费孝通先生提出来的，他说：“生活在一定文化中的人对其文化有‘自知之明’，明白它的来历、形成的过程，所具有的特色和它发展的趋向，自知之明是为了加强文化转型的自主能力，取得决定适应新环境、新时代文化选择的自主地位。”[①]认知、理解和诠释自己的民族文化历史，联系现实，尊重并吸收他种文化的经验和长处，与他种文化共同建构新的文化语境，这就是我们所说的文化自觉。费孝通先生将此总结为16个字：“各美其美，美人之美，美美与共，天下大同。”

#### （一）“文化自觉”从理念到实践的经验

费孝通先生提出“文化自觉”的问题，依我们的理解，其中一个重要的内涵，应该是指拥有和传承着一种文化的民族、社区或者个人，一定要对自己的传统文化有一种自觉的意识，

① 费孝通：《论人类学与文化自觉》，华夏出版社，2004年，第194页。

能冷静地看到自己文化的利弊，学习异文化的长处、优点，在正确认识的基础上，懂得自己的文化，热爱自己的文化；此外，要能够准确地认识到自己的文化的真正价值，这样才会珍惜它，爱护它，并采取正确的方式方法来保护它，发展它。如果没有这种文化自觉，文化毁灭在自己的手上了可能还不会意识到。在当今城市化背景下，云南少数民族乡村文化保护、传承和发展的出路应是在“文化自觉”的建构方式下，既构想符合云南少数民族乡村现实生活环境和民族特点的发展目标及发展道路，又在新的发展目标指引下不断阐释与建构、传承与调适自己特有的文化。然而，在很多少数民族乡村，人们却对其传统文化做出了很多不合理的改变，比如在很多少数民族乡村传统文化中，实际上歌舞形式往往和宗教仪式是不可割裂的。可能出于政治上的正确性的考虑，有的地方强行把这种表演形式和宗教内涵割裂开来，然后把表演形式当做是一种歌舞形式予以保存下来，把宗教部分完全放弃掉，只留下一个舞蹈的形式。这种现象还不是少数。这样做的后果，实际上是因缺乏对本民族文化的正确“文化自觉”而导致的“破坏性建设的文化灾难”，这句话用在当前云南少数民族乡村文化保护和传承方面仍然是恰当的。

虽然云南民族文化大省建设取得了举世瞩目的成就，但我们还是面临着很多民族乡村文化逐渐衰落的危机，包括民族古镇古村落的个性特征、民间节庆、民间艺术、传统手工业、语言、文化传承人等。尽管其中有诸多原因，但原因之一是民族乡村群众和地方干部的文化自觉意识淡漠。

与田丰等依靠他者个人文化自觉而进行的保护和传承实践不同的是，西南地区出现了很多落户于少数民族村落中的由政府或非政府主导、专家参与的民族乡村文化保护形式。包括诸如20世纪80年代贵州省文化管理部门组织的“村寨博物馆”系列项目建设；20世纪90年代末中国和挪威两国合作在贵州建设的生态博物馆群；由专家倡导的、福特基金会资助及地方政府支持的云南“民族文化生态村建设”等。可以说，这些保护实践几乎“集我国目前所有的村寨文化遗产保护模式于西南一隅”。在对这些项目的跟踪调研过程中不难发现，不论是“村寨博物馆”等为代表的文化遗产保护的本土化创新实践，还是生态博物馆等为代表的引进型文化遗产保护类型的落户生根，在实施中都面临着重重的难题与困境，特别是那些以少数民族村落文化整体为保护目标的项目，所面临的难题和压力尤其大。其中最大的困境就是如何才能确保项目的可持续发展和起到预设的文化遗产保护效果。有一些保护类型、保护项目，还在进行之中就已经显示出难以为继的迹象，有一些则伴随着项目专家的撤离而终结。例如众所周知的被誉为中国第一生态博物馆的梭嘎苗族生态博物馆，经过轰轰烈烈的建设之后，如今留下的仅是与少数民族村落相分离的作为博物馆资料中心名号的建筑群，少数民族村落已转变为一个旅游接待的景点。又如作为云南文化生态村重点建设的云南景洪基诺族巴卡小寨，在项目组离开后，有组织的村落文化传承、保护活动即走向停滞，博物馆关门闭户，其他试点的少数民族村落也逐渐向民俗旅游村寨转向。

为什么会出现这样的状况？原因固然很多，如少数民族乡村群众参与程度低或游离于保护、传承行动者的主体之外……但最值得注意的是这些项目大多只关注少数民族乡村群众中成人的文化自觉启蒙，关注某一民族乡村文化事象的传承，却忽视了造成民族乡村传统文化断裂的症结所在：现代学校教育与传统的、地方性的民族乡村文化传承的长期割裂造成的文化自觉的缺失。正是在这个角度上，我们认为，当前我们更应该强调：越是面对全球化、现代化和城市化的挑战，少数民族乡村的群众越是要在文化的发展上找差异，找特色，找个性，因为如果说工业文明主要的发展是来自对于物质世界的创造，那么后工业文明就将是来自人类的精神世界，包括文化的再造，因此人类以往不同的文明地区、文明阶段所创造的各具特色的地方性知识、与自然相处的方式及公共符号等都将成为我们发展未来文化和未来经济发展的重要资源，而如果我们自己没有主动的理解和认识这一问题，我们又将会在未来世界的发展中迟到最根本的一步，缺乏自主特色文化支撑的发展注定要被边缘化，其发展必然受制，摆脱不了依附、从属的命运。

我们认为，在云南这样少数民族乡村文化多样性特色非常鲜明的省区，尤其应当把费孝通先生提出的“各美其美，美人之美，美美与共，天下大同”的理念和“文化自觉”主张作为少数民族乡村文化保护和传承的根本指导思想。

我们应该认清这样一个基本的事实：民众的文化品位、认识水平、时尚潮流是需要正确地加以引导的，需要长期的文化熏陶才能对特定文化遗产的价值有一定的识别能力。特别是当处于周围是一片主流文化、强势文化海洋包围的环境下，少数民族乡村群众对本民族乡村传统文化的认同意识会趋于衰微，而如果一味迎合当地民众的意愿，有时会导致真正有长久魅力和价值的特色文化的彻底消失，最终破坏文化生态平衡，引发无可挽救的灾难。近十多年来丽江古城的保护实践就是一个比较典型的例子。由于受当时中国城市建筑时尚潮流的影响，很多居民过去都想掀掉传统的土木建筑而改建钢筋水泥房，认为这才是进步的“现代化”的房子，有很多人已经开始拆除传统的土木结构房而建钢筋水泥房，有的人包括一些领导干部认为古城的石板路很落后，发生了火灾连汽车都开不进来，于是就有人动议拆掉石板路，改建水泥路，使消防车能够畅通无阻地开出开进。丽江古城几度在为数不少的干部和民众的这种意识和意愿中濒临危境。如果不是城建部门的行政干预、古城保护法规和后期有关如何看待文化传统的大力宣传和引导，丽江古城恐怕早已面目全非。从这点来说，丽江是幸运的，而在一些少数民族乡村，群众尚未具备足够的文化自觉意识，那么该如何促进少数民族乡村群众的文化自觉呢？

（二）如何促进民族乡村群众的“文化自觉”

影响少数民族乡村群众文化自觉的因素很多，文化认同、家庭环境、社会评价、学校教育、法律法规等是主要方面，所起作用各异，必须多方位、多角度共同努力长期培养，才能真正促进少数民族乡村群众的文化自觉意识。

1.乡民文化认同感的培养是民族乡村文化保护和传承的内在动力。

文化自觉是文化的自我觉醒、自我反省及自我创建。费孝通先生曾在《论文化与文化自觉》一书中指出：“文化自觉是一个艰巨的过程，只有在认识自己的文化，理解并接触到多种文化的基建上，才有条件在这个正在形成的多元文化的世界里确立自己的位置，然后经过自主的适应，和其他文化一起，取长补短，共同建立一个有共同认可的基本秩序和一套多种文化都能和平共处、各抒所长、连手发展的共处原则。”[①]少数民族乡村群众是本地区乡村传统文化传承的主体，少数民族乡村传统文化只有得到本地群众的高度认同，并从内心深处感受到传统文化的重要性，并自觉自愿地采取行动加以保护、传承，这种文化保护和传承才最有效。因此，只有培养少数民族乡村群众的高度文化认同感，使其成为促进文化传承的内在动力，并且意识到保护文化是一种责任也是一种义务，文化传承才能持久、有活力、生生不息。

2.家庭环境和社会环境的影响是关键所在。

文化的迁移与保护不能脱离滋养这种文化的生态环境。家庭环境的熏陶和社会环境的影响是少数民族乡村传统文化保护、传承和发展的关键所在。家庭氛围对文化传承的积极作用

① 费孝通：《从反思到文化自觉和交流》，原载《读书》，1998（11）。

具有天然优势。儿童从小在家庭中成长，父母的一举一动，风俗习惯、节日传统无不对他发生着潜移默化的作用。家庭环境氛围的熏染，在他们心中早已根深蒂固，对他的一生将产生重大影响。另外，社会环境的影响也不容低估，李怀秀和李怀福姐弟的成名改变了村里年轻人对少数民族乡村文化自卑的看法，充分证明了社会舆论、评价对少数民族乡村群众文化自觉性提升的作用。

**【案例14】“海菜腔”走红提升乡民的文化自信**

2006年央视青歌大赛上，李怀秀、李怀福姐弟将云南彝族口传心授、流传近600年的独特唱腔“海菜腔”带给了大众。独特的换气方法和长气息的演唱风格，不露痕迹自然转换的真假声，一口气拖高音达到50秒的“绝活”，震惊了国内外声乐专家。李怀秀坦言，他们表演的“海菜腔”只能算作冰山一角，“海菜腔全部唱完整要40多分钟，中间只有28个字，像一首诗一样”。李怀秀和弟弟的成名，让村里越来越多的年轻人对这种原生态的乡村音乐产生了兴趣。李怀秀说：“之前，我们那里的年轻人觉得唱山歌比较土，不愿学，现在他们突然发现，原来唱山歌也可以有出路，县里学校一个星期会安排1—2节课，教大家唱山歌。”目前，石屏的彝族海菜腔、彝族烟盒舞已以民间音乐和民间舞蹈形式申报第一批国家级非物质文化遗产代表作，被文化部列为第一批国家级非物质文化遗产名录。

3.乡村文化进校园是首要途径。

教育是少数民族乡村文化保护、传承、发展的首要途径。我们应重新审视学校教育，用不同的民族视角来看待不同的民族文化，并将其融入到教学过程当中去，培养学生文化多样性的意识，从而促进少数民族乡村学生自我认同感和文化认同感的形成，为少数民族乡村文化传承打下坚实的基础。如果说，各类文化遗产保护实践活动因为缺少了对现代学校教育系统的关注，缺少了支撑村落民族文化传承的另一只脚，从而使单一的文化保护项目独步难支陷入困境的话，那么我们应该注意到云南省对少数民族乡村传统文化知识传承、保护还进行了一些有益的尝试和可贵的探索，这就是通过编写乡土教材，将少数民族乡村传统文化知识引入学校课堂，借助学校教育的方式对其加以有效传承，这方面课题前面提到的黄大烈先生在丽江小学中开设东巴文化课的尝试很有成效，非常值得借鉴和推广。实际上中学、中专、大学也应该做类似的尝试，从而保证文化传承面的宽广和程度的加深，田丰文化传习馆的经验教训也证明了运用学校网络进行乡村文化保护和传承的重要性和不可缺少的作用。

4.制度安排是根本保障。

政府制定、颁布相应的法律法规是少数民族乡村传统文化传承的根本保障。少数民族乡村传统文化的保护和传承不仅要靠个人、靠学校，更要依靠政府。政府在社会大环境中扮演着重要角色，作为社会舆论的领头人、导向者、公共政策的制定者，其行为无疑成为社会行为的标杆和量尺。因此，政府在制定相应法规政策的同时，应该充分考虑少数民族乡村传统文化在多民族国家中的重要地位，应主动将少数民族乡村优秀传统文化纳入到现代教学体系当中，实行多元文化教育，让各族人民充分认识到少数民族传统乡村文化的地位和作用，形成传承少数民族乡村文化的使命感和责任感。此外，政府可以通过制度安排，塑造传承设计“可期望的框架”，如制定、颁布具有较强针对性的《乡村文化保护法》，保证在城市化推进的过程中维护各民族乡村群众的文化利益，减少侵犯少数民族乡村文化知识产权的案件的发生（关于这点，课题将在后面的内容中作适当的举例进行分析）。我们认为，政府方面的制度安排可以减少少数民族乡村传统文化被破坏的程度，降低保护成本，提高效益，减少因城市化推进而带来的紧张、对抗甚至危机。

## 二、城市化背景下少数民族乡村文化保护、传承、开发的关系

在城市化背景下，云南和其他多民族聚居省份为少数民族乡村文化的保护、传承与开发利用出台了诸多文件，投资上马了许多项目，政府部门、专家学者和民间人士为推进少数民族乡村文化资源保护、传承和开发转变为民族文化资本均做了许多有益的工作，取得了相应的成就。然而，由于受全球经济一体化影响，受中国城市化发展进程的影响，受少数民族自身接受现代教育程度深浅的影响，受民族地区乡村相对封闭的人文环境和自然地理条件的制约，加之受当地历史背景、经济发展基础、传统文化的创新等诸多因素的限制，少数民族乡村文化的保护、传承与开发利用工作不容回避地存在一些缺憾和不足，主要表现在：保护、传承措施不力，文化产业观念淡薄，视野较狭窄，自主创新意识不浓，竞争意识和超前意识欠缺，开发力度不强，各自行动，保护、传承与开发利用脱节，人言亦言的“盲目突击上项目”，扭曲保护和表面形式上的应付开发等。这些普遍存在的现象不利于少数民族乡村城镇化的推进，也不利于少数民族乡村文化资源与旅游产业的互益互动发展。因此，我们认为，在研究城市化背景下少数民族乡村文化的保护时，要正确处理好文化保护、传承与开发的互动关系，认真做好少数民族乡村文化建设的总体规划工作。

少数民族乡村文化的保护、传承与开发三者是辩证统一的关系，缺少了任何一方都不行。我们认为，人类社会的本质是社会文化共同体，即人类是由某种共同的规范组织起来的一个能够独立划分开来的人类群体。正如生物基因信息的生殖遗传是生物种群得以不断延续的根本条件一样，人类文化信息的社会传承是人类历史得以持续发展的基本前提。不同的地域环境造就了不同的人群和民族，也造就了不同的社会文化共同

体，每个地区的每个民族往往具有自己独特的生产生活方式，又具有自己独有的社会历史文化传统、思维方式和价值文化判断（即行为模式），甚至还可能具有自己特有的思想文化（即知识体系），这就是人类社会的文化信息系统的封闭性，这一特性在人类发展的早期因社会交往及文化交流条件的限制显得尤为突出。然而，人类社会的文化信息系统同时也具有开放性，即文化成果的历时性文化信息传递和共时性交流。由于人类社会的发展和交通工具、通信手段的改进，尤其是近代以来飞速发展起来的科学技术和当代蓬勃兴起的已经或正在席卷全球的信息革命，不同民族、不同地域、不同国家之间的社会交往及文化交流迅速扩大并且日益向着纵深发展，各种孤立的封闭性社会文化共同体的天然界限或人为界限陆续被打破，这就自然而然地导致了人类社会的文化信息系统不可逆转地日趋全球化，整个世界正逐渐融合为一个巨大无比的全人类性的社会文化共同体，或者说是一个空前统一的小小地球村。在当今世界上，尤其是物质文化领域的创造性成就以及精神文化中的思想文化部分，正逐步成为全人类共同拥有的财富。在全球范围内，很难再找到彻底与世隔绝的区域生产和民族经济，也很难再找到完全与众不同的社会知识体系，与此相适应，早先的各种社会文化共同体开放自己的文化信息系统，已成了一种无法否认的历史事实，而且也是一种越来越无法回避的时代要求。在此背景下，人类社会的文化信息网的闭关自守就像生物种群的基因信息库的故步自封那样，无以自我改进和自我更新，所面临的只能是信息湮灭和自身死亡。因此，为了让少数民族乡村民众能更好地生活，就要真正把传承与创新、保护与发展体现在整个少数民族乡村文化的发掘、整理、传承、展示和发展的全过程中，体现在少数民族乡村的城镇化发展进程中。

我们认为，少数民族乡村文化的保护是传承的前提，传承是发展的基础。传承的目的在于发展，在于创新，进而为当代人所用。而创新，又离不开传承，离开了传承的创新犹如无根之木、无源之水，因此只有形成保护、传承、发展相互结合的良性互动，少数民族乡村文化保护、传承创新区的建设才能发挥作用，文化产业成为支柱产业才能实现，少数民族地区乡村的城镇化才能走上集约、节能、生态的新路子。而这个良性循环的关键就在于创新，保护需要创新，传承需要创新，发展更需要创新。打造少数民族乡村文化保护、传承创新区，就要抓住文化为民、文化惠民这个根本出发点和落脚点，以创新的思维、创新的手段、创新的技术、创新的管理，发掘出少数民族乡村文化资源最大的精神价值和物质价值，在不断满足少数民族乡村民众日益增长的精神文化需求的同时，也最大化的实现其经济价值和生态价值。

本课题认为，保护、传承、开发少数民族乡村文化是一项全方位、多层次的综合性的文化系统工程，将民族乡村文化资源优势尽快转化为当地经济发展优势，让保护、传承民族乡村文化的群众得到更多实惠，找准保护与开发的关联点、切入点和创新点，尽快与当地城镇化规划对接，与当地旅游业对接，让更多的乡村民众获得增收。事实上，旅游文化产业发展到今天，其目标已不仅是追求感官和精神方面的愉悦，更是传播一种现代生活理念，同时还是对具有普遍性的人与自然和谐共处人文精神的一种探索和追寻。因此，少数民族乡村文化的保护、传承、利用，只有通过与当地城镇化规划对接，与当地旅游业开发有机结合，才能收到事半功倍的互动互益效果，而推动城镇化进程和开发民族乡村文化旅游，这对于相对封闭且发展缓慢的少数民族乡村来说，对其影响是很大的。它把现代化、城市化的一些理念带给少数民族乡村民众，让乡村少数民族群众在旅游业带来的社会经济活动中，把自己置于现代化、城镇化的发展进程，最终实现城市和乡村的文化良性互动。因此，在城市化背景下，促进少数民族乡村民众更加关注保护、传承本地区乡村文化具有更强的现实意义，也只有当少数民族乡村民众自觉参与到保护、传承民族乡村文化的行动中，并在自身文化发展与现代化、城市化发展的文化经济互动过程中为自己寻找到合适的位置，唯此才能真正构建起城市化与少数民族乡村文化保护、传承与开发的良性互动机制。

在经济全球一体化和城市化飞速发展的大背景下，改革开放以来，持续不断的经济繁荣使更多的人拥有丰富的物质财富和更多的闲暇娱乐时间，在享受物质文明的同时，人们开始极力探寻古老的民风民俗文化，追求和向往返璞归真，更加关注人类的健康环境，贴近乡村、贴近自然的需求也越来越强，因此，民族文化底蕴深厚、生态资源保护完好的少数民族乡村成了人们梦寐以求的人间净土和天堂，旅游则将人们对文化多元性的需求淋漓尽致地表现出来，让整个人类在生存与发展的多元一体的格局中以最为轻松的方式学习和谐相处，交流沟通，改善人们之间的相互关系。即是说，少数民族乡村文化的保护、传承与旅游开发可以实现一种愿望，即帮助现代都市里的人逃离紧张、浮躁、喧嚣的都市生活，躲避日益严重的环境污染，回归更宁静、更纯朴、更和谐的慢节奏乡村田园生活方式，了解各地风情各异的民族文化和倾心迷人的自然风光，寻找、追忆历史，体验、享受生活，从而实现对现实精神和生存状态的适度调适。因为到少数民族地区进行乡村文化旅游蕴涵着一种怀旧的理念，旅游者通过对不同地区、不同族群生活方式的认识、了解和体验，能够追忆各民族过往的历史，理解各民族古朴的世界观、价值观，找寻完整的人性本真状态，实现人与自然和谐的身心回归。同时，不同民族地区的乡村文化又是人类曾经拥有过的某些智慧和行为的代表，这是少数民族地区乡村的一笔巨大的文化资源财富，能够为生活在现代化世界的人提供一种根深蒂固的具有稳定性的精神理想和情感追求。体验这种怀旧的感受，容易使人看清所面对的共同问题，从而对经济相对落后的少数民族乡村抱有更加深切的关怀和责任。另一方面，在现代科学技术飞速发展的当今社会，通过对少数民族乡村文化的保护、传承与旅游开发，或许能使人们对非主流社区民众生存状况的那种陌生或遗忘得以重新认识和发生某些看法上的改变，促进城乡文化和不同民族文化之间的交往和接触，引起人们对不同文化现象广泛而深刻的求知和理解，从而使不同民族文化之间的人们更加亲近，心理隔阂与陌生逐渐消除。

通过大量调研，结合云南少数民族乡村文化保护、传承和开发实例的得失经验分析，本课题认为，少数民族乡村文化保护、传承和旅游开发之所以是一种相互依存的关系，主要是由于少数民族乡村自然生态环境和文化方面的独特性、差异性所呈现出的旅游文化魅力对游客的巨大吸引力。可以说，在民族地区乡村体验民族乡村文化，有别于城市旅游公园中的少数民族表演的或多或少变味的民族乡村风情文化。体验民族乡村自然生活方式习俗，已渐成为现代人的渴望，正吸引着众多的游客，民族乡村文化旅游已成为朝阳文化开发产业。在自然居住地的民族乡村以其优美的自然环境和古老的文化习俗独特性，积极自主地向游客展示其宽广的胸怀，真实而生动地向世人树立自己的多彩形象。所以，在蓬勃发展旅游业中，在全球备受环境污染和温室效应困惑的氛围中，全力打造少数民族乡村文化旅游品牌，发展民族乡村文化创意产业，尽快使少数民族乡村文化资源和民族居住地方的奇特自然风光成为文化产业发展的最佳卖点，是增加少数民族乡村经济收入的主要资源。另一方面，发展少数民族乡村文化旅游，发展民族乡村文化创意产业，既促进了对少数民族乡村传统文化保护、传承的关注，有助于认识不同民族的传统文化，从而达到彼此理解与相互尊重，同时，也客观上改变了人们对传统的城市生活方式的认识，促使人们意识到少数民族乡村实现城市化必须走不同于大城市的新路径。在民族文化保护、传承与开发中，处于边缘性的少数民族乡村文化，必然成为一种公众能够听到的声音，既能被传播、吸收、理解，又能尽可能地创造发挥，达到从不同程度和方面服务于本民族和改善他们的生活世界。这样，少数民族乡村文化产业会为人类建立一座沟通的桥梁，让我们加深对自己本民族同胞的关爱和信任，胸怀更加开阔，相处更加和谐。

当然，少数民族乡村文化的保护、传承与旅游开发对于当地村民同样有着深刻意义和较大影响。人们在自觉保护、传承少数民族乡村文化，开发、利用少数民族乡村文化产业，增加经济收入的实践过程中惊讶地发现，当地乡村文化是取之不尽、用之不竭的无形文化资产，是一种特殊的文化产业，只是很多的人包括自己以前还没有认识它、重视它、研究它、开发它，传承千年的少数民族乡村文化资源的巨大潜力优势会让人们的生活变得更加精彩迷人，会让更多的人精神世界得到丰富和提升。“城市让生活更美好”，而“乡村让城市更向往”！少数民族乡村民众也会从中发现，只有通过保护、抢救、整理、开发利用民族文化遗产资源优势，才能吸引更多的游客到民族乡村居住、旅游观光。同时，大批的旅游者对少数民族乡村文化旅游的关注兴趣，在一定程度上会激发当地民众对自身民族乡村文化保护、传承和开发利用的反思，唤醒民族成员对本地区乡村传统文化保护、传承的热情，人们重新认识自己的文化传统，增强了自豪感、自信心，更加关注认识本民族文化传统文化资源的现代化价值和对外影响，从不同程度上强化了对本民族乡村文化保护、传承的认同感、责任感、紧迫感，更加自觉地肩负起抢救、保护、整理、利用当地民族乡村文化复兴的历史责任。

多年实践证明：在少数民族乡村文化保护、传承、抢救、开发利用，云南做得有声有色，搞活了本省经济，带动了国民经济全面健康、协调发展，提高了本省的对外知名度，同时，云南所取得的经验和教训也具有一定的代表性，它山之石可以攻玉。我们真诚地希望把云南世居的25个少数民族的乡村文化之保护、传承与独特气候、自然资源、旅游观光相结合，让少数民族乡村文化成为世代享用的民俗文化，把少数民族乡村文化的保护、传承、开发与新型城镇化发展思路相结合，从而把少数民族乡村文化变成全国人民共享的文化遗产和全人类的共同精神财富，在构建和谐社会和实现“中国梦”中发挥其应有的功能和作用。

## 三、民族乡村文化保护、传承与开发的基本思路和规划目标

无数事实告诉我们，在少数民族乡村生产方式转型的初始阶段，其特征是追求经济效益的最大化。实践表明，如果把经济发展建立在与自然资源和少数民族乡村传统文化的断裂或对立的前提上，其最终后果将破坏少数民族乡村经济持续发展的基础。因此，本课题认为，在城市化进程不可逆转的背景下，云南少数民族乡村文化的保护、传承、调适与推行经济生产方式的转型，必须实现经济、生态环境、文化的协调发展，既要保护好生态环境，建设民族地区特色小城镇，又要充分保护、挖掘、传承少数民族乡村文化资源，二者互为限制条件，只有实现良性互动，方能真正促进当地经济社会和文化的协调发展。

据此，我们认为云南少数民族乡村文化的保护、传承、调适、开发的规划目标应当是：建立以地域地貌为背景、古老建筑为陪衬、民族地区乡村习俗为载体、宗教信仰为依托、传统服饰为焦点、歌舞表演为看点、民族节日和手工技艺为热点的较完备的多元乡村文化体系。在我们看来，少数民族乡村文化的长久保护和开发利用应遵循这样一个思路：乡村土地、田园自然景观、古村落、古建筑、古住宅是体，乡村浓郁、古

朴、原生态特色鲜明的民族民俗文化是魂，生态农业、乡村生态旅游业、捕鱼业、民族餐饮服务业、民族手工产品加工业等乡村民族特色产业是根，乡村民族文化博物馆、公园、文化传习馆、民族文化广场、庙会、古戏台、古宗祠、民族节庆活动等平台是关键，实现乡村民族文化文化软件和文化硬件相互整合、城市文化和乡村民族文化共同发展，让城乡全覆盖的公共文化服务体系成为"少数民族地区宣传乡村民族文化高地"的重要支撑点。为此，政府应以特色化小城镇建设为契机，完善少数民族乡村的基础设施，加快消除城乡二元结构，就地就近解决少数民族乡村剩余劳力问题，在此基础上，牢固树立"文化保护和传承是根本目的"的认识观念，提高民众的文化自觉性，立足于"不脱离文化原生地"为主、辅以"脱离文化原生地"的保护和传承模式，创新多元保护和传承的具体途径，以文化保护促进经济社会发展。

### （一）以民族乡村文化作为乡村社会稳定与经济发展的重要支撑

经济发展为文化发展提供了物质基础，但忽视文化功能，抛弃、背叛传统文化，势必会引起社会的失控和剧烈震动，经济发展就会失去精神力量的支撑。少数民族乡村经济和文化协调发展是一个有机的整体，二者不可分割。一方面，优秀的少数民族乡村传统文化以其强大的精神动力和渗透力，有助于民族乡村传统经济实现产业现代升级，并向着以人为本、诚信立人的良性方向推进。因而要大力发展云南少数民族乡村文化保护事业，锻造乡村民族文化精品，打造乡村民族文化特色品牌，提高民族地区乡村群众的文化素质，使其从单纯的经济竞争发展到文化、经济等多领域的综合竞争，增强竞争的综合实力，促进民族乡村文化与经济协调发展。另一方面，在封闭落后的少数民族乡村，其传统文化也会阻碍社会的变迁发展。云南少数民族乡村多以粗放型传统农业为主，部分地区以捕鱼等为生，如大理洱海周边地区的白族渔村，部分地区以畜牧业为主，如楚雄的彝族乡村，总之，云南少数民族乡村大多农业产业化程度不高，农村二、三产业发展缓慢。因此，必须带领少数民族乡村的干部、群众走出去，抓好教育，保护好、传承好、利用好本地区的乡村文化，提高科学技术水平，扩大文化视野，借助新的科技文化力量，结合、依靠传统的乡村文化资源，促进少数民族乡村经济的发展。

（二）利用民族乡村传统文化提高生态环保意识，实施可持续发展战略

由于片面追求经济发展，云南一些少数民族乡村曾经出现乱砍滥伐、过度开垦、超载放牧的现象。维护生态平衡，需要把控制人口、节约资源、保护环境放到重要位置。在如何形成族群的生计方式、社会组织和宗教信仰等与自然和谐相处的良性机制方面，云南少数民族乡村传统文化能有所作为。云南少数民族乡村传统文化中，崇尚自然、敬畏自然的观念根深蒂固，这是好的一面，可加以改造和利用，使之化为现代生态保护的内在精神力量。同时，要从现代科学文化的角度来提高少数民族乡村干部、群众的环保意识，响应计划生育基本国策，使人口增长与社会生产力的发展相适应，利用文化与环境的互动来调适少数民族乡村的生境，促进经济社会的可持续发展。

（三）建立适应和谐社会发展的民族乡村文化体系，推动乡村文明建设

中国政府多年来在少数民族地区实行民族平等团结、区域自治、尊重风俗习惯、宗教信仰自由、发展语言文字的政策，并采取了一系列积极的经济优惠措施。随着云南特色小城镇建设的推行，应在云南少数民族乡村推进经济生产方式的转型，建立现代少数民族乡村文化体系，构建文明社会，因此，应与全面建设小康社会、建设社会主义新乡村相结合，按照统筹城乡发展、区域发展、经济社会发展、人与自然和谐发展、国内

发展和对外开放的指导思想，落实科学发展观，发挥云南少数民族乡村的文化资源和自然资源优势，以市场为导向，以科技为支撑，积极培育民族乡村特色产业，开发新兴产业，发展循环经济，建设生态文明，使经济结构更合理，走生产发展、生活富裕、生态良好的文明发展道路，并通过保护、传承、调适、开发云南少数民族乡村传统文化，促进人的全面发展，用信息化、特色文化带动现代化、特色城镇建设，把少数民族乡村传统文化纳入以现代知识和地方传统知识相结合为基础的制度创新，建设特色鲜明的和谐乡村文化，建立廉洁、公正、高效、透明的乡村行政运行机制，以及规范的法律、经济和文化体制，建立以地域地貌为背景、古老建筑为陪衬、民族地区乡村习俗为载体、宗教信仰为依托、以传统服饰为焦点、歌舞表演为看点、民族节日和手工技艺为热点的较完备的多元乡村文化体系，推进少数民族乡村文化、环境与经济社会协调发展，促进各民族共同繁荣发展。

（四）促进民族乡村文化保护、传承、调适、开发协调发展

在市场经济逐渐完善的今天，云南少数民族乡村的发展应该坚持统一规划，用规划来保证少数民族乡村文化开发与经济开发协调发展。

首先，应明确云南少数民族乡村文化保护、开发的内涵、目标定位、发展路径和工作重点，把保护和传承工作放到与经济开发同等重要的地位，使二者相一致、相协调。

其次，在重要的文化基础设施规划方面，应坚持“高起点规划、高水平保护和开发”，搞好云南少数民族乡村文化保护、开发的规划建设。可采用向专家学者咨询和公开招标的方式，聘请国内一流的民族学家和规划设计咨询机构，制定一流的规划保护、建设方案。在做好科学规划的前提下，抓投入、抓保护、抓建设、抓管理、抓人才，使云南少数民族乡村文化保护、建设得到扎实推进。

第三，云南少数民族乡村文化保护、开发具有良好的基础、现实的条件和迫切的需求。站在城市与乡村、历史与现实、传统与现代、东方与西方的文化交汇点上，云南要着眼于世界文化发展的前沿，发扬少数民族乡村文化的优良传统，汲取世界各民族的长处和现代城市文化的优点，坚持不懈地推动少数民族乡村文化保护、传承和开发，建设具有云南少数民族乡村文化特色的小城镇，大力发展先进文化，弘扬历史文化，支持健康有益文化，努力改造落后文化，不断增强乡村文化的吸引力和感召力，更好地满足少数民族乡村人民群众日益增长的文化需求。

当经济发展到一定程度，就要靠文化的力量反作用于经济。文化是人类历史进程中长期积淀的相对稳定的价值体系和行为模式，是渗透到经济、政治、社会、环境中的人的精神基因和价值基因。我们要以全新的历史视野和文化视野，用科学发展观来理解和把握云南少数民族乡村文化的地位和作用，探寻经济与社会更快更好的发展。云南少数民族乡村经济社会要更快更好地发展，需要我们从指导思想、发展模式、工作措施等方面实现根本性的转变。其中一个重要方面，就是要为经济社会发展提供强有力的精神支撑。经济是基础，是文化事业的第一支撑，南宋陆游在《农家》诗中说的“小康何敢望，生计且支撑”形象地说明了这个道理。

其实，云南少数民族乡村文化主要是作为民族民间传统文化而存在，尽管它已有上千年的历史积淀，但在城市化乃至整个现代化进程的冲击下，无论是面对人为因素还是自然因素的侵蚀，都显得十分脆弱，非常需要对它加以精心保护，以保持民族乡村文化和世界文化的多样性生态平衡。少数民族乡村文化必须从城市化进程所带来的冲击中走出来，因此我们应用“遗貌取神”的方式加以保护和传承，以“和谐创新”的形式进行调适和开发，将创新精神全程介入，使和谐理念贯穿始终，其总体目标在于建设以文化保护促进经济社会可持续发展、人与自然和谐、人与人和谐、人自身身心和谐的有民族特色的乡村文化。

## 第二节　少数民族乡村文化保护与开发的对策

“经济与社会协调发展”与“和谐社会建设”是一致的。这就要求云南少数民族乡村必须以城市化战略和西部大开发为总体性背景，以社会主义新乡村建设为契机，在加快实现云南少数民族乡村社会变迁的进程中，一方面大力发展少数民族乡村经济，以民族经济的提升来培植适合于民族社会发展的文化，另一方面要不断地积极引导文化意识的发展方向，全面提高少数民族乡村社会成员的心理素质和文化品位，改善和优化少数民族乡村社会的生境和生活条件，从而真正实现协调发展、和谐运行的未来发展新景象。应该说，这是一项异常艰巨的系统工程，但同时也是我们必须面对的紧迫的现实课题。

### 一、牢固树立“民族乡村文化保护与传承就是根本目的”的观念

近20年来，云南少数民族乡村纷纷掀起了保护与传承乡村传统文化的热潮，取得了一定的成绩，初步形成了文化保护的“云南模式”。但一个不容争辩的事实是，云南少数民族乡村文化在复兴的同时也涌动着衰退和变异的暗流。更应该引起高度重视的是，有些传统乡村文化的流失和变异是因为我们的认识不到位，甚至是以保护之名造成的。据课题组的调查，目前在云南的相当一部分少数民族地区，无论是地方政府还是普通民众，他们对于乡村传统文化保护与传承的根本目是什么，至今仍存在着致命的认识误区，即认为少数民族乡村传统文化保

护在很大程度上只不过是为了展示给游客等其他人看的，最终是为经济工作服务的。因而“文化搭台、经济唱戏”之类说法便成为口头禅，被官员们冠冕堂皇地写进了各级党委文件和政府工作报告中，并作为指导其全局性工作的“定海神针”。然而事实证明此举难见奇效，因为各地尽心竭力地通过“招商引资”大兴的民族乡村文化旅游开发，其好不容易才拆掉旧居建盖起的意在招徕游客的一个又一个“民俗村”“民族村”或“文化村”之类新型“人造景观”，最终往往都会在昙花一现般短暂的繁华热闹后陷入难以收回开发成本的乏人问津的尴尬境地。造成这一事与愿违、事倍功半的最根本的原因在于没有从认识观念上牢固树立“少数民族乡村文化保护与传承就是根本目的”的思想，患了认识上本末倒置的根本错误。“产业化不是民族传统文化发展的最终目的，最终目的应是改善人们的生活（物质的和精神的），让人们的生活更富有文化底蕴，更富有艺术气息，更富有诗意。即产业化只应是艺术化、生活化的手段而非目的。”“不可否认，当前的文化产业也不是不看重民族文化的独创性、丰富性和多样性，但是这种重视只有在不妨碍其市场效益的情况下才是真诚的，一旦民族文化对于后者构成障碍，民族文化的追求与利润的追求发生龃龉，它对利润的关注必定压倒对民族文化的关注，让民族文化做出牺牲常常是毫不含糊、毫不犹豫的抉择。因此，急于让民族文化走向市场往往只能摹仿表象的东西。在打造一个民族文化商品时如果不能连同其深层的价值意义一块打造的话，其结果是很危险的。”①

近年来，云南乃至全国各地正兴起一股民俗文化旅游的热潮，以此拉动地方经济发展。然而我们看到的是，在这种民俗、民间文化的背后却隐藏着一股受商业利益驱动的、趣味低

① 林庆：《论少数民族文化的艺术化和市场化问题》，原载《贵州民族研究》，2008（4）。

俗的、粗制滥造的“伪民俗”的暗流。对这种“伪民俗”现象，俞吾金教授等一些专家、学者曾提出了尖锐的批评，认为这种“伪民俗”注重的只是外表，大多只在感性的器物的层面上下功夫，实际上缺乏对民俗、民族乡村传统民间文化的真正兴趣。比如对民族民间舞蹈、仪式庆典进行演绎的当代人，对这些乡村传统民间文化、民俗既缺乏心灵上的认同，也缺乏情感上的共鸣①。据课题组的跟踪调查，在云南许多边疆少数民族地区，随处都可以看到被人们不断传承或建构出来的各种民俗村落和民族节庆活动，当中固然有不少承载民族精神风貌、体现民族传统文化的精品，例如白族的绕三灵、傈僳族的刀杆节、傣族和德昂族的泼水节、彝族和白族的火把节、纳西族的三朵节、德昂族的龙阳节、景颇族的木脑纵歌节、苗族的斗牛会及普米族的转山会等等。这些民族节日既是少数民族团结和睦的联欢盛会，也成为外地游客了解云南少数民族乡村文化、风俗习惯的一扇窗口。但是，也有一些地方政府官员为了推动地方经济发展，便借助一些外来的“文化商人”和部分所谓的“地方文化精英”，故弄玄虚地去建构一些“伪民俗”和“伪文化”，如我们前面提及的傣族园中对克木人“伪民俗”的“演绎”。这些以虚假与肤浅为其特征的“伪民俗”和“伪文化”无一例外地以赚钱盈利为主要目的，其做法不仅极大地糟践和破坏了当地自然淳厚的民风，而且还往往引起了外地游客的误解乃至不满，此举无疑对少数民族乡村传统文化的保护和传承是十分不利的。据此，我们要意识到，少数民族乡村传统文化的保护和传承主体，包括各级政府官员、专家学者、民间精英人士、普通群众在内，所担负的重要使命之一，便是首先从思想上牢固树立“少数民族乡村传统文化保护与传承就是根本目的”的认识论观念，其次要不断对这些“伪民俗”和“伪

① 俞吾金：《我们不需要“伪民俗”》，原载《人民日报》，2006-09-12。

文化”进行必要的解构、澄清，力求还少数民族乡村传统文化以本来面目。

我们认为，保护、传承少数民族乡村文化之目的就在于能够使各民族的文化能够得到健康有序的发展（目的之目的），在于使民族文化得以世代延续，让当地少数民族乡民能够从中真正体验到生活的乐趣；而不是简单地对民族乡村传统文化进行粗制滥造的“复制”或“创制”，甚至本末倒置地以供外来游客观赏，或为经济发展充当“搭台”之类的角色。因此，我们一定要从文化“本体论”的角度对乡村文化保护与传承工作进行认真的总结和反思，真正认识到在乡村开展这项工作、建设众多的民族文化保护村及民俗文化旅游景点的目的。只有把这样一种“本体论”的观点作为云南少数民族乡村文化保护与传承的核心理念，并使之贯穿于各项相关工作的始终，才能让愈来愈多的文化持有者对本民族的文化充满自信心，最终也才有可能实现真正意义上的云南少数民族乡村文化保护与传承的目标。

毋庸置疑，云南多彩各异的少数民族乡村传统文化固然能带来经济回报，但保护和传承传统文化才是经济发展的根本前提，这一关键性的认识不厘清，乡村的发展必然淹没在城市化大潮的洪流里，最终只能以多彩各异的乡村传统文化的消失和泯灭换来抽去根基的短暂的经济发展。须知，云南少数民族乡村传统文化是云南各少数民族乡村先民千百年来形成的智慧的结晶，也是全人类文化宝库中十分重要的瑰宝，因此保护和传承好乡村传统文化，既是维护世界文化多样性和促进人类共同发展的前提，同时也是贯彻落实科学发展观和构建社会主义和谐社会的必然要求，发展经济也好，建立有地方特色、民族特色的小城镇也好，最终目的是实现人与自然、人与人、个人肉体与心灵、城与乡之间的和谐和舒适。

## 二、坚持以“不脱离文化原生地”的传承为主、辅以“脱离文化原生地”的传承模式，实现两种传承模式的有机结合

在课题的前面部分我们提出，经过政府、专家学者、学校、民间精英等力量多年的摸索和实践，云南少数民族乡村传统文化保护与传承形成了两大模式：不脱离文化原生地的传承模式和脱离文化原生地的传承模式。不脱离文化原生地的传承模式，即主要是在村寨或社区层面进行传承的模式，它强调少数民族乡村传统文化不离开文化的“母体”，不离开文化传承的空间和生存环境，强调乡村广大民众的积极参与和自我主导。这种模式的代表例子包括“民族文化生态村”等项目以及美国大自然协会等组织的“滇西北民族文化保护与发展行动计划”等项目，都强调保护与传承同生态保护等有机结合在一起，倡导不脱离文化原生地的传承模式，丽江的宣科等一批纳西族民间音乐家对纳西古乐的传承以及云南广大傣族地区的寺庙教育。经过20年的实践证明，这种处在少数民族乡村文化空间土壤和背景中的文化保护和传承模式是有长久活态生命力的，尽管也有失败的经验和教训（如巴卡基诺族民族文化生态村），但却是值得深入研究和大力推广的。

而所谓脱离文化原生地的传承和保护模式，是指远离滋养少数民族乡村文化土壤和背景，在都市、高校、学者创办的文化传习馆、科研机构等地进行少数民族乡村文化的保护与传承。这种传承和保护模式的典型代表是由田丰于1995年初筹资创办的云南民族文化传习馆、云南民族大学艺术学院聘请各民族民间艺人到学校为学生授课传习、玉溪师范学院湄公河次区域民族民间文化传习馆等。这种模式多以传承、研习原汁原味的民族歌舞为宗旨，反对商业气息和过重的表演痕迹，反对到酒店宾馆从事商业性餐饮歌舞表演，强调由各民族乡村中老年艺人带领本族青年，以脱产方式到传习馆系统整理、研习、表

演传授，为学生提供了学习、体验少数民族乡村文化的场所，同时解决了学校教育普遍存在的非参与性、非实体性问题，重视聘请各少数民族乡村的民间艺人到学校为学生授课传习等方式，倡导民族艺术研究、创作、表演、进修、培训相结合的办学模式。应当说，两种传承模式严格来讲对少数民族乡村传统文化的保护与传承都是非常有效的，各有所长也各有所短。我们认为，要坚持以“不脱离文化原生地”的传承为主、辅之以“脱离文化原生地”的传承模式，并将两种传承模式有机结合起来，形成政府主导，专家学者引导，学校、传习馆、科研机构参与，群众参与，民间资本适当介入的具体保护、传承、运作模式。我们必须意识到，由于少数民族乡村传统文化本身是以一种活生生的态势存在于民众的日常生活之中的，因此对其的保护与传承也应当采取活态的而非博物馆式的僵化方式，以保证少数民族乡村传统文化永葆其旺盛的生命力，在适当引入商业资本时，也应当尽力避免某些地方政府官员、外来的“文化商人”以及部分“地方精英”不断建构一些子虚乌有的“伪民俗”和“伪文化”。

## 三、民族乡村文化保护和传承需要政府主导、全盘规划

在城市化背景下，少数民族乡村传统文化保护和传承不是孤立的文化问题，它涉及政治、经济、宗教、民族、基础设施建设、医疗、保险、环境、就业、产业、安全等方方面面，政府如果不从根本上解决少数民族乡村同城市之间长期存在的“二元并存”格局，则少数民族乡村传统文化的保护和传承也不可能得到很好的解决，而城乡“二元并存”格局的消除决定了必须由政府为主导。

### （一）民族乡村传统文化保护和传承不是孤立的文化问题

实践证明，云南广大少数民族乡村的发展已不大可能也没有必要再走沿海农村乡镇企业、民营企业的传统工业化、城

市化道路，这一是困于产业基础、交通条件等方面的限制，二是基于环境保护和全国生态效益的需要，三是出于维持中华民族文化基因和文化生态平衡的需要。云南少数民族乡村应该凭借自身所拥有的丰厚文化资源优势，在充分挖掘和保护好独具民族特色的多样性乡村文化的同时，发展以民族地区为特色的乡村生态产业、民族手工业、旅游业为依托的民族乡村文化产业，同时大力保护和改善民族地区乡村脆弱的自然生态环境，这本身就是一种“绿色”产业，可同样为民族地区乡村的文化资源开发和环境资源保护服务。这些都完全符合国家发展特色小城镇战略的要求，此类“绿色”产业应当成为民族地区乡村发展的新的增长点。与此同时，由于地区经济不发达，云南等西部民族地区县市、乡镇基层文化建设投入严重不足，基层文化单位更是举步艰难，不少基层文化设施由于缺少运行费用而不得已闲置甚至荒废。因此，促使基层文化单位实现由纯粹的“事业型投入”向“产业型产出”转制或部分转型的体制创新，改变目前的存在状况，已经势在必行。云南等西部广大乡村的发展需要有突破旧制而一举多得的力举，把乡村城镇化进程、社会经济发展与乡镇社区文化建设、民族文化资源保护、民间文化产业开发、民族地区扶贫攻坚、基层文化单位改制各项要务结合起来。云南发展不能不基于云南少数民族乡村的发展，为此需要大力发展少数民族地区乡镇企业、民营企业，但必须避免重蹈沿海乡村传统工业化、城市化过程中严重破坏环境的覆辙。云南少数民族乡村的发展不妨考虑以特色乡村旅游业和民间文化产业为起步平台，通过开发高文化含量的产品和产业积累实力，并促进高技术含量的产品和产业发展，摸索开发特色文化产业的乡镇企业、民营企业发展新路，开创一条靠文化资源的资本化开发和信息化利用，带动新型工业化、特色城镇化的人文经济发展之路，最终或许能够更快地步入所谓的“新经济”时代。

应当说明的是，云南少数民族乡村的发展，由于其地域特点、民族特点、历史惯性、产业特点等的制约，即使是在中央和地方各级政府的鼎力支持下也未必能够很快见到发展的物质效果，尤其是指望乡村会有个突飞猛进发展的想法更是不现实的。所以一方面我们要努力解决少数民族乡村经济以及全面发展问题，但是另一方面，也要引导、教育乡民：我们没有可能也不必像美国一样消费，我们选择的道路只能是节约型的、勤俭持家的。也就是说，一方面，政府要大力完善云南少数民族乡村的基础设施，消除城乡二元格局，不断地改善少数民族乡村群众的生活、生产状况；另一方面要引导大家在心理预期上不要期望乡村真的会像城市一样可以家家有洋房、户户有汽车。我们没有必要羡慕沿海地区乡村的那种城市化，云南少数民族乡村的未来应该是能够造就出云南少数民族乡村的自然、纯朴、真实、进步。

**【案例15】云南楚雄州姚安彝族"梅葛文化"传承人的心声**

2011年秋收时节，课题组成员到楚雄州姚安县官屯乡马游村进行田野调查，这里是彝族梅葛文化的发源地。彝族梅葛是彝族民间歌舞和民间口头文学的总称，因全部用"梅葛调"演唱，故取名为"梅葛"。2008年，彝族梅葛被国务院列入第二批国家级非物质文化遗产保护名录。2009年，楚雄州成立了"中国彝族梅葛文化传习所"，全力推进梅葛文化的保护和传习。

马游村党总支书记罗文辉（他也是州级认定的梅葛文化传承人）对村里老一辈过去的表演经历十分羡慕，据他介绍，该村现有县级以上认定的梅葛文化传承人5人，常年组织着一支20人左右的表演队，20世纪八九十年代，马游村的梅葛艺人就去过日本、北京表演。罗文辉说："近年来，各级政府对梅葛文化的保护和传承十分关心，投入力度也不断加大，传承人享受到政府给的补贴。我们在村里也努力地教授传习梅葛文化，现在村里的年轻一辈几乎人人都会唱梅葛，但有些精深独特的梅葛，还是只有几个老艺人才会唱。”2011年被认定为省级非物质文化遗产传承人的梅葛艺人罗英介绍说：“这几天都在忙着农活。平时家里要干的活计很多，比如秋收农忙季节，我们也和许多村民一样要忙着干收稻子、采烤烟等农活。这些天雨水多，山上菌子也多，我们村其他的一些梅葛老艺人也上山去捡菌了。不过即使我们要干的活再多，我们还是经常教村里的娃娃们唱梅葛。政府把我们认定为传承人，我们就要尽力把梅葛传承下去，现在村里的娃娃几乎人人都会唱梅葛。我们村里还常年组织着一支20人左右的表演队。不过，为了讨生活，平时队员大部分的精力还是忙着干农活或者外出务工。二十年前，我们村的梅葛表演队还去北京唱过，也出过国呢，去过日本。这几年一直都不有机会到州外更远的地方去表演。”罗英说，梅葛没有文字记录，全靠口头流传，罗文辉、罗英等梅葛艺人都是向他们的父辈学习多年后才掌握了大部分的梅葛。据了解，为了在村里营造传习梅葛的氛围，村里每年大年初一都举办文艺晚会。马游村如今外出求学、打工的年轻人很多，但他们在外面缺少村里民族文化环境的熏陶，梅葛唱是会唱一点，但很难像他们的老一辈那样热爱并精深地研习梅葛了。罗文辉说：“我们现在最希望的就是能有企业来对我们马游梅葛文化进行整体的包装和推广，提升梅葛表演的品位和观赏性，走市场化运作的路子，让更多的人了解和认识梅葛。”

目前，通过对民族地区乡村民间文化资源的适度技术化、组织化，直至加以知识产权专属化、生产资源资本化，实现资源的有效保护和产品（产业）的自主开发，已经成为我国文化产业，尤其是西部地区文化产业面向未来的发展不得不关注的一项紧迫任务。上面案例中云南楚雄州姚安彝族“梅葛文化”传承人的心声表明，在云南少数民族乡村，民众最希望的就是能有企业、有商业资本的适当介入，从而对少数民族乡村传统文化进行整体的包装和推广，以提升少数民族乡村文化表演的品位和观赏性，走适度市场化运作的路子，让更多的人了解和认识少数民族乡村。因此，在城市化进程中，云南少数民族乡村在发展经济的同时，必须保持地方乡村传统文化、民族文化的多样性，扶持各民族乡村的民间文化保护事业，并注重各民族民间文化的资源化开发和资本化运营，培育和发展各民族的民间文化产业。

（二）厘清文化脉络，加强民族乡村多元文化的交流与互动

多样性文化是当今社会的一个特点，不同民族文化的和谐共存则是文化生态平衡的一个重要表征，因而也应是云南少数民族和谐乡村建设的应有之义。为此，厘清文化发展脉络，深刻认识我国不同民族文化相互之间的关系，加强少数民族乡村多元文化的交流与互动，这对云南乃至我国少数民族乡村文化的保护、传承、调适和现代性变革都具有十分重要的意义。

毫无疑问，强化多元文化的交流与互动是促进云南乃至我国少数民族乡村文化现代性变革的重要途径。我国有55个少数民族，文化的多样性为少数民族乡村多元文化交流与互动提供了十分有利的条件和发展空间；文化的差异性也有利于我国少数民族乡村与周边城乡之间、民族之间的多元文化互补。在一个具有强大民族凝聚力的社会里，这些各具特色的文化在其自身的发展过程中都有吸纳其他文化的愿望，这本身既是多元文化发展的内在驱动力，也是少数民族乡村文化调适与现代性变革的必然要求，因为只有不断注入新的文化因子，旧的文化才能脱胎换骨，新的文化才能应运而生。然而，云南少数民族乡村长期以来一直处于比较封闭的状态，这对不同文化之间的交流和互动是极为不利的。唯有努力创造条件，加强少数民族乡村多元文化的交流与互动，云南少数民族乡村文化才能早日实现自身的调适与现代性变革。

为此，我们要建构多元文化交流的和谐环境和平台，提升云南少数民族乡村多元文化交流与互动的实效性。在城市化、

经济全球化步伐日益加快和国际多元文化交流与合作日益频繁的今天，除了政府与政府之间组织开展的那些正式的多元文化交流活动之外，云南少数民族乡村的多元文化交流与互动如仅仅停留在民间自发的层面是远远不够的。云南各级政府应扮演更加积极的角色，引导少数民族乡村多元文化的交流与互动，要营造民族友好型的和谐合作环境；架构民族间的文化交流长廊，为多民族的民间文化交流提供广阔的平台；要创新文化交流与互动机制，推动云南少数民族乡村文化走上国际交流舞台并向互动的纵深发展；要加强云南少数民族乡村的民主与法制建设，为少数民族乡村文化交流与互动提供制度保障等。只有这样，全方位提升云南少数民族乡村的多元文化交流与互动的实效性才有可能不是一句空话。这方面，昆明市官渡区六甲乡福保村举办的中国·福保乡村文化艺术节为我们提供了一个全国少数民族乡村文化交流互动的平台，此举值得借鉴和推广。

### （三）民族乡村文化保护须兼顾城乡，加大投入

云南少数民族乡村文化保护、传承、调适和开发要兼顾城乡，政府要加大投入。但如果仅靠政府有限的文化保护投入，那是无法想象的，而引进民间资本又容易导致商业性开发过度而乡村文化保护不利。我们认为，云南少数民族乡村文化的长久保护、传承、调适和开发利用应遵循这样一个思路：少数民族地区乡村的土地、田园自然景观、古村落、古建筑、古住宅是体，浓郁、古朴、原生态特色鲜明的民族地区乡村文化是魂，农业、乡村生态旅游业、捕鱼业、民族餐饮服务业、民族手工产品加工业等乡村民族特色产业是根，乡村民族文化公园、民族文化广场、庙会、古戏台、古宗祠、民族节庆等平台是关键，实现乡村民族文化文化软件和文化硬件相互整合、城市文化和乡村民族文化共同发展，让城乡全覆盖的公共文化服务体系成为“少数民族地区宣传乡村民族文化高地”的重要支撑点。

云南少数民族乡村文化保护和建设必须建、管、用兼顾，才能管用、有用，从而实现城乡文化发展的良性循环。我们发现云南少数民族乡村传统文化经过千百年沉淀，早就在乡村的沃土埋下了根，只不过有的已枝叶葳蕤，有的刚刚萌芽，还有的沉于地下待时发掘。所以，让云南的每一种乡村传统文化发展成奇葩，就成了促进少数民族地区乡村文化发展、繁荣的重要内容。为此，云南少数民族各乡镇应陆续建立基层文联，支持和培养乡村民族民间文化人才，让更多的民族乡村文化成为奇葩，让“乡村民族民间文化细胞”在群众中扎根、开花、结果，让越来越多鲜活的民族乡村文化成果不断展现，增强民族乡村文化的自觉与自信。云南各民族先民留下了丰富的乡村民族文化资源宝库，却把打开宝库的金钥匙留在了乡村山野。如何找回这把金钥匙?这需要我们云南的各个民俗学会、专家、学者、村民发掘最具代表性的历史文化名村、名镇，深入搜集名镇村落的历史、建筑、风俗，出版村落民俗文化志，并据此进行保护性开发，使民族地区乡村文化在文化大发展、大繁荣的新时代绽放异彩。

党的十七届六中全会提出了文化建设的思想，而当务之急，就是深入人民群众的实践中去，切实落实这一思想战略。课题组调研期间，我们深入云南少数民族乡村，每时每刻都感觉到云南少数民族乡村文化沃土之深厚，感受着乡村普通劳动者中所蕴含的巨大的民族文化创造力的冲击。历史和现实证明:在城市化背景下破解云南少数民族乡村发展的难局，有赖于传承和保护少数民族地区乡村文化，但不能仅靠开会、发文件来解决，实际上最切实、有力的办法就是问计于广大人民群众。

因此，云南要加快少数民族地区的文化体制、机制创新，为少数民族乡村文化发展提供新的动力。在云南少数民族地区推动文化体制机制创新是一项复杂而艰巨的工作，必须积极审慎地进行。首先，要将文化体制改革试点的成功经验应用于民族地区文化体制改革工作中，按照“区别对待、分类指导、循序渐进、逐步推开”的原则，抓住重塑文化市场主体、完善市场体系、改善宏观管理、转变政府职能等关键环节，全面推进民族地区文化体制改革。其次，要根据不同民族地区的特殊性，实施进一步的机制创新，有目的地扩大少数民族群众在当地重大文化事务中的自主决策权，切实保障少数民族群众的文化权益。特别需要关注的是，应该保障少数民族地区乡村群众对于可能对当地文化发展产生重大影响的大型建设项目的决策参与权和监督权。再次，要围绕城市化、全球化语境下少数民族乡村文化发展的新趋势，和市场化条件下少数民族乡村群众文化权益表达与维护的新需求，大力推动少数民族文化领域的立法工作，为云南少数民族乡村文化发展提供新的动力和保障。

必须加强云南少数民族乡村文化发展的理论创新，开辟少数民族乡村文化发展的新视野。为此，一是要针对重大问题开展研究。今后10到20年，我国城市化进程将进一步加快，少数民族乡村群众参与并直接推动城市化的速度与规模将超过以往任何时期，多民族聚居的格局将越来越普遍，城市居民中少数民族人口的比重将越来越大。这些重大变化将给云南少数民族乡村文化工作带来哪些挑战？在新的历史条件下，如何推动云南少数民族乡村文化的传承与保护？应当进行怎样的政策创新？对这些重大问题开展及时、深入的研究，无疑将为云南乃至我国民族文化工作和少数民族乡村文化事业的发展带来战略意义上的主动。二是要强化基础理论研究。应该积极开展云南少数民族乡村文化发展问题的多学科综合研究，揭示新的历史条件下云南乃至我国少数民族乡村文化发展的特殊规律和内在要求，为少数民族乡村文化政策创新提供理论依据。三是要推进政策创新研究。应该积极关注各类国际经验，为云南乃至我国少数民族乡村文化政策创新提供新视野。四是要开展战略规划研究。建议开展城市化背景下少数民族乡村传统文化发展状况的全省乃至全国性普查，在此基础上制定少数民族乡村文化发展的中长期战略目标，以及实现这一战略目标的路径和规划，为我国少数民族文化发展领域的重大战略部署提供有力的决策依据。

（四）加快特色小城镇建设，就近解决好民族乡村剩余劳动力安置问题，重视民间组织作用，避免伦理危机的加深

乡村剩余劳动力的转移是一个重大的经济和社会问题，在世界各国工业化和现代化进程中，都被置于举足轻重的地位。随着城市化进程的推进，云南乃至中国广大乡村正处于在由自然经济向市场经济转化，传统产业（主要是农业）向现代产业转化，乡村剩余劳动力的转移问题就不可避免地摆到了我们面前。正像列宁指出的那样，商品经济不发达（或不完全发达）国家的人口，几乎是农业人口……因此商品经济的发展就意味着越来越多的人口和农业分离。

党的十一届三中全会以后，中国乡村全面推行以家庭联产承包责任制为主、统分结合的双层经营体制，极大地解放了乡村生产力，乡村经济迅速发展，农业自身需要的劳动力逐步减少，乡村剩余劳动力不断增加。在改革乡村体制前，剩余劳动力被“一大二公”的体制所掩盖，实行家庭联产承包责任制后，充分调动了乡村群众的积极性，乡村劳动力被挖掘出来，尤其是市场机制对劳动力资源配置基础性作用的发挥，使乡村劳动力对过剩的问题日益突出起来，乡村剩余劳动力必然要通过各种途径寻求就业门道，向城镇、向非农产业转移。因此，开发和利用乡村劳动力资源，加速乡村剩余劳动力向非农产业和城镇合理有序的转移，对乡村的经济建设、脱贫致富将产生重要的影响，但与此同时，此举对乡村文化的保护和开发也产生了根本性的冲击，最直接的表现就是造成乡村的空洞化，出现了一大批留守儿童、老人、妇女，传统的家庭伦理遭到结构和破坏。因此，我们认为，大力发展少数民族地区的特色小城

镇和乡镇产业，能有效就近解好少数民族乡村剩余劳动力的安置问题，缓解大城市的就业压力，同时还能有效避免少数民族乡村伦理危机的加深。

少数民族地区乡村传统社会组织的作用对于乡村伦理的和谐发展至关重要。文化的匮乏使得乡村尤其是少数民族乡村基层民主变成空中楼阁。少数民族乡村是熟人社会，传统的乡村社区就是依靠熟人关系的存在，从而构成了道德社会，这是少数民族乡村千百年来存在的基础。但是因为乡村维系公共生活的公共空间的丧失和传统民间组织（如德昂族地区的“青年头”“老年头”组织对德昂族乡村的社会稳定、道德伦理起着关键性的作用，这也是德昂族乡村历史上几乎没有偷盗、犯罪现象的根本原因）的取缔，导致了群众行为评价无意义，道德、信念的作用随之丧失，最后少数民族乡村社区伦理和谐的基础也就丧失了。在我们看来，少数民族乡村如果没有办法像城市一样形成像妇女协会、老年人协会等利益共同体，我们幻想的维护乡村社区的正义和亲情观念的民意基础也将不会存在了。因此，我们认为，在保护和传承少数民族乡村传统文化时，应当对历史上存在过的传统民间组织的作用有客观的认识，重视其积极的一面，不必一刀切全盘否定。

文化本来就是生活的一部分，尤其是少数民族乡村生活中不可以或缺的一部分。少数民族乡村和城市不同，城市有着丰富的文化活动形式，但是少数民族乡村的文化活动却相对单调。在部分少数民族乡村，除了电视外，就剩下打牌、麻将、聊天了，所以单调的生活不仅仅产生了各种各样的畸形的文化活动方式，如有的乡村迷信盛行、赌博泛滥，靠近边境的乡村有的吸毒、艾滋病问题严重；同时，也使得少数民族乡村原本顺畅的人际关系变得冷漠，乡村社会生活失去了光彩，如果再延伸到生活以至社区存在的意义，就更为非同寻常了。云南少数民族乡村不同于一般乡村，更不同于城市，其文化娱乐条件总的来说相对很差，有的地区电视都还不能普及，有的地区除了电视机、收音机外再没有任何能够提供文化娱乐的方式，每天晚上天黑以后大家就回家早早休息，最大的乐趣就是到邻居家串串门、聊聊天，简单而又单调，拿一位乡民开玩笑的话说，就是“二十多年没有笑过”，但并非乡民不想玩、不想跳、不想高兴。此外，少数民族乡村地区几十年来多少都积累了一些小矛盾，这些矛盾一般都只是在逐日的积累，却很难得到化解。在矛盾积累的过程中又伴随着税费、腐败等现象的交织，在乡民民主和权利意识增长的背景下这些矛盾将会更加尖锐，若不能得到及时的疏导，结果就会造成恶劣影响，有时导致恶性冲突事件的发生。在这方面，2008年7月1在云南普洱市孟连傣族拉祜族佤族自治县发生的那起群体性突发事件为我们提了个醒。以前如德昂族、傣族、布朗族等乡村的青年头、老年头等组织的存在还能给大家提供一个很好的协调矛盾、教育乡民的空间，造成了一种和解和交流的气氛。如今这些组织的名存实亡和取缔，使得少数民族乡村地区群众间的摩擦和冲突得不到及时调解，一定程度上恶化了乡村伦理，不利于乡村文化的发展和社会的稳定。因此，我们认为，要关注少数民族乡村群体的文化需求状况，要采取积极的教育、文化、社会保障措施，推动少数民族乡村娱乐活动的丰富性、多样化发展，重视民族乡村青年头、老年头等传统民间组织的协调沟通作用的发挥。

### 四、民族乡村文化保护和传承需文化扶贫，唤起民众自觉参与

市场经济、全球化、现代化、城市化是不可逆转的世界发展潮流和趋势。一个国家一旦汇入这个潮流，就必须开放国门，融入世界发展体系，其结果自然免不了要融入全球化的潮流之中。改革开放30多年来，中国城市化进程逐渐加快，随着

市场经济的推行，社会总体呈现一派繁荣昌盛、生机勃勃的景象，这一定程度上说明中国选择的发展道路的正确性。然而，若以文化的角度观之，我们认为，30年来，市场经济、全球化、现代化和城市化却构成了对中国传统文化尤其是少数民族乡村传统文化前所未有的严峻考验和挑战。

（一）民族乡村文化保护和传承需要文化扶贫

事实证明，城市化背景下，要保护云南少数民族乡村文化，要保住少数民族乡民的尊严，要摆脱贫困奔小康，不能靠“等、靠、要”这个“法宝”，因为它不仅不灵验而且十分有害，为此必须换用另外一个“法宝”，那就是：文化扶贫，唤醒少数民族乡民的文化保护自觉性，不怪天，不怪地，不靠“神仙”和“皇帝”，要改天要换地，归根到底还得靠自己，靠保护好自身的文化，走依靠文化保护促经济发展的道路。一个地区、一种传统文化能否从容应对市场经济、全球化、现代化、城市化，取决于它的根基、结构、内涵和自信。随着城市化的推进，云南少数民族乡村的环境发生了巨变，这就促使其乡村传统文化必须作出相应的调适和转型。事实证明，落后的观念和生产生活方式是生态环境与文化的主要威胁因素，这方面我们有足够的案例可以证明。

**【案例16】景洪市基诺山巴卡寨民族乡村文化的演变**

巴卡小寨是云南西双版纳州景洪市基诺乡巴卡村下属的一个自然村，现有人口61户260多人，几乎全部是基诺族。基诺族是云南独有民族之一，属人口低于5万人以下的人口较少民族，全国仅2.09万人，95%以上的人口居住在方圆600多平方千米的基诺山。基诺族世代居住在热带雨林中，长期靠从事采集和狩猎为生，过着刀耕火种、结绳记事的原始生活。新中国成立后，基诺族和其他民族一道直接进入了社会主义改革和建设新时期。半个世纪过去了，如今的巴卡小寨总的来说还是基诺族乡村地区传统民族文化保留较为完整的村寨。尽管村里的巴卡传统文化尚有不少遗存，然而数十年一直追踪研究基诺族文化的杜玉亭研究员在长期进行实地调研后曾这样写到："鉴于中青年已不穿或压根儿不再有传统民族服装，民族传统服饰有可能在10年左右消失；民族口碑文史及其风俗传承机制，有可能在20年内消失；民族传统歌舞有可能在20年内消失；作为民族传统文化载体且是民族特征之一的语言，有可能在30年内消失。"当云南省博物馆专家罗钰等人1997年前后到那里考察建设"民族文化生态村"时发现了很多问题：村里关心传统文化的大多是老年人，中年人因忙于生产而无暇顾及传统的民族歌舞艺术，年轻人则十分淡漠，只是一味地追求和模仿现代的所谓时髦：男青年争相留长发、染黄发、唱流行歌曲，早已被影视剧、流行歌舞征服；姑娘们则想方设法、不惜一切代价离开山寨，出走外地，因人多地少，占全村青壮年劳力约20%的剩余劳力整日无所事事，白天沉迷于打牌、搓麻将，晚上到集镇泡吧、蹦迪、唱卡拉OK。村寨中老人们对比今昔，感到变化太大，有好的变化，也有不好的变化，比如年轻人都追赶时髦而不喜欢本民族传统的东西，就让老人们揪心。有老人问尹绍亭教授："基诺族的文化快丢光了，怎么办？"老人们着急，从事基诺族研究的人也跟着着急，总希望找机会为他们做点儿事情。

面对这种情况，为了保护多姿多彩、特色鲜明的基诺族巴卡寨乡村，云南大学尹绍亭教授等学者、专家在参考和借鉴国内外成功经验的基础上，于1997年提出了建设"民族文化生态村"的构想，在美国福特基金会的资助下，于1998年正式启动了景洪市巴卡基诺族文化生态村等首批5个村寨（腾冲县和顺乡汉族文化生态村、石林县月湖彝族文化生态村、丘北县仙人洞彝族文化生态村、新平县南碱傣族生态村）作为试点，实行原生地保护，以村民的自觉保护为中心，强调优秀传统与现代文明的结合，重视发展经济、消除贫困，实现社会、经济、文化的和谐与可持续发展。1998年底，该项目作为建设云南民族文化大省的重要内容，写进了“云南民族文化大省建设纲要”和“云南民族文化大省建设十五规划”中，并计划在全省推广建设50个文化生态村。专家、学者们举办培训班、召开村民会议、家庭访谈、组织外出参观学习，以文化传习活动为载体，举行了基诺族纺织刺绣能手比赛大会，建立了具有文化传承、保护、表演功能的云南乃至中国第一座单一民族的乡村博物馆——巴卡小寨基诺族博物馆，并引导农民开展富有民族文化特点的民俗旅游活动，培养村里人的参与意识和商品意识，使文化生态村经济、文化、环境和谐发展。随着参观博物馆的国内外人士的造访及旅游者的到来，巴卡小寨人们的思想受到强烈的冲击，感受到自己民族文化的宝贵和作为基诺人的自豪。村里人自觉地穿起了自己的民族服饰，有的年轻人还主动找老艺人学习民族乐器和歌舞，有的人家发挥传统纺织优势，生产销售起基诺服饰和手工艺品来，有一两家还准备争取政府支持搞“农家乐”，表现基诺人狩猎过程和庆典场景的几乎失传的《狩猎歌》得以恢复，“大鼓舞”（太阳鼓舞）“劳动歌”、独唱、“竹竿舞”、男女合唱等传统民族歌舞也有了传人。经过3年的发展，巴卡小寨就在国内外小有名气。已投资开发的“基诺山寨”景点，目前每天入园人数达600~700人。

尽管政府、专家、学者对保护巴卡基诺族乡村传统文化做出了许多努力，但其前景依然不容乐观：巴卡基诺族文化生态村在项目组离开后不能巩固成果、继续发展。按云南民族文化生态村建设项目总负责人尹绍亭教授的总结，其深刻的原因，概略而言主要有这样四点①。其一，项目组判断失误。选择试点最重要的是村民必须热爱自己的文化，有较高的文化自觉性。项目组当初只看到几位基诺族老人的忧心忡忡但忘了他们只是村民中的一小部分，没有注意去了解、观察中年人和青

① 尹绍亭：《谁是文化传承的主导——从两个试点村的成败看村民文化自觉的重要性》，原载《中国民族报》，2009-4-26。

年人迥然不同的态度和想法，其结果自然难免陷于尴尬和被动的境地。其二，长老文化的衰落。20世纪50年代以后，基诺族的长老制被取消，老人们越来越边缘化，而担任村干部的青年对基诺族传统文化又不够了解，造成行政权力与文化传统断裂脱节，从而导致民族乡村传统文化传承机制的消解。其三，山地文化的局限。基诺族传统文化是典型的山地雨林文化，这样的文化生态既造就了基诺族纯朴善良、勤劳勇敢、坚韧不拔的品质，同时也形成了基诺族封闭、内向、保守、散漫的文化特征。一些基诺族老人和专家学者目前惊呼基诺族文化变了、快消亡了，其实多半是指表象的文化，实际上作为一个山地弱势族群，其心理和性格等深层的文化并没有根本的改变。其四，部分人口较少民族的“新特性”。基诺族人口较少，属于人口较少民族。半个世纪来，基诺族等人口较少民族被看做“原始落后”的族群，长期遭受主流社会自觉和不自觉的轻视，在这样的意识形态和民族文化认识的浸染之下，他们逐渐丧失了文化自尊和自信。与此同时，作为人口较少民族，他们又可以享受国家给予的许多特殊优惠政策和待遇，来自国家的源源不断的大量无偿给予和帮助，必然会增强其依赖心理，于是部分人口较少民族形成了“新特性”，那就是凡事“等、靠、要”的态度。在尹绍亭教授看来，巴卡小寨有个显著特点，即如果有人去支持、有资金援助，那事是不愁干的，而如果没有人去支持、没有资金投入，即便是他们自己的事，也会无人搭理。这就是“新特性”的典型表现。

由此例看来，只有意识到少数民族乡村传统文化带来的巨大价值后，珍贵的文化遗产在群众心中的分量才会越来越重，许多人才会自觉地加入到民族乡村传统文化保护的行列中。即是说，靠封闭来保护民族乡村传统文化是不现实的，没有人能拒绝现代文明的进入，而要让文化持有者意识到传统文化的价值，就必须让他尝到带来的甜头，才能理解它、珍惜它并自觉地保护它，其实这也是我们倡导文化扶贫要达到的目的，也只有这样文化和经济的发展才能相辅相成。种种声音说明，云南少数民族乡村的民间文化太博大、太深厚、太灿烂，任何个人都无法承担这一伟大而又艰巨的使命，只有我们联合起来，深入下去，深入民间、深入生活、深入文化、深入时代，才能担当起时代赋予我们的保护少数民族乡村文化的历史使命和责任。

（二）民族乡村文化保护和传承离不开民众的参与

无数事实证明，文化也是一个个活的生命体，一旦文化失去了生长、生命，其最多就是一种遗存，而不再是活的文化生命体。因此，文化保护的根本之根本之处正在于文化的生命和生长性。而文化的生长性既可能是当面对外来压力时做出的主动调整，也可能是当面对外来压力时做出的无可奈何的也不得不采取的消极适应和被动回应。由此看来，汤因比关于文明在成功应对挑战中演进的思想亦适合于少数民族乡村文化保护问题：一切外来的压力，只有当它成功地转化为某种内在生长的环节，少数民族乡村传统文化才有可能获得生机。在现代社会，少数民族作为自然种族族类的生存实际上其实并不难做到，真正难做到的是其作为鲜活的文化主体的生存。事实上，我们甚至不能排除存在这种可能性，即特定的少数民族仅仅是作为自然种族族类而存在，但不再是作为一种文化的鲜活主体而存在，进而在失去其（原有民族文化的）文化主体的意义上失去主体性——其实这在人类近代以来的现代化演进历程中并非罕见。因此，使少数民族乡村传统文化获得内在生长的生命力，这是云南少数民族乡村文化保护和传承的根本途径。

少数民族乡村群众热爱本民族传统文化，自觉进行文化传承，创造性地开发文化生态旅游，实现乡村传统文化保护与经济发展的良性互动，这是在城市化背景下云南少数民族乡村传统文化保护和传承的成功经验之一，而作为民族文化生态村建设的试点，仙人洞村尽管也有一些不足，但总体来说是相对比较成功的典范。

**【案例17】仙人洞村：民族乡村传统文化保护、利用的榜样**

仙人洞村是云南文山州丘北县普者黑行政村下属的一个自然村。该村在1999年被选作民族文化生态村建设的试点，时有村民173户759人，除了一户是汉族外，其他全部是彝族支系撒尼人。文山大部分地区是喀斯特地貌，仙人洞村尤其典型。村子靠山临湖，景色十分优美。然而，在1999年以前，仙人洞村却是一个非常贫穷的村寨，“远看青山绿水，近看破烂不堪”是对其当时的写照。

民族文化生态村建设项目组专家王国祥研究员到丘北县进行考察后，在1992年的《云南日报》上发表了《丘北山水胜桂林》的文章，首次向世人介绍了“藏在深山人未识”的丘北县普者黑。但是怎样利用优美的自然环境和丰富的少数民族乡村传统文化又快又好地把旅游事业发展起来，却是当时村民们感到困惑的大问题。为此，村民们找到项目组，让该村列为民族文化生态村建设试点村。

仙人洞村被列为试点村之后，打起建设“云南民族文化生态第一村”的大旗，开展了群众性的建设活动，先后做了几件大事。其一，树立民族自信心，重新认识、发扬本民族的优良传统，提高村民对保护本村民族传统文化重要性的认识。在原有民族习惯法和村规民约基础上，结合现实情况，村里制定了新的村规民约和行为规范，并把发扬优良传统、传承民族文化作为建设民族文化生态村的核心目标。其二，改善环境，建设美好家园。村民们团结一心，家家户户搞建设，村里的土路被改建成石头路，民居实现了人畜分离，卫生状况明显改善。为美化环境，村民在村中开挖了大面积的荷塘，在村里村外种植了数千株竹子和树木，使村容村貌在短短几年时间里发生了巨大变化。其三，发掘本村传统文化资源，传承民族文化。村民们投入极大的热情，以各种形式恢复、传承民族传统文化，比如开办彝文夜校、恢复了火把节等传统节日活动和撒尼人的祭天、祭神、祭祖等仪式。其四，继承传统，发展创造。村民们除了依照传统方式进行文化活动之外，还创造了许多形式新颖独特的文化活动，包括篝火歌舞晚会、民族赛装会、荷花节、花脸节、对歌赛等。这些活动既有很强的娱乐性和参与性，又有非常丰富的乡村传统文化底蕴，深受当地民众和外来游客的欢迎。其五，利用自然资源，开发旅游景点。仙人洞村背山面湖，现在划船赏荷已成为该村旅游的“重头戏”，村民还开辟了山顶观景台、溶崖洞窟观赏探险等景点。其六，新建民居旅馆，满足游客需求。为了给游客提供较好的食宿条件，村民改变观念，大胆贷款建设新房屋或改造老房子。现在大部分人家建造了宽敞明亮的民居旅馆，全村每年接待游客10万人以上，村民年均收入从过去的几百元上升到数千元甚至上万元。

仙人洞村为什么能够在学者、专家的引导下靠自己的力量把民族文化生态村建设好，并走上民族乡村传统文化保护与经济水平协调发展之路呢？据云南民族文化生态村建设项目总负责人尹绍亭教授分析，主要原因有五点[①]。其一，该村有一个强有力的领导班子和比较健全的运行机制。该村的领导班子将近10人，除了村党支部书记、组长、副组长之外，还有作为宗教祭司的“毕摩”和家族长老的长者以及妇女主任等。其领导班子的最大特点，就是能够将传统世俗权威与国家行政权力很好地结合在一起，使决策能够体现各方面的意志并有效地付诸于行动。其二，在选举村民领导小组成员时能充分发扬民主，选举产生的领导成员大多是比较优秀的精英分子。其三，该村居民主要是撒尼人。在长期与周边各民族交往共处的历史进程中，撒尼人形成了开放进取的文化特质。这种外向积极的文化特质，使得他们在建设民族文化生态村的过程中能兼收并蓄，

① 尹绍亭：《谁是文化传承的主导——从两个试点村的成败看村民文化自觉的重要性》，原载《中国民族报》，2009-4-26。

敢为人先，勇于创造。其四，撒尼人长期与多民族杂居，在造就开放进取精神的同时，还形成了强烈的民族认同感。仙人洞村的撒尼人之所以具有很高的文化自觉性，在外地商人大量涌入时能够基本保持自身特质，也许都可以从其强烈的民族认同感中寻求答案。其五，村民充分信任项目组。由于信任，项目组的理念很容易被村民们理解，许多建议和方案也能够得到拥护和落实，这无疑有利于民族文化生态村的建设，有助于仙人洞村朝着可持续的方向发展。

经验告诉我们，云南少数民族乡村文化保护和开发需要引导和发展民间民众力量与政府一起共同参与才有效。通过借助少数民族乡村本土组织和城市志愿者组织等民间团体的力量合力发展各种文化产业，在省内外、国内外已有很多成功的先例，在云南乃至我国同样也是可行的。因为民间组织身份特殊、手段灵活，既可以给予少数民族乡村文化的保护与开发以一定的资金扶持，又能够提供技术保障、政策咨询及人才培养等多方面帮助，从而成为政府或国家力量的重要补充。以云南为例，目前西双版纳州傣族园的多村联动、群众共同参与保护、开发乡村文化旅游的运作模式，大理剑川浉河村、鹤庆新华村的多村联动保护、开发木雕手工艺、银器制作手工艺的运作模式都是成功的案例，类似这种共同参与、多村联动进行少数民族乡村文化保护、开发案例在我国其他省区的少数民族乡村还为数不多，但这种运作模式的规模效应、品牌效应和经济效益却十分显著。

## 五、民族乡村文化保护和传承离不开学校参与和学者的介入

近20年来云南省在少数民族乡村文化的保护与传承方面积累了丰富的经验，但由于种种原因，云南少数民族乡村传统文化仍然面临着许多衰退、变异和消失的困难和严峻挑战。经验告诉我们，云南少数民族地区乡村文化保护和传承离不开学校

参与和学者的介入。

### （一）民族乡村文化保护和传承离不开学校参与

现实中许多例子可以看出，当前我国中小学教材的主流文化取向与广大少数民族乡村的文化背景有较大的差异，同时教材内容也严重脱离了少数民族乡村学生的生活需要。由此，家庭教育与学校教育的差异性为少数民族乡村教育发展带来了困惑。在云南一些少数民族乡村，当前仍是以家庭教育为中心，从而形成本民族的文化背景。他们主要用本民族语言讲其民族事、教民族史、化民族俗，无时无刻不表现出浓厚的民族乡村文化特色。而在学校教育中则是讲汉语、学汉文、教汉礼、行汉规，处处表现出以汉语为思维工具的主体民族特征。因此，家庭教育的本民族性与学校教育的主体民族性之间的差异，往往造成家庭教育与学校教育之间的断裂现象[①]，从而给少数民族乡村文化的保护和传承带来困难。

另外，现代学校教育导致的民族“文化的断裂”，使一些少数民族乡村的学生智能、潜能未得到科学合理的开发，许多少数民族地区的普通中小学受应试教育观念的影响，存在追求升学率的倾向。当前，由于高中和职业教育不能满足云南等少数民族乡村学生的升学需要，一方面，对少数民族乡村的大多数学生而言，升学之路是一座独木桥，能顺利升入高中的寥寥无几，另一方面，绝大多数的少数民族乡村学生在经历一段时间的学校学习后最终还是要回到土生土长的家乡。这样他们又再次面对困难，也就是又难以适应本民族传统的乡村生产生活方式。从而使这些少数民族学生在现代学校教育前后经历两次“文化的断裂”。这种“文化的断裂”也可以说是文化的不连续性的源发因素。最初的“文化的断裂”是由刚入学、脱离了原有的本民族生活环境和本民族的乡村传统文化背景所致。继

① 孟小军：《断裂与衔接——西南民族地区基础教育类型研究》，2006年博士论文（西南大学），第162页。

后的又一次“文化断裂”是从主流民族教育取向的学校回到本民族乡村文化的社区，对其本民族的生产与生活方式产生抵抗时所造成的。当然这两次的“文化断裂”是客观存在的，也是不可避免的。虽然他们接受了部分现代学校教育，但由于各种障碍导致了他们的低学业成就，使他们没能达到现代化社会劳动市场的需求。另一方面，由于在学校所学的是脱离本民族乡村实际的文化知识，难以应付其艰难的生存生计。在面对传统的生计方式时，他们往往又感到陌生和无助。由此使得很多学生初中毕业后既不能进入到现代工业社会就业，也很难在本民族乡村社区内部找到工作，得不到传统社会的承认，往往对于自己的文化认同感到茫然，由此在少数民族乡村产生了相当部分的“文化边缘人”[①]。

由于民族地区学校培养的大量学生难以用在校所学知识直接服务于个人发展、家庭和本民族乡村的社会经济发展，致使民族地区乡村的人们未能体验到学校教育对贫穷生活有所改变的作用，因而有相当一部分人对学校教育失去信心和热情，进而不愿意支持子女上学，仅把送孩子接受义务教育看做“逃离罚款”的一种被迫应付之举[②]。这些因素导致了云南等少数民族乡村的普九义务教育难以顺利实施，也是造成民族乡村文化保护和传承工作难以开展的原因。同时，这也是当前不少少数民族乡村再次出现“学校教育无用论”“读书无用论”的重要原因。民族乡村的事实再次证明，学校教育只能是教育的一种形式、一种类型而非全部。值得引起重视的是，下面这个成功的例子为云南乃至全国少数民族乡村文化保护和传承提供了学

① 滕星、杨红：《西方低学业成就归因理论的本土化阐释——山区拉祜族教育人类学田野工作》，原载《广西民族学院学报》（哲学社会科学版），2004（3）。

② 黄金结：《从文化发展的民族性和时代性看中国少数民族教育问题》，原载《当代教育科学》，2007（8）。

校教育和少数民族乡村文化结合的典范。

**【案例18】学校教育和民族地区乡村文化结合的典范：丽江东巴文化传习院**

丽江东巴文化传习院由郭大烈先生于1999年初创办。在长期的民族学和民族文化研究中，郭大烈先生对民族语言和民族文化的历史文化价值、保护传承所面临的严峻形势和种种挑战都有着深刻的认识和切肤之痛。当东巴文化日益成为国际“显学”的时候，“东巴”这一文化传承人的智者越来越少，以至于有断代失传的危险。为了搞好东巴文化的传承，郭大烈不遗余力地奔走呼吁，并义无反顾地做一些实事。退休后他没有去颐养天年，而是和夫人黄琳娜拿出多年积蓄，在丽江古城区黄山宏文村老家的一座民居院落里办起了东巴文化传习院。传习院10年间主要做了以下工作①。

1.依托学校开展东巴文化的教学传承。

在反复调研考察和征询各方的意见后，郭大烈认为，东巴文化进入学校是行之有效、传承面广、社会影响大的传承方式。这种传承方式有许多好处：生源保证、组织保证、时间保证、纪律保证。通过与乡镇、行政村、学校等几个方面的协调，在各方的大力支持下，郭大烈和学校校长签订了协议书，明确规定了双方责任、经费使用、教学方式等内容，并逐步形成制度。传习院依托黄山小学、兴仁小学举办纳西母语和东巴文化的教学班，分别于1999年4月和11月开班，每周利用星期四下午两节兴趣课时间进行学习，每期选择从3年级开始6年级毕业为止，从而保证了教学时间和学习内容。传承教学的老师，除郭大烈先生有时亲自登台授课外，主要选聘东巴文化研究院、东巴文化博物馆的老东巴和研究人员，主要有和力民、和宝林、和虹、秦国华、木琛、和文光、和继全、和丽芳、李

① 参看杨国清：《丽江东巴文化传习院创办10年评析》，原载《《云南民族》，2010（10）。

秀香等。教学班主要传授东巴文化基本知识，增强对传承东巴文化的认识，教学和学习内容有东巴象形文字、纳西语、东巴舞蹈、纳西音乐歌舞等。一开始教材靠授课老师自编，通过几年的努力，已形成一套成形配套的教材，并且由出版社出版，主要选用郭大烈、郑卫东编的《纳西族象形文字英、日、汉对照》《纳西谚语—科空》，还有2006年出版的《纳西文化诵读本》《纳西象形东巴文》《纳西象形东巴文字应用》《纳西东巴古籍选读》《通俗东巴文》（和力民），2008年出版了诵读本CD，2009年诵读本经修订再版。传习院结业学生中除纳西族学生外，还有汉族、藏族等学生。实践证明，经过10年的教学传承，东巴文化保护和传承的效果明显，许多学生爱上了东巴文化，多数学生掌握了400个左右的东巴象形文字，能读能写，了解基本含意，能背诵几段东巴经典中的经文，能了解东巴和纳西语中的几句格言警句，能唱几首东巴唱腔和纳西歌曲，能跳几段东巴舞蹈。为了巩固教学成果，第一期毕业生升入中学后，传习院又跟踪到中学进行了两年教学。

2.从面上推动学校普遍开展教学传承。

郭大烈倾注大量心血在黄山小学和兴仁小学开展东巴文化教育、传承活动，经几年的实践证明是可行的，受到学生们的喜爱。郭大烈夫妇及时加以总结，及时向地县有关领导和教育文化部门汇报，引起党委政府的重视和社会的关注，并对传习院工作作了充分肯定，加以总结予以支持和帮助，还把纳西母语和东巴文化的民间传承上升为政府行为①，并于2003年秋季在全县示范试行。当年撤地设市，丽江县一分为二成立古城区和玉龙纳西族自治县后，这项工作继续得到落实，纳西母语和民族文化教学传承全面开展起来。在1999、2003年丽江国际东巴文化艺术节和2009年昆明国际人类学民族学大会期间，黄山

① 2003年1月，由当时丽江县第12届人大常委会32次会议通过《关于在全县小学教育中开设纳西语言传承和普及教育的决议》。

小学的东巴舞格外引人注目，受到中外专家学者的赞扬。

3.举办短期培训班和接待海内外民族文化专家学者。

传习院通过多种形式传承乡村民族文化，比如开展纳西古乐培训（每星期2次）、纳西族母语培训、东巴文化知识培训，成为海内外东巴文化专家学者们的重要联系点和研习场所，为海内外专家、学者和新闻媒体提供服务，起到了民间文化大使的作用①。例如，2010年春节期间，传习院在古城区委政府和宣传文化部门的关心支持下开展了三项文化活动，在社会上引起了很大的反响。第一项是开办大学生民族传统文化培训班，向回家乡过春节的大学生们讲授纳西拼音、东巴文化知识、纳西族民族歌舞等。参加学习的大学生说："走出丽江，才知道民族文化的宝贵，才知道我们是民族的代表，但对民族文化懂得太少，有时叫你唱一首纳西歌，写几个东巴象形文字都应付不了。回乡加以培训学习很有必要，能学到不少东西，继承民族文化是我们的责任。"第二项是开展祭天及其文化研讨活动，使得祭天活动在民族文化浓郁的边地山村得以恢复。纳西族的祭天倡导天人合一、人与自然和谐等理念，并凭借古老东巴经典的记载，祭天文化完整保存至今。为了使祭天这一古文化奇葩得以传承，春节期间在传习院开展了祭天活动和祭天文化研讨会，约200多人参与了这一活动，对纳西祭天文化达成许多共识。第三项是配合古城区教育局在玉河广场举办"国际母语日"活动，广泛宣传保护纳西母语，约有万人参加活动。

现实告诉我们，乡村孩子的成长，与民族乡村文化教育、乡村文化保护相伴而行，因此，乡村学校教育是乡村文化发展的重要基础和人才支撑，而乡村文化保护正是乡村教育发展和谐、有序的有力推动。保护民族乡村文化，须将乡村文化的内容与学校教育内容紧密结合，发掘本乡本土的建设资源，让本

① 据统计，从2000年7月23日至2009年3月29日，传习院共接待52批973人次各界人士。

地人才成为乡村文化保护与开发的主体力量，这无疑是乡村文化保护与发展的人力资源保障。鉴于此，我们可以借鉴上面提到的黄大烈先生的做法，从四个方面促使二者紧密联系、有机结合。其一是利用政府及各种民族乡村文化资源（包括传统资源、乡土资源和外部资源），寻找乡村文艺能人，并通过有组织的方式，向其提供基本设施的支持帮助、交流与培训等，实现其正常自我运作。其二是与村办小学等乡村教育单位合作，走协作发展道路，开办乡村社区成人学校，既让乡民从中学到一些实用的生产技能和致富本领，又使得此类学校同时成为民族乡村社区文化生活的传习场所，负责讲授、辅导的人既可以是所在地区的大学生或外来志愿者（讲授科学养殖、种植技能等实用技术），也可以是本地长者、教师和手工技艺能人等。其三是发挥当地优势，生动活泼地开展民族乡村文化保护与开发的各项教学和实践活动，让更多的乡民有机会学习和掌握本土知识，包括如何鉴别民族乡村文化特别是社区范围内文化古迹的价值大小，科学修缮遭受破坏的历史文物，准确定位当地文化等在内的职业技能。其四是为进一步做好民族乡村文化保护与开发人才的交流和培训工作，可针对眼下大学生就业难的现状，结合各级政府的有关政策，想方设法促进更多的大学生投身于民族乡村文化的保护与开发，或与云南艺术学院等高校合作培养民族乡村歌舞文化传承人才，拓宽乡村孩子的就业门路。

### （二）民族乡村文化保护和传承离不开学者的介入

云南少数民族乡村文化保护和传承的案例尤其是上述东巴文化传习院10年的历程、成功的做法和经验所产生的广泛影响给了我们一些启迪。

1.对民族乡村传统文化的保护和传承要依托相应平台和组织。

上述案例中郭大烈先生对纳西文化的保护传承和研究的贡

献是多个方面的，创办东巴文化传习院只是亮点之一。他的带动和引领作用产生的社会效果有目共睹，得到了海内外学者和政府的充分肯定。如2005年5月24日，第10届日本经济新闻社亚洲奖颁奖仪式在日本东京举行，郭大烈获得了文化类的奖项，成为日经亚洲奖第五位中国获奖者，于文化类则是第一个。当他身着纳西族服装上台领奖时，引起了日本学者和媒体的好奇。颁奖词说："郭大烈先生为保存纳西族东巴文化做出很大贡献，此外用自己的财产投入对纳西子弟教育做出了很大成绩。今后希望做出更好的贡献，特此给予日经亚洲文化奖。"时任丽江市委书记和自兴代表市委市政府和全市各族人民表示热烈祝贺："郭大烈先生和夫人黄琳娜开展纳西文化传承工作，促使纳西语言、东巴文化、纳西歌舞等优秀民族文化进入学校课堂。他不计名利，默默奉献，是当代研究纳西文化中的'老黄牛''拓荒者'，成为一座丰碑。"在郭大烈的传习院带动下，整个纳西族地区从城镇到乡村，民间社会东巴文化传承组织机构雨后春笋般地发展起来。到目前为止，已有15个民间传习点，其中有和长虹主持的玉水寨和塔城署明传习协会及学校、杨树高支持的玉龙县新主东巴传习学校，和力民主持的三元村传习馆，和学光主持的古城纳西文化传习馆，玉龙县吾母村东巴文化传习院等等。在建设文化大区、文化强县及文化立市战略的指导下，丽江市县区党委政府把东巴文化的保护传承作为重要工作，采取了许多积极有效的措施，同时鼓励和支持民间社会文化传承活动，从而形成了政府主导、民间社会组织积极参与、形式多种多样的格局。

2.民族乡村传统文化的保护、传承离不开一大批文化自觉意识强的专家、学者的执着奉献。

在现代化、全球化、城市化迅猛发展的今天，云南少数民族乡村传统的民族语言、民族服饰、民族建筑、民族艺术等受到越来越大的冲击，面临着生存的危机。就纳西东巴文化传承者东巴而言，在20世纪50年代初期，丽江县境内还有300多人，1983年还剩下112人，到1999年只剩下25人，到2003年时丽江东巴研究院于1981年聘请的10个大东巴全部去世，过去老东巴解读经典时相互辩论的情景已经成为历史，真正意义上的东巴所剩无几。文化传承是广大人民群众的事业，只有通过引领者的带动，通过深入的教育，政府的主导，人民群众成为文化的主体，成为积极的参与者、实践者，乡村传统文化的保护和传承才能取得更大的成效。

**【案例19】老东巴戈阿干父女谈东巴文化保护和传承**

现今76岁的戈阿干有两个身份，一是中国作家协会会员，是以纳西族素材为创作内容的作家[①]，二是“现代东巴”，且是目前为数不多的在世东巴之一，更是一位难以寻觅继承人的“现代东巴”[②]。戈阿干原名和崇仁[③]，出身普通纳西族家庭。据他讲，当四岁时他第一次见识到东巴主持仪式，当时被东巴挥舞的弓、剑吓得直往母亲身后躲，一点都不觉得兴奋和好奇。后来跟着老东巴和开祥学习东巴文后，老人告诉他：“你已经是个东巴了。”

戈阿干从大学时代开始学习、搜集东巴经文。他说：“那些美妙的象形图案、吟诵中动听的韵律有种魔力，吸引了我。”20世纪80年代，戈阿干走遍云南境内的纳西族聚集地，

① 1956年，高中生戈阿干翻译了三首祖母哼唱的纳西族情歌并在《北京文艺》杂志上发表。次年，三首祖母的歌谣和毛泽东的旧诗18首共同入选当年的诗选。此后，戈阿干根据祖母的歌谣翻译出数百首纳西族情歌，并根据东巴经文中记载的纳西族英雄史诗《黑白战争》创作长诗《格拉茨姆》。

② 传统纳的西族人婚丧嫁娶、出生、开业等都会请东巴做仪式，大小仪式近40种。祭天等大型仪式现在很少有人想起来做，戈阿干是为数不多还能整套实践的。云南作家汤世杰就认为戈阿干是一个“现代东巴”：“和东巴作为纳西族的民间知识分子，担当传承纳西文化的重任一样，戈阿干一直致力于纳西文化研究和继承。”

③ “戈阿干”意即“战神”，本是纳西族一个牧羊人的名字。

搜集了500多卷各种类型的东巴经，采集了超过15G东巴经录音资料进行集中整理。在云南学术界，戈阿干的田野考察、录音整理方式被称为是一种“跟踪探索法”，因为它能“使东巴文化研究向深处拓展”。在纳西族中，每当东巴为族人超度死者亡灵时，都有一条由一些地名、山水、牧场、猎山串成的送魂路线。从这条路线路反推，大致可以看出纳西族先民古时由大西北往西南方向迁徙的具体路线。从東河—白沙塔布当—纳多课—布瓦本到打鼓，再到向初本……俗民的灵魂就这样经过每一段路程、每一个站点的吟诵，被送往祖先那里。戈阿干搜集东巴经和老东巴吟诵经文的录音过程，实际上就是对祖先和纳西族远古历史的一种回忆，记录了纳西族人的历史文化传承路线。据戈阿干回忆，1988年时老东巴和开祥在丽江图书馆协助他有选择地诵读了一套有24卷的署古仪式经书，留下了六盒总共360分钟的磁带。后来，戈阿干又搜集到上百本署古真籍，当中包括各种柯画董蒙，这些都是署古仪式中的重要组成部分，是标志人类向署视赎罪、还债的特殊祭奠品。通过戈阿干多年的努力，署古仪式由此得到完整的记录。据戈阿干所说，他收藏的东巴经占据了现在流存的东巴经的一大半，由于种种原因，到了20世纪90年代时民间已没有了东巴经。戈阿干说：“我当时田野调查的对象就是那些老东巴们，当时他们都已经五六十岁了，不能人死经亡，我得想办法赶紧录下来，那是我们祖先的智慧啊。”90年代初，戈阿干开始着手抢救东巴文化。他在一些相对闭塞的纳西人聚居村建立东巴文化学习班，组织学习象形文字和东巴仪式，但随着丽江成为世界文化遗产，最后一批年轻的准东巴们已分散到各个旅游景区中，成了一个个活生生的商品广告。

为了抢救东巴文化，他尝试了一种更加普及的方式，于1995年在丽江老家盖了一所约700平方米的房子，创建了噜噜叭叭[1]纳西文化传播中心，女儿和晓迅任中心主任。他们组织附近村民不定期地学习纳西族音乐、文字、舞蹈，培养村民对传统东巴文化的兴趣。戈阿干还为中心自编教材，系统讲授村民纳西象形文，包括最基本的发音练习。为了吸引村民普及传承东巴文化，纳西歌舞于是成了中心的主要节目。戈阿干亲自上阵，还请一些民间传承人来表演舞蹈，演奏葫芦丝、口弦等乐器。一开始时，依靠村长号召集还经常有很多人参加，甚至还会出现祖孙三代一起参加的时候。由于传播中心没有固定教室、教师和学生，因此参加的人主要是附近的村民，他们也只能利用一些农闲时间。最近几年来，村里的年轻人大多外出打工，人员流动性太大，加上村子附近大搞旅游开发，而且戈阿干年龄大了、身体状况也不好，他女儿又在省城开公司，得在昆明丽江两头跑，于是没有人专职打理中心的事情，现在中心已处于半瘫痪状态，只能偶尔组织对外交流活动。

谈起目前的东巴文化传承之困，和晓迅说："每种民间文化的传承都有大致相同的难处。这几年市场经济发展快，人的品性也逐渐膨胀了，没有人愿意安静下来长时间学习东巴文化。农村生活中这年头最重要的事情就是打工挣钱盖房子。环境改变了，必须得承认现实。古文化最后成为天书有很多先例，以后也不会再有人读得懂东巴经。传承和保护东巴文化也不是我们几个人、一家中心能完成的事，政府得多出点力提高传承人的待遇，更重要的是得让参与者要有兴趣，有精力参与进来。这不是噜噜叭叭才有的问题，我们也希望有兴趣的人能参与到纳西文化的传承中来。"和晓迅对她去欧洲旅行时见到的古代文化博物馆推崇备至。她对戈阿干毕生所藏的五百多卷东巴经真籍做过理想的规划："我想建立一个立体博物馆，用三维模拟空间，靠现代科技还原古代文化的原始声貌，让现代

① 在纳西语里，噜噜叭叭的意思是"来，帮一把"。

人有真实的感受。”现在和晓迅考虑得最多的是如何保存这些原始遗迹。和晓迅认为建立私人立体博物馆材料齐全，有许多录音录像，也有东巴经真籍等，但合作机构难找。戈阿干说：“在古老的纳西族文化里，成为一个有声望的传统大东巴需有较高的素质和道德水准。因为东巴都是靠家族代代传承，而且传男不传女。每隔几年，大东巴们都会考察和筛选年轻后辈。加上民间生活中对人有比较高的道德标准，这无形当中也给精选出来的东巴身份增加了一些权威色彩。东巴不仅要会读、会写象形文，还得会跳东巴舞，唱东巴歌，会吟诵各种东巴经，会主持祭祀仪式……现在三十几万纳西族人中能书写、吟诵和解释东巴文的纳西人已经不有几个了，纳西族的东巴文快灭绝了。纳西族的东巴也要生活，非常依靠好的社会生活环境，周围的环境全都会影响到东巴的生存。东巴本身就是祭司，但又不是完完全全的神职人员，不像傣族的有人供奉，有专门的寺庙。传统东巴是农民，是丈夫、父亲，是老师，有时还做医生。东巴既要有自己的家庭生活，同时又要赢得族人的尊重、信任，当东巴绝非易事。虽然说到了丰收季节，村民们会带着些蔬菜、瓜果、粮食、肉等送给东巴表示感谢，但是现在整个生活环境、社会环境都变了，很少有人在发生事情的时候会第一个想到东巴，也不可能为东巴提供日常生活品，靠国家给的那点补贴根本无法生存。记得我读小学时，丽江还是个安静的小镇，有很多文化传承的事情在实际操作。后来成千上万的游客来到丽江，丽江一下子就成了旅游胜地。随着文化宣传的扩大，东巴文化泡沫化和商品化越来越严重，真正的东巴传统文化已经开始消亡了。古老的东巴文化不花很大的力气来学、来教、来传承是不行的。我有个侄儿子，几年前初中毕业后全职跟着我学了三年东巴文字，后来由于要找工作维生，加上亲戚朋友反对，最后也不得不放弃，太可惜了。”

据老东巴戈阿干20多年教学过程看，目前没有一个成功的新东巴问世，最基本的问题是纳西话的语言关难过，外因是环境改变，东巴不再具备生存土壤。就纳西语而言，在中小学读书的年轻一代只有20%的人基本掌握，而且还有下降的趋势。据联合国教科文组织濒危语言问题特别专家组披露，世界上6 000多种语言，其一半将在百年内消亡。而东巴文化作为世界遗产、古代文化的奇葩，保护传承这一文化和作为其载体的纳西语言是很有意义的事情。现在许多人常提出一个共同的问题，即悠久的东巴和纳西文化为什么传承至今和保存得较好？这是很值得深思的问题。应该说这一古代灿烂文化得以传承当然有多方面的因素，但我们认为，纳西族在历史发展长河中始终有一个“文化自觉的阶层”，而且这个阶层遍布城乡，东巴就是这个阶层中的优秀代表，他们在传承民族文化中起到了重要作用。今天纳西族东巴文化的传承需要本民族和其他民族一批文化自觉者，一批奉献者。只有这样一批中坚力量承担起历史的责任，民族传统文化传承才有希望。郭大烈先生、老东巴戈阿干、杨福泉先生等是民族文化自觉的代表者、奉献者、实践者之一。我们希望能有更多的自觉者加入到云南少数民族乡村传统文化保护和传承的行列中来，他们的前瞻意识、引领作用是不可缺的。丽江东巴文化传承和保护的实践、文山丘北仙人洞民族文化生态村的经验、西双版纳基诺族巴卡寨民族文化生态村在专家撤走后的状况等案例都充分证明了专家、学者在云南少数民族地区乡村文化保护和传承中的引导性作用不可低估，但更证明了乡村民众作为文化传承主体其文化自觉性于少数民族乡村文化保护和传承的重要性和基础性。

3.民族乡村文化保护和传承是一个需要长期持续实施的系统工程。

改革开放以来，专家、学者、民族文化精英等民间社会组织对云南少数民族乡村传统文化的保护传承所出了较大贡献，尤其是民间社会积极性高涨，关心和参与的人数很多。各级党委、政府在东巴文化保护、传承方面也做了许多实事，包括申报世界遗产，制定保护体系，开展大型骨干培训活动，乡村传统文化进入小学、中学、大学课堂，甚至培养了诸如纳西文化方面的硕士、博士等高级人才等。云南少数民族乡村文化保护、传承的例子说明，要把云南少数民族乡村文化保护和传承这项系统工程长期不懈地坚持下去并取得更大成效，各级党委政府加强领导是主导，各方面协同配合是前提，资金保障是基础，落实措施是关键。但少数民族乡村文化保护、传承涉及到方方面面，是一个系统的工程，需要在党委、政府的主导下，发挥乡村群众的主体性，多方面齐心协力配合、多管齐下，才能取得大的成效，这是云南少数民族乡村文化保护多年来探索总结出来的成功经验。因此，当前尤其要解决好三个方面的问题：一是要把云南少数民族乡村文化保护和传承纳入各级政府部门的经济社会发展规划和工作计划之中，解决乡村群众就近就业问题，留住文化传承、保护的主体；二是要有一定的资金投入作保障；三是要发挥多个方面的积极性，各方配合，多管齐下；四是争取申报建立云南各少数民族乡村文化保护和传承生态文化保护区，使各少数民族乡村文化的保护、传承上升到省级、国家级层面。

4.实现民族乡村经济和文化协调发展，需要构建“官、产、学、民”一体化保护、传承、开发模式。

少数民族地区乡村传统文化保护和传承工作要提高创新能力，切实推进“官（指政府）、产（指企业）、学（指专家）、民（指乡村村民）”一体化完整的创新链，包括研究、开发和产业化三大环节，加强“官、产、学、民”合作是提高文化产业创新能力和实现产业化的重要手段，也是建立健全产业化模式的有效途径之一。特别是在市场的创新活动中，要坚持以企业为核心组织“官、产、学、民”联合创新，通过制定政策、法规和充分利用政府资源促进产、学、研的合作，同时吸引社会参与，发挥各自的优势，完善民族乡村文化保护和传承事业，创新民族乡村文化适度产业化链条，以最快的速度形成产业突破和实现产业化。

前面章节所述的云南民族文化生态村的成功和失败经验都证明了单打一的民族乡村文化保护和开发模式都不可能取得良好效果，要么有资金困难（如田丰独立创办的文化传习馆等），要么离开了专家的引导文化保护就陷入困境（如基诺族的巴卡民族文化生态村的失败），要么出现某些地区政府不顾民众意愿、缺少民众参与的文化经济独角戏，最终以建设的名义破坏了少数民族乡村传统文化。也就是说，云南等少数民族地区乡村文化保护与开发应倡导“政府主导、专家引导、群众参加、社会参与”的模式。这一模式或原则看似简单，但里边的问题很多。政府如何主导，是形象、业绩工程，还是一项真正惠民、惠地方全面发展的使命这很关键。社会参与、群众参加这也是一个关键，如何让社会充分发挥其支持力对该项目的继续发展，是得以经时间雕琢的关键。

## 六、法律保护：对保护少数民族乡村文化权利的司法反思

制定并完善法律法规，依法对恣意破坏少数民族乡村文化的行为进行惩罚，这当是云南乃至全国少数民族乡村文化保护和开发的强力保障。从对我国对传统文化遗产法律保护现状的分析中，可以看出我国少数民族乡村传统文化的法律保护工作还存在以下问题。

### （一）立法层次针对性不强，缺少针对乡村文化遗产保护方面的基本法

目前，国家层面针对文化遗产的立法主要是一些行政法规、规章和指导性意见等行政规范性文件，国务院相关的部、委、办也颁布了相当数量的行政规范性文件保护民族民间传统文化。其中，有的是综合性的法律规定，如国务院办公厅颁布

的《关于加强我国非物质文化遗产保护工作的意见》和2011年通过并施行的《中华人民共和国非物质文化遗产法》，有的是针对某种文化事象的规定，如文化部颁布的《关于加强戏曲、曲艺传统剧目、曲目的挖掘工作的通知》。中国的情况较为特殊，作为传统乡土国家，中国本身就与西方基本实现城市化的国家有巨大差别，在中国城市化进程加快的背景下，乡村文化尤其是少数民族乡村文化保护的问题异常突出，却缺乏一部针对乡村文化保护的法律。欣慰的是，一些文化资源丰富的地方，纷纷制定了规范本地区文化遗产保护的地方性法律法规。在一定程度上，地方性法律法规的制定弥补了国家立法相对滞后的不足，并为文化遗产国家立法的出台提供了经验和借鉴。但总体而言，现有的乡村文化遗产保护缺少一部国家性的基本法律，立法层次针对性不强，不利于少数民族乡村文化保护工作的协调统一，也不利于国家文化遗产保护体系的建立。

此外，现有的《文物保护法》于1982年11月通过，虽经2002年10月和2007年12月两次修订，但作为国家大法其规定过于笼统，具体到乡村传统文化保护确实没有多大的可操作性。《刑法》中虽有专章规定破坏文物后应该遭受的处罚，但范围依然太宽泛，未必能够对乡村文化的保护发挥实质性的作用。《著作权法》《传统工艺美术保护条例》则对民间文学艺术作品、传统工艺美术的保护作出了原则性规定，范围依然太宽泛或太狭窄，对乡村传统文化保护针对性不强。我们以为，随着全球化趋势的加强、现代化进程的加快和城市化的不可逆转，我国的文化生态发生了巨大变化，乡村地区尤其是少数民族乡村传统文化受到越来越大的冲击，一些依靠口授和行为传承的文化遗产正在不断消失，许多传统技艺濒临消亡，大量有历史、文化价值的珍贵实物与资料遭到毁弃或流失境外，随意滥用、过度开发非物质文化遗产的现象时有发生，有些乡村文化如同许多不可再生资源一样，一旦被毁掉便会永远地消失，这无论对当地还是对国家都是不可挽回的巨大损失。在目前乡村的经济实力和思想观念仍然无法与城市持平的情况下，出台一部专门针对乡村文化的保护条例，用以规范乡村文化的申报程序，统一乡村文化开发手续，界定乡村文化责任主体，明确恶意破坏分子的法律责任，将会是一项执政成本低而执政效率高的立法工作。

### （二）法律制度要与民间规则相互补充，提高民族乡村文化法律保护的意识

法律保护是少数民族乡村文化保护制度供给中重要的一种正式制度安排，它以国家的意志和强制力为保证，能有效实现少数民族乡村文化权利的保护。我国现有的文化遗产保护主要是通过建立分级名录体系、命名制度、经费保障制度、代表作申报制度、奖励制度等实现的，这些保护措施有利于文化遗产的确认、立档、收藏、研究等静态保护的要求，但无法满足少数民族乡村文化发展、活态保护的需要，因此须借助于乡村地区民间规则的补充，如民间的风俗习惯、伦理道德和宗教信仰等等，其中文化权利保护意识是文化权利法律保护的非正式制度安排，是推动少数民族乡村文化保护的心理驱动力。针对少数民族乡村文化权利保护意识淡薄的情况，在民众尤其是少数民族村民当中，宣传少数民族乡村文化保护的重要性，提高人们文化权利保护意识水平，是辅助法律保护的有效举措。

联合国教科文组织通过的《保护非物质文化遗产公约》将“保护”界定为“确保非物质文化遗产生命力的各种措施，包括这种遗产各个方面的确认、立档、研究、保存、保护、宣传、弘扬、传承（特别是通过正规和非正规教育）和振兴”。由此可见，保护文化遗产的目的在于保持其生命力，尤其是在少数民族乡村广泛存在的非物质文化遗产，因其无形性、活态流变性等特征更是决定了静态的“整旧如旧”的保护方式无益于传统文化的保护。有学者指出：“保护非物质文化遗产不只

是有形文化遗产保护所需要的‘整旧如旧’，而更多的是要在继承中发展，在发展中继承，这其实是一个传统文化如何面对现代化的问题。”[①]因此，少数民族乡村文化的法律保护，要改变以往重开发轻传承、重静态保护轻动态保护的立法指导思想，寻求有利于其生命力保存的保护手段和保护方法。

### （三）立法时应考虑民族乡村文化权利的司法保护缺失问题，重视知识产权和民事保护滞后的现实

城市化进程中对少数民族乡村文化的保护，反映了中华民族和中国政府对自身民族特性的认识和自豪感以及被世界认可的程度，它不仅是国家和民族历史成就的标志，而且是反映中华民族文明的标志。我们的法律在保护这些文化的同时，更多的应该考虑如何鼓励城市化进程中少数民族乡村如何合理利用和开发其独特的自然和人文资源，将弘扬和发展民族乡村文化与开发利用民族乡村文化资源较好地结合起来。因为法律保护本身并不是最终目的，少数民族乡村传统文化只有在传承中发展才有生命力。如对传统技艺和民族艺术形式的合理利用，就有利于扩大传统技艺的影响和展现民族艺术的生命力，因而“合理利用”本身就是一种活的、有效的保护。在我国现阶段的城市化进程中，侵害少数民族乡村传统文化合法权利的事实无法统计，可是通过司法途径处理的案件却十分罕见，除了由于少数民族个体封闭的观念以及对法律知识的缺乏，更多的是由于我国现阶段针对少数民族乡村文化权利的司法保护缺失。

少数民族乡村文化保护涉及到的社会利益关系相当复杂，既涉及到由我国宪法、法律规定的公民的文化自由和民主权利、民族或地区的文化发展权以及国家具有的最高立法、行政、司法的权利和职责三项公权性质的权项，也涉及到少数民族乡村文化遗产因无形性、历史性、地域群众性和不可复制性

① 王文章主编：《非物质文化遗产概论》，文化艺术出版社，2006年，第43页。

等特征所决定的私法权利。因此，少数民族乡村文化权利也就具有双重属性，在实践中要兼顾私法保护和公法保护。我国现有的文化遗产法律保护主要还是以公法保护为主，建立了比较完备的行政保护体系，这具体体现在国家提供了一系列文化遗产的行政保护措施，如分级保护制度、传承和命名制度、保密制度、奖励制度、经费保障制度和确立主管部门等等。与此形成鲜明对比的是，知识产权方面的保护几乎一片空白。现行的《著作权法》只是申明民族文学艺术作品受法律保护，同时授权国务院制定具体的保护办法，而至今国务院也没有出台相关的法律法规。《非物质文化遗产保护法》也只是对非物质文化遗产的知识产权保护作了原则性的规定。少数民族乡村文化遗产物质权利和精神权利及其法律救济渠道的缺失，不利于其继承、发扬和传播，也不能有效地制止侵犯少数民族乡村文化著作权、知识产权等私法权利行为的发生。

著名的"《乌苏里船歌》著作权纠纷案"是我国首例涉及少数民族乡村民间文学艺术作品的著作权纠纷案件，我国司法机关在处理此案过程中遇到了法律上以及体制上难以逾越的障碍，但处理此案的法官考虑到少数民族乡村传统文化权利的保护不容忽视。于是巧妙地运用民法通则中规定的法律原则的概括性，使此案成为我国法律保护少数民族乡村文化权利史上的成功案例。

**【案例20】"《乌苏里船歌》著作权纠纷案"的司法困境和启示**

1999年11月12日中央电视台直播"99南宁国际民歌艺术节"，在节目演出中，主办方宣称作为节目之一的《乌苏里船歌》的作曲是郭颂。晚会播出后，黑龙江省饶河县四排乡赫哲族群众代表与郭颂多次就此事协调未果。2001年3月。黑龙江省饶河县四排乡赫哲族乡政府诉郭颂、中央电视台、北京北辰购物中心侵犯民间文学艺术作品著作权纠纷案在北京市第二中级人民法院立案。2002年12月27日，北京市第二中级人民法院对该案做出一审判决，认定《乌苏里船歌》系根据赫哲族民间曲调改编而成的歌曲作品。判令郭颂、中央电视台等被告以任何方式再使用歌曲作品《乌苏里船歌》时，应当注明“根据赫哲族民间曲调改编”；被告在判决生效30日内在《法制日报》上声明《乌苏里船歌》系根据赫哲族民间曲调改编；并要被告分别给付黑龙江省饶河县四排乡赫哲族乡人民政府因案件诉讼支出的1 500元合理费用；同时驳回原告要求被告赔偿经济损失40万元和精神损害10万元的诉讼请求。被告不服，上诉到北京市高级人民法院。2003年12月19日，北京市高级人民法院做出了维持一审判决的终审判决。

“《乌苏里船歌》著作权纠纷案”在审理过程中遭遇到了少数民族乡村传统文化维权必须面对的司法问题，即在程序法上，少数民族乡村传统文化权利人的诉讼主体地位难以确立，往往一个文化的起源与传承，是一个集体的共同任务，权利受到侵害以后，让整个集体进行诉讼的想法不现实；在实体法上，维护少数民族乡村传统文化权利的法律不统一，在落后地区甚至根本不存在，无法可依是个硬性的难题。这两个问题的存在与少数民族乡村传统文化的特点相关。

少数民族乡村的传统文化是一种集体共有的权利，具有公开、共享、非个人独占的特点。从法律原则上讲，少数民族乡村的传统文化是一种受到国家法律的保护，并鼓励其中的优秀传统内容传承发展的文化类型。但从司法上讲，个案的审理固然可以使被剥夺、歪曲、滥用的少数民族乡村传统文化得到有效的法律救济，但是庞大的少数民族乡村传统文化所具有的集体权利的性质和特点不能够举一反三、触类旁通，这就注定了城市化进程中保护少数民族乡村传统文化权利的司法困境。

按照《中华人民共和国民事诉讼法》的规定，民事诉讼必须要有明确的诉讼主体，作为主张权利的一方当事人必须是依法享有权力的权利主体。城市化进程中的少数民族乡村传统文化作为一种集体权利，其主体不能是少数民族乡村群体中的个人，除非个人享有集体的合法授权。如此就决定了少数民族乡村传统文化权利在遭受侵害时，提起诉讼的必须是集体或是集体授权的个人。而在司法实践中，法律的硬性规定常常会导致这种权利主体虚位的状况，造成司法上因为不能确定诉讼主体而不能立案的局面，使得城市化进程中出现的一些少数民族乡村的传统文化的侵权纠纷不能进入司法程序之中。

上述案件的审理法院依据《中华人民共和国宪法》《中华人民共和国民族区域自治法》《中华人民共和国地方各级人民代表大会和地方各级人民政府组织法》等这些法律中都规定的地方人民政府具有管理和促进本地方文化发展的职责，承认"原告作为民族乡政府，可以以自己的名义提起诉讼"。这一司法实践解决了诉讼程序问题，并没有从根本上解决少数民族乡村的传统文化实体权利的法律依据问题，只有制定符合少数民族乡村的传统文化集体性特点的法律法规，才能将城市化进程中少数民族乡村传统文化权利保护的司法困境破解。

文化得不到很好的弘扬、传承的少数民族乡村，就无法谈及城市化进程中文化权利的保护。因此，少数民族乡村传统文化的危机不容忽视，用法律的手段保护文化，保护少数民族乡村的文化权利，必须引起法律工作者的高度重视，也就是说，以法律手段保护少数民族乡村传统文化权利具有紧迫性与必要性。

## 第三节　少数民族乡村文化的调适与开发

云南少数民族乡村文化要长久生存和传承，就要保持自己的本土生活性、真实纯朴性和乡村生活的适应性，与现代城市文化形成一种互补，这是少数民族乡村的现存状态和城市化潮流决定的。本土生活性的要求是为了保持本地文化在时间上和地域上的适应性的必然要求，而真实纯朴性则是为了和旧文化和物利文化相对抗的必然要求，它要求返回到本真生活中去，恢复少数民族乡村的真实生活状态。因此，民族乡村文化固有的纯朴和本真一定程度上是云南等少数民族乡村文化的根本。

与此同时，我们也要有一种开放的态度，少数民族乡村文化也有太多不能适应甚至愚昧的东西，对此我们要有清醒的认识。云南少数民族新乡村文化要成为传统乡村文化甚至是民族文化与世界先进文化接轨的桥梁，既要承担对本土文化和本土知识的保护，也要承担对旧文化的改造任务，同时也要承担对城市文化、外来文化和新生文化的过滤作用。因此，云南少数民族新乡村文化应该继往开来，对传统做出调适和转型，并进行适度的商业化开发，形成良性保护和发展的乡村文化产业。少数民族乡村文化保护和适度商业化开发两者的关系应该是：立足保护（前提、根本）、依靠市场（关键）、走进消费（动力）；保护和传承是文化事业，开发是文化产业，必须实现社会效益和经济效益的协调发展。为此，要探索云南少数民族乡村文化产业化途径，实现乡村文化经济效益与文化价值双丰收。

## 一、民族乡村文化的商业化开发必须适度

对于云南少数民族乡村文化保护和传承来说，完全依靠政府加大投入，像城市文化建设那样修建民族村、民族博物馆、图书馆、群艺馆、大剧院、电影院等，在现阶段是很难做到的；把原汁原味的原生态文化当作文化底蕴，而不按照现代人的心性需求和审美观念来加以改良、调适是行不通的；只重视文化遗产申报，不重视遗产传承者的文化自觉，实行活态保护也是不行的；脱离乡村文化保护空间，走舞台化和现实生活脱离的保护更是不行；以纯商业化运作，走完全靠商业化开发代替保护的做法更是错误的。

### （一）由乡村文化保护带动文化产业发展

随着十七届六中全会对文化建设的重视和“从城市化向城镇化的转变”战略的实施，我们相信，走低成本的小城镇化和小城市化已成为中国城市化进程采取的优先之路，因而在城镇化推进过程中，随着国民经济的快速发展，综合国力的大幅度提升，在完善城市公共文化设施的同时，国家将会加大农村文化建设的投入，彻底改善和提高农民的文化生活质量。但在目前国家对乡村文化保护和建设投入较少的情况下，我们认为绝不能“等、靠、要”，而应抓住国家加速发展文化产业的战略机遇，在乡村文化保护上充分重视专家、学者的引导作用，调动乡民的文化保护和开发自觉性，发挥乡民的主体作用，政府部门积极协调、沟通，“三位一体”形成合力，推动乡村文化保护工作，并利用乡村文化资源优势，把丰富多彩的乡村文化资源转变为文化资本，以保护带动乡村文化走上适度产业化道路，改变乡村经济社会发展格局。对云南这样少数民族乡村文化资源异常丰富的省份来说，由乡村文化保护带动发展的乡村文化产业，将会改变乡村传统第一产业的经营观念和产业格局，扩展农民职业内涵，农民不仅可以耕田种地，而且可以从事种植业、畜牧业乃至文化旅游、文化服务、民间工艺加工、民俗风情演展等第三产业，使农民的社会身份发生深刻变化，解决乡村剩余劳力，缓解城市就业压力，避免乡村空心化。这不仅可以保护和传承云南少数民族乡村传统文化，丰富乡村文化生活，提高农民劳动素质，调整和优化乡村产业结构，增加农民收入，增强乡村市场竞争力，而且将会推动社会主义新农村和和谐社会的全面发展。

由乡村文化保护带动文化产业在乡村的发展和壮大，是富有超前战略意识的举措。中国乡村文化尤其是云南、贵州等地的少数民族乡村文化资源异常丰富，从总体上审视，是尚未开垦的处女地。在世界发展城市化趋势日趋凸显和中国城市化进程大提速的背景下，承载着千百年历史文化积淀的乡村文化和特色各异的云南少数民族乡村风俗传统，更是显示出无比诱人的文化韵味和人文价值，它与现代城市文化形成了强烈反差、对比和补充。这正是云南少数民族乡村文化吸引城市市民和异地游人的地方，也是它存在和发展的源泉、资本和动力。如果我们在地域性、民族性、个别性、差别化方面整合、保护少数民族乡村文化资源，并予以优化配置和科学发展，就能形成市场竞争力和文化竞争力，打造出独特文化品牌，形成良性保护和发展的乡村文化产业。

（二）合理、适度的商业化运作

前面我们曾对云南少数民族乡村文化的前景做过分析，指出市场化和艺术化是少数民族乡村文化当前的两种发展趋势。因此，单纯的抢救、修缮和保护，如果不辅以合理适度的商业化运作，少数民族乡村文化终将难以持续发展。就文化古迹而言，行之有效的一种办法是，在地理环境优越、民族特色浓郁、文化古迹密集、政策环境宽松、乡民思想开放的地区，率先引进国内外旅游开发公司，由它们出资修复破损的历史古迹，并在不破坏生态环境的前提下适当兴建新的旅游景点，当地政府务必给予必要的政策支持，而且得让外来公司拥有一定年限的经营管理权和收益权。但是不能仅仅为了赚钱就把我们的乡村文化特色丢掉以一味迎合投资人，迎合游客，否则就失去了少数民族乡村文化保护的目的。对于那些非物质文化遗产，则适宜采用建立戏剧团、艺术团、培训班的形式，通过现代光影技术的包装，广泛参与社会演出，积极扩大演出影响，努力做到坚持不懈、长盛不衰。

对于云南少数民族乡村来说，民族文化传承、保护事业与民族文化产业发展应齐头并进、不可偏废。文化产业被称做21 世纪的“朝阳产业”，近几年来文化产业呈现出蓬勃发展的趋势，并逐渐成为云南又一个新兴支柱产业和国民经济新的增长点。例如享誉海内外的《云南映象》《丽水金沙》以及《蝴蝶之梦》等大型民族原生态歌舞自上演后便历久不衰，以地方民族风情为标志的乡村文化旅游业日趋活跃，全省的民族文化遗产保护与开发也呈现出良好的发展态势。但我们也应当清醒地认识到文化产业只能是有限的、部分的发展，切不可盲目地实行大量的以营利为唯一目的产业化，否则将势必对少数民族乡村传统文化的保护与传承产生不利的影响。在少数民族乡村传统文化的保护与传承工作中，我们一方面要正确处理好文化事业和文化产业两者之间的关系，形成文化事业和文化产业共同发展、相互支持、相得益彰的良好局面；另一方面还要坚持市场化需求与旅游业相结合的原则，开发打造以少数民族乡村文化资源为基础的特色文化产业和文化品牌，丰富旅游业的文化内涵，活跃文化市场。以大理州为例，以民间传统手工技艺为主的鹤庆新华村白族银工艺品、苍山脚下精美的大理石工艺品、周城一带的扎染布、剑川白族木雕制品以及巍山彝族的手工刺绣等，在这方面已做出了积极的尝试和探索。

从经验来看，要形成良性保护和发展的云南少数民族乡村文化产业必须立足保护（前提、根本）、依靠市场（关键）、走进消费（动力），这方面我们面临着多样化的路径选择。一是可以通过特色乡村文化旅游来推出文化产品（这与交通状况密切相关），吸引城市和中外游客前来感受独有的民族风情和淳朴的乡村生活风味；二是可以通过体验经济来多样化展现乡村文化的参与互动魅力，将乡村生产、生活、民俗、农舍、休闲、养生、田野等系统链接，打造乡村文化产业链条；三是开发乡村银器、石器、木器、竹器、藤器、草编、扎染、蜡染、剪纸、泥塑、砖雕等土特名优工艺品，组织农民进行特色文化产品加工生产和经营；四是组织乡村歌舞、民族体育竞技、乡村风情、乡村婚俗、乡村观光、乡村耕织、乡村喂养等表演和竞赛活动，提供具有浓郁乡土气息的文化服务；五是开展乡村休闲娱乐、地方风味餐饮、感受乡村生活等活动，为城市老年人、为国外旅游者提供居家式服务和自助式生活服务；六是开展乡村民族文化、历史文化、摄影文化等展览，生动系统地反映刀耕火种文化、农耕文化、游牧文化、渔猎文化的特色和历史，开辟针对中小学学生的少数民族乡村文化教育基地，等等。这些方式，仅是少数民族乡村文化保护和产业发展的基本模式，在实践过程中，应鼓励和支持少数民族乡村文化保护实行适度产业化运营创新。因此，我们的规划、创意、策划、咨询机构和文化艺术专家、民族文化学者应重视少数民族乡村文化的保护和建设，走进田野，走进村寨，提供智力支持，帮助和扶持少数民族乡村文化保护规划、传承人培养和产业的项目定位、产业布局、经营管理和复合型创新型人才的培养，站在城乡统筹发展和全面小康社会建设的高度，科学保护和发展乡村文化。

（三）避免商业化过度

在现代化进程中，许多商业开发与文化发展结合在一起，两者的关系处理不当便出现了文化的商业化过度，在云南少数民族乡村文化保护中，有些商家打着保护、合理利用文化遗产的名义，只注重文化发展的形式铺陈，而忽略文化内涵的弘扬。由于少数民族乡村传统文化内涵丰富，蕴涵着丰富的中国传统文化的文明，彰显着一定的人文精神，因此在文化与商业发展过程中，我们要处理好少数民族乡村传统文化的挖掘、利用、保护的关系，防止过度商业化和只为利益发展而借着文化保护的名义急功近利地利用文化。经济发展的过程中，政府、社会和民众起着关键作用，政府要积极引导、监督文化商业发展，社会各方自觉合理利用文化遗产，民众要以主人翁的意识，加强民族荣誉感与自豪感，自觉保护少数民族乡村传统文化，只有正确、合理、适度地利用文化遗产，才能更好地促进少数民族乡村的经济发展，才能更好地促进文化与经济的协调发展。

在如何避免过度商业化操作方面，南涧彝族乡村传统跳菜舞的保护和开发为我们提供了一个“双赢”的示范。在跳菜舞成名后，南涧县政府以县艺术团名义成功注册了“跳菜”系列商标，并以此为契机，对商业性的跳菜展演进行规范，对跳菜艺人的合同、报酬进行规定，对不同主体、不同场合作跳菜表演的形象和水平提出要求和规束，从而使跳菜舞蹈走上了规范、成熟和良性保护与产业开发的“双赢”之路，正因为商业化的介入有了适度的限制，方确保了跳菜舞的不变形、不走样，因此，可以一点不夸张地说，如今南涧彝族乡村中的跳菜舞无论是跳菜的场合（婚礼、葬礼、竖柱）、场地的布置、来客的规矩，还是选用的食材、饮食器具、菜的摆放花样、席位安排、时间选择等每个环节，依然是当地乡村传统社会风俗的生动再现，反映了彝族乡村独特的飨食礼仪在历史和社会城市化浪潮中不断传承和变迁的现状。

在我们看来，人的价值存在于自己独立的价值中，民族的价值也存在于民族独立的价值中，少数民族乡村文化的价值也存在于少数民族乡村独立的价值中。少数民族的智慧，乡村文化的传统，少数民族独有的价值观、审美观在乡村文化里。今天整个社会进入了全球化时代，商业化的触角随处可见。少数民族乡村文化的载体在商业文化、城市文化、外来文化的冲击下正大量地从乡村生活中消失，而且是不知不觉地就失去。原有的农耕文明进入现代文明后，要被现代文明取代一部分，另一部分就被商业文化所改造。商业文化的特点和残酷性是不追求永恒，不负责传承，不需要建设，不对文化本身负责任，只要谋利，只在原有的文化中挑选卖点，没有卖点的部分就撇掉，在法律监督不到位的情况下甚至为了有卖点不惜造假。正如冯骥才先生所言，现代商业文化的菜单上只剩两道主菜，一道名人，一道时尚：名人的逸事、车祸、绯闻都成为媒体、公众的兴趣，是文化生活与消费的重菜；另一道主菜是时尚、潮流，如今的时尚与唐代尚胖、楚王好细腰、30年代流行旗袍不一样，现代商家事先制造出的时尚，如明年流行紫色，就先造势紫色，明年生产紫色，因而所有现代的时尚，实际上都是商业的陷阱[①]。

以大理鹤庆新华村的银器工艺为例，近20年来随着市场发育和民族资本壮大，外来资本、企业、集团的进入，使得乡村民族工艺的生产、制作和销售开始受到垄断集团、垄断经营的影响，尽管表面上看不出暴力形式的强权，实际上却控制着乡村个体的和自发的传统工艺生产和发展，既有对销售市场的控制，也有工艺设计、造型的掌控，正是因为商业垄断集团的过度介入，改变了白族乡村传统民间工艺千百年来结合地方日常生活使用的功能、传承地方性知识和自发性生产制作的传统格局，并使得民族乡村传统工艺的民族性、地方性和个体性特色正逐渐被淡化，进而呈现出标准化和类型化的发展趋势。因此，可以说目前在大理等地区的少数民族乡村传统工艺已开始显现现代工业化生产的特征，这实际上就是商业化过度介入的后果，从长远来说，此举对少数民族乡村文化的保护和传承只会带来伤害。

### 二、把握时代脉搏，着力加强民族乡村文化的创新

近年来，由于文化遗产的独特魅力以及在经济、社会发展中的作用，越来越被人们所认识，它在可持续发展中的作用是不可低估的。文化遗产作为一种特殊的资源，如何保护和利用，似乎是老生常谈。在文化遗产的保护与社会发展的关系上，以往的讨论多集中在专家层面，且局限于单一的保护视角。热衷于迅速利用文化遗产的，基本上看到的是它们单一的短期的经济利用价值，而不是从地区综合发展、可持续发展着

① 冯骥才：《我们这个时代的文化使命》，原载《新华日报》，2007-08-22。

想。在近年启动的村落景观保护与利用中，多是从旅游角度出发，保护是政府的事，满足的是部分群体的利益，原住民的利益和诉求则被严重忽视。事实上，一些遭到破坏的古村古镇，很多也是做过保护规划的，也就是说，规划未能发挥应有的作用。

（一）保护、修复、重建被损毁的民族乡村古村落

对历史遗存的价值认知是一个永无止境的求真过程，敢于置疑并不断修正文化遗产修复过程中的种种疏漏和错误，是对待历史文化遗产的科学态度。云南少数民族传统村落与其他文化遗产的最大区别，就在于它是有人居住、生活的场所。如果把其原住民全部或大部分迁出，村落就会变成一座毫无生气的、静态的博物馆，文化景观的保护也就成为无源之水，失去活力。

在经济高速发展的大背景下，少数民族传统村落文化景观是一个波动的现象，保护和发展存在一定冲突。景观的合理变化，遗产地居民的文化意义和专家的文化意义不一样。在保护文化遗产时，政府应尊重当地居民的权力和利益，管理当地居民合理利用历史文化资源。不能用物质的、静止的形态来阻止村落的发展，在采取保护措施前应和村民协商，让村民知道，为什么要这样做，措施对他们可能产生的影响；要了解村民的需求，然后从中找一个平衡点。少数民族传统村落文化景观是村民世代创造的，因此村落中的人是文化景观保护的主体。村落景观中最核心的价值是农业生产，应研究怎样既保持其延续性，又提高人们的生活水平。总之，规划保护时应充分地尊重当地人，鼓励当地居民的参与，强调一种自下而上的方式而不是自上而下，调动利益最相关者的积极性。

云南少数民族村落是一种“活着的文化遗产”，对其保护既是动态的，更是持续的。因此建立一种有效而长期的保护机制和运作机制是村落文化景观复兴、保护、发展的首要工作和

重要基础。课题组成员曾以大理鹤庆新华村这个银匠村为调查点，考察了其白族传统村落文化景观保护与传承，认为新华村以发展的多样性、村落文化的集体记忆性、村落文化景观的地方性为指导，从建构村落文化集体记忆入手，在需求评估的基础上，实践性地开展了以社区基础设施集体建设、银饰制品集体创作等活动方式维持文化的传统及其在村民中的自动传承，这一做法给我们很大启示。新华村的这种做法在云南各少数民族乡村推行尽管还有很多困难需要克服，但我们也期待通过这一文化遗产保护与发展之路由此越走越宽，越走越活。

不过我们也应该看到，当前云南乃至全国各地迅猛发展的旅游业在给少数民族乡村群众提供就业机会、推动地方经济社会发展、提高地方政府和广大群众对传统文化的保护意识的同时，也加速了民族乡村文化的变迁进程，使得当地居民的思想意识、价值观念发生了巨大变迁，甚至导致某些文化特色被大量涌入的外来文化所同化或消失。

**【案例21】丽江古城民族传统文化的“断裂”**

丽江古城是地处中国西南边陲的一座国家级历史文化名城，同时也是整个云南省唯一的一项被联合国教科文组织认定的“世界文化遗产”。神奇瑰丽的象形文字与古老的东巴教，古朴高雅的纳西古乐，韵味十足的东巴艺术，悠然闲适的庭院生活，都日复一日、年复一年地在这座巨形“文化博物馆”中展演。但是，随着丽江知名度的不断提高以及旅游业的发展，给纳西族传统文化的保护与传承带来了诸多负面影响：现在古城内约70%的纳西族儿童已不会讲纳西话了；除一些中老年妇女外，年轻人只是在民族节日和迎宾活动等场合才会象征性地穿一穿本民族服装。而更为突出的问题是丽江古城中大量居民的“置换”，在近十余年时间里，很多土生土长的纳西族居民搬离了古城，取而代之的是外来的经商或务工者的大量涌入。随着居民“置换”而发生的便是古城文化的“断裂”，大量“外来文化”将置换古城的本土文化和民族文化。长此以往，古城将极有可能仅剩下一具没有任何纳西民族文化内涵的躯壳。

可见，丽江市古城在如日中天的盛名之下自身也感受到了前所未有的压力。随着旅游业的发展，古城核心区商业气息日趋浓厚，外来客商不断增多，民族文化不同程度受到冲击，经营门店为招揽顾客，各种招牌林立，破坏了云南省丽江市古城古朴、典雅的氛围，带有现代气息的商铺与古城古朴、宁静的氛围形成强烈反差。据古城管委会初步统计，该古城内有经营户达1 300多户，其中餐饮店144户，各种酒店客栈146户。

十届全国人大会议的代表和全国政协十届会议的委员抨击世界遗产“重申报轻保护”，引起世界文化遗产地云南省丽江市古城管理者们的深思。针对“云南省丽江市古城被过于浓厚的商业气息破坏了生态平衡”等问题，当地有关部门决定对古城核心区内的经营活动（包括客栈）实行总量控制，原则上不再审批新的商业店铺，对现有经营店铺的数量和规模要逐步压缩；在古城内经营的音像、珠宝玉器、歌舞厅、卡拉ok、网吧、桑拿按摩室、足浴按摩及美容厅、现代服装等影响云南省丽江市古城风貌的项目，逐步迁出古城；同时对经营商品分别以旅游工艺品、民族文化产品、民族手工铜银制品等实行分街道巷段相对归行划市，从业人员必须着民族服装上岗；经营铺面的装修必须保持古城古朴风格，其柜台、店内的设置，要求与古城风貌相协调；禁止在古城内安装太阳能，临街面禁止采用不协调灯具等等。

“既要保护，又要发展”的原则是云南少数民族乡村传统文化景观实施可持续保护的关键，也是两者实现相辅相成、相互促进、相得益彰的前提。文化部民族民间文艺发展中心主任李松提出，村落发展要遵从社会公平原则、文化尊重原则、整体性原则。要实现社会公平，首先要保证地方民众的知情权，提升地方民众对知识产权、对外部社会与市场的认识，在公平的条件下进行市场交换，随之进行公平分配。多元的文化反映了人类思维与想象力的多样性，反映了人类生存环境的多样性，也反映了历史变迁过程中人类对自然与社会不同的认知。当地的村民是传承发展当地文化的真正主人，只有尊重当地文化，才能真正从当地人与当地资源的情况出发，做出完整的可持续的发展的规划。少数民族传统村落文化保护需要贯彻整体性原则，要认识到文化遗产与其自然、社会文化背景都有密不可分的关系，注意到传统社区与市场经济体系之间存在对立与统一的关系，小区的民主建立在一定的共同体共识的基础上。

“保护传统和遗产并不意味着去保护文明的灰烬，而是要让文明的火焰不断地燃烧。”保护少数民族地区传统村落文化景观，保持其历史的真实性，实现村落的可持续保护与发展，并不是保护破破烂烂，并不排斥合理的内部更新。要使居民都了解自己村镇的价值，同时，一定要解决居民的实际困难，使当地居民从保护中受益。这样才可以使大家自觉地为保护自己的家园做出贡献。只有本地居民的积极参与，保护才能持久，才能取得最好的保护效果。

### （二）加强民族乡村传统文化的调适和创新

调适和创新是对少数民族乡村文化开发所提出的更高层次的要求，如今的乡村在与外界的频繁交往中，经历了不同文化间的碰撞与融合等变化。在变化过程中，要是每个乡村都能立足开放的视野，通过交流、学习和调适，用不断汇入的各种文化进行融合创新，一定能使本乡村的区域性文化成为形式独特、内容丰富并与时代潮流同步演进的文化群落，从而具有旺盛的生命力。在具体操作中，比如说可以借助云南少数民族乡村文化旅游热的东风，充分利用本乡本土的文化积淀，赋予少数民族乡村农家游崭新的文化韵味，提升旅游品质。至于针对那些无法复原或修缮代价太高的历史古迹，宜考虑采用遗貌取神的方式重新建造仿古建筑，开辟仿古商业圈。

1.发展数字文化，丰富民族乡村群众业余生活。

先进文化是人类在社会实践活动中文明进步的结晶，是一种能够代表未来发展方向的健康、科学、向上的文化。少数民族乡村文化的创新不是简单地保留传统的乡村文化，或者机械地添加某些外来文化因素，更不是消极被动地被同化。这种创新应该基于对云南少数民族乡村文化的辩证分析，用积极的态度对其进行“瘦身”，摒弃其退步的、颓废的、腐朽的文化要素，实现“文化健身”。任何健康文化都是开放的，都有吸取先进文化的功能和价值诉求，《中共中央办公厅国务院办公厅关于进一步加强农村文化建设的意见》明确提出，农村文化建设要始终把握先进文化的前进方向，要“大力发展先进文化，支持健康有益文化，改造落后文化，抵制腐朽文化”[①]。农村发展先进文化就是要坚持社会主义先进文化的前进方向，倡导社会主义精神文明，培育农村文化的新亮点。农村发展数字文化是时代发展的需要，也是不同民族多元文化互动的需要和农村优秀文化发展的必然趋势，更是考量农村优秀文化发展程度的重要表征。农村发展数字文化，应着重加强县级文化馆、博物馆、图书馆，乡级文化站、广播站和村文化室等提供数字文化信息的能力；推进网络进乡、进村工程，使农民能够享受网络信息的文化权益，把农村文化与现代技术耦合一起，推动农村文化的发展创新。

2.发展民族乡村特色文化。

发展云南少数民族乡村特色文化，首先是要抢救和保护乡村的优秀文化资源，这些资源在乡村城镇化的过程中不同程度地被边缘化，甚至遭到破坏。为此，要贯彻重要“加强对农村优秀民族民间文化资源的系统发掘、整理和保护”，“对农村传统文化生态保持较完整并具有特殊价值的村落或特定区域进

---

① 《推进社会主义新农村建设文件汇编》，中国法制出版社，2002年，第24页。

行动态整体性保护”[①]的精神，建立健全云南少数民族乡村传统文化保护机制，在法律制度层面上给予保证、在道义上给予支持，坚决制止、惩罚、谴责任何蓄意破坏云南少数民族乡村优秀文化资源的行为。

云南少数民族的乡村民族文化有特色、有内容才会有内涵、有品牌，才会有合理科学开发的价值，实现活态、自觉、主动的长久保护，进而实现乡村民族文化的现代调适、转化和变迁。亿年恐龙（如禄丰），石屏牛街镇哈尼族和彝族老旭甸村的3.75亿年树叶、珊瑚化石，澜沧邦崴的千年古茶树，千年古镇黑井、昭通豆沙关、彝良牛街、祥云云南驿等，民族特色各异的古村落等是云南少数民族乡村文化的品牌。这些文化品牌都具有浓郁的地域特色、民族特色、文化特色，是对少数民族乡村文化、地域特点和历史文化的深入挖掘。依托乡村民族特色文化资源，云南推出了一大批优秀文艺作品，如成功上演了大型原生态歌舞《云南印象》《丽水金沙》《舞彩云》《印象丽江》等，出版了《勐巴拉娜西》等系列丛书，拍摄完成了哈尼族题材影片《婼玛的十七岁》和彝族题材影片《花腰新娘》等。一族、一乡、一品、一特色的乡村民族文化，既丰富了乡村居民的精神生活，又借助旅游业等途径就近、就地安置了乡村富余劳动力，激发了乡民的民族文化自觉性，主动、活态地传承了乡村古镇祠堂文化、民族文化、田园文化等地域特色、民族特色传统文化的精髓，而以此开发出的古庙会、民族文化公园、民族文化旅游节等文化旅游产品，则成为城乡经济共同的文化名牌，实现了经济、社会效益双丰收，充分发挥了乡村民族文化对经济社会发展的引领和促进作用。

3.多层次、全方位唤醒、激活民族优秀文化。

发展云南少数民族乡村特色文化，必然要传承优秀文

① 《推进社会主义新农村建设文件汇编》，中国法制出版社，2002年，第28页。

化，要在广大乡村积极开展“民间艺术大师”“民间工艺大师”“民族特色艺术之乡”等命名活动，多层次、全方位唤醒、激活民族优秀文化；开展能够突出乡村特色的银器制作、木雕工艺、造纸、剪纸、绘画、陶瓷、雕刻、编织等民间工艺项目，推动乡村传统优秀文化的继承，并在此基础上使其得到发扬光大。保护是基础，传承是关键，发展是价值向度。唯有发展才能实现乡村文化的与时俱进，凸显地方特色。因此，发展云南少数民族乡村文化要合理发展民族文化产业，实施特色文化品牌战略，把具有特色的少数民族乡村文化产业做强做大，鹤庆县新华村被列为省级民族旅游村后的变化充分证明了发展少数民族乡村特色文化对文化保护的激励效应。

**【案例22】鹤庆新华村被列为省级民族旅游村后的变化**

鹤庆县新华村自从被列为省级民族旅游村以来，新兴的旅游业正开始成为这里除农业和手工艺业之后的又一个亮点，以及由此发生的种种变化。近几年，新华村的民族工艺品生产引起了各级领导的高度重视。丁关根、彭佩云、叶选平、王文元、任建新、王汉斌、王丙乾、万国权、张克辉等党和国家领导人曾到新华村考察指导工作。1997年时任省委书记的令狐安同志3次到新华村调研，并对新华村的建设作出重要指示。他说：“我到全省100多个县的500多个村寨，新华村最富有鲜明的民族特色。家家户户都能加工精美的工艺品，实属全省少有，全国少有……新华村依山傍水，湖光山色，田园风光美不胜收。白族风情浓郁淳厚，民居、服饰独具特色。村子南连县城、北通丽江机场，大丽公路穿境而过，居于大理、丽江两个国家级旅游区中间，有十分优越的区位优势和自然优势。能把新华村建设成一个规模较大的民族旅游村和旅游产品集散中心该有多好呀！”不久，省旅游局派人到新华村进行调查，并于11月14日由时任省旅游局局长的刘平主持在鹤庆县召开现场会。省旅游局提出：“把新华村作为一个以展示民族工艺品制作，满足游客参观、购买民族工艺品为主，辅之以民俗、民居和田园风光的观光游览等内容的民族旅游村来开发、建设，并将该点纳入昆明一大理一丽江国家旅游线，编入旅行社旅游参观点，并大力进行宣传促销。”1998年，新华村被云南省人民政府确定为“省级民族旅游村”和昆明世博会的参观景点，随后几年，对新华村的宣传力度也不断加强。中央、省、州、县电视台、报纸多次对新华村的民族工艺加工作过报道，到新华村参观旅游的人大幅度增加。为适应旅游业的发展，南邑材的10户农民被州旅游局定为旅游定点接待户。接待户寸互平家的院子里，有一股从地下涌出来的泉水，被誉为“天下农家第一泉”，泉水晶莹透亮，清凉可口，喝后回甜，到新华村的人，都慕名到寸互平家喝上几口，有的游客临走还要灌上一瓶带走。1999年，新华村共接待游客59 733人次，其中国外游客569人次，旅游业总收入达3 976万元……相信在5~10年以后，以新华村为中心的白族铜银加工工艺文化保护区定能以便捷的交通条件，得天独厚的自然风景，淳朴的民族风情，独具特色的民居、服饰，精湛、典雅的民族手工艺品，成为滇西北高原又一个民族旅游胜地。

4.发展少数民族地区信息化。

发展云南少数民族乡村特色文化，必然要大力发展少数民族地区信息化。云南广大少数民族地区经济、文化发展滞后的根本原因在于信息系统的缺乏与信息的匮乏。因此，少数民族区域的经济、文化的改造和建设， 是一个艰巨而复杂的社会系统工程。这个社会系统工程包含着许多复杂的构成要素，而每一个构成要素的内在组元又具有不同的特征，据此我们要正确地、科学地规划好发展少数民族地区经济与文化的战略决策导向，有步骤、有重点地加以实施、推进。而今的现实世界已处于信息时代，信息技术的快速发展使得网络信息系统构建的传媒覆盖的“自然”空间日趋扩大，渐次形成了一个多元的人类生存环境。这种文化潮流的冲击对中国经济的发展已产生深远的影响，云南少数民族地区乡村要在城市化的潮流中竞展民族地区经济资源的特色、打出品牌、占领市场，就必须大力挖掘各少数民族地区乡村的民族资源，并加以大力开辟与发展，增加民族资源的种类和品味。但是云南各少数民族区域地广、人稀、自然条件相对落后、信息闭塞等条件长期以来阻碍了发展的步伐。要使这种落后格局得以改观，就必须加大与加速对少数民族区域信息化战略的实施，大力发展少数民族地区信息化，建立少数民族地区信息化的集成体系。

（三）重视特有民族乡村历史文化保护和利用工作

一定程度上，我们认为云南与其他少数民族省、区相比最大的特色在于云南特有民族种类多，达到15个。这15个民族多生活环境、交通、经济发展等相对较差的乡村，因而对其乡村传统文化保护的工作也显得格外严峻。

据云南省政协文史委组织的“云南特有民族历史文化保护和利用”调研组在对大理、怒江、德宏、普洱、西双版纳、临沧等6州市的16个县（市），重点对云南省15个特有民族文化保护和利用情况进行调研中发现，特有民族乡村传统文化流失和损毁严重。当今，外来文化正多方位地冲击着这些云南特有民族乡村群众的生产、生活、思维方式，对民族乡村传统文化造成致命性损毁。在云南特有民族乡村经济发展的同时，代表民族乡村传统文化元素的服装服饰、传统工艺、民居建筑、音乐舞蹈、风俗习惯等特色文化正在发生严重变异甚至消失。很多云南特有少数民族年轻一代会说本民族语言的人越来越少，精通和使用本民族文字的人才更是凤毛麟角，传统的民间艺人大多年事已高，“传”的问题严重，“承”的问题更大，年轻人大量外出打工，特有民族乡村文化传承面临断代危险。更为严重的是：由于缺乏经济开发与民族历史文化保护利用的统一和协调，普遍存在重经济轻文化，尤其忽视特有民族乡村文化保护、利用，许多特有民族乡村呈现的是“村村水泥路，户户石棉瓦”，颇具特色的特有少数民族山乡变成了千村一面的“石棉瓦山寨”。对此，省政协调研组认为，特有民族文化的保护和利用，不能再继续维持目前“见子打子”濒危了才抢救的被动局面，建议对云南省15个特有民族分民族制定文化保护利用规划，并补充到全省的“十二五”规划中；加大资金投入，建立“云南省特有民族历史文化保护基金”，争取国家和省级财政注入推动资金5到10亿元，以后逐年注入；采用政府主导、市场运作、企业冠名等多种形式，多渠道募集资金保护和开发民族文化资源，让濒临失传的特有少数民族文化得以抢救保护。

云南特有少数民族的乡村民族文化是相当丰富的，对于这些丰富的资源，如果不能从发展的眼光去进行保护、开发，我们可能会陷入只保护特有少数民族乡村风情、风俗的境地。这是流于表面的，也不会受到外地游客的欢迎，观众想看到的不仅仅是他们的着装、风俗，而是要通过这些来展示这一民族的生存状态、心理和精神创造，这才是最重要的。

## 三、凸显乡村特质，正面引导、宣传，变更“主流人群”对民族乡村文化的评价体系

城市曾经垄断过广大乡村的信息获取渠道，通过各种传媒铺天盖地的广告，向广大乡村输送城里人的大量消费信息、传授乡下人一瞬间还“够不着”的生活方式，进而轻率地得出了乡村文化劣于城市文化、需要用城市文化来改进乡村文化的片面结论。

### （一）“主流人群”对民族乡村文化的评价体系

随着城市化进程步伐的加快，中国沿海与内地、城市与乡村、汉族地区与少数民族地区乡村的差距越拉越大，在相当一部分人中产生了少数民族乡村文化落后的观念，一定程度上形成了主流人群的评价体系，致使一些少数民族乡村群众对自身文化产生了自卑感，从而对少数民族乡村文化的保护和传承形成了负面效应。

1.被人为隔离的民族乡村文化。

城镇化是解决“三农”问题的必由之路，城镇化进程不可逆转，但城乡间存在着巨大的隔阂。几十年来，乡村一直是城市文化的盲目追随者和模仿者，乡民盼望着享有与城市一样的舒适生活环境和比较完善的生活保障，可是在追随和模仿的过程中却产生了迷茫。当乡村迫切需要城市友好地拉扶一把的时候，一些城里人以及从乡村走出来的新城市人，自觉或不自觉地用戏谑、嘲讽的方式显示城市生活和城里人的优越感，乡村文化被人为地隔离。

例如由于语言、文化价值观的不同，丽江永宁乡的摩梭人常被众多媒体、游客甚至专家学者误解。外界有许多人认为摩梭人群婚、乱伦、滥交，于是在这样的渲染下，摩梭文化被蒙上了厚厚的尘埃，“杨二车娜姆现象”就是误读的典型。外界的误读、误解，加上一些媒体的宣传，有时是精英学者的误导，致使诸如落水等村的摩梭人曾对自己的“走婚”等传统文化产生过迷茫。目前世界上有近20个国家的学者在研究摩梭文化，但成果多为学术圈内的东西，而作为被研究者的摩梭人的声音却很少在专注中出现，摩梭人中鲜有学者和研究者，长期由外族学者代笔或由作家代言，如《走出女儿国》《走回女儿国》均如此[①]，真正的摩梭人没有话语权，只能任由别人解说，一些导游为了讨好游客更是对摩梭人的文化误读产生了推

① 杨二车娜姆以一个摩梭人的自传方式，于1997年出版了《走出女儿国》。书中有大量的对情爱和性的描写，这种个人的生活方式，被误认为是对摩梭女人的代言。但是，许多摩梭人认为这本书扭曲了摩梭文化，也有学者认为，杨二车娜姆离家外出时才13岁，出版《走出女儿国》时，她已有14年都市生活的经历，因此她对传统摩梭人的认识和理解是局限和片面的，她把独特个人经历误作为摩梭文化特质，正反映了她对摩梭文化的误解。事实上，不少摩梭年轻人像她一样对自身传统是一知半解的。《走出女儿国》由杨二车娜姆口述、汉族作家李威海笔录，另一本《走回女儿国》尽管写着杨二车娜姆著，但实际上由拉木·嘎吐萨执笔、整理。

波助澜的作用。“由于对摩梭文化的误解，人们已经相信传闻中或想象中的摩梭人，而对现实生活中活生生的摩梭人不理解。”摩梭学者、云南省社会科学院副研究员拉木·噶吐萨说，“在众多的误读中，有一种浪漫的误读过分美化和神化了摩梭文化，把异文化想象得十分神奇美丽。好像摩梭人都不食人间烟火，只会喝酒唱歌跳舞，躺在云彩上谈恋爱，和游客任意走婚。” 为此，今年两会期间，来自丽江的人大代表杨雪梅呼吁：加大对泸沽湖摩梭民俗传统文化的保护力度，尽快对《泸沽湖摩梭民俗文化保护条例》予以批复；将“泸沽湖摩梭母系文化景观”申报为世界文化遗产；邀请新闻媒体、学术团体深入摩梭社区了解研究摩梭文化，纠正对摩梭文化的误读。

2.被断然撕裂的民族乡村文化。

尽管我们一再强调乡村同城市一起共同分享经济发展和社会变革带来的成果和便利，但二者在文化上的鸿沟却日渐扩大。事实上，很多城里人去少数民族乡村观光旅游并不是真的寻找到自己心目中的家园，而往往是为了显耀游玩者的生活优裕、品位高端，这样一来少数民族乡村文化的内在价值和真实意味也就难以得到应有的肯定、尊重和被接受。如果游客没有起码的修养、自律和对这片土地的关爱，没有对各种异文化的尊重和理解，不去熟悉和了解当地人的文化习俗，而是怀着一种唯我独尊的文化优越心态和猎奇的暧昧心理走进别人的家园，那些美好的家园就有可能不断地被他们的无知、庸俗和狂妄所亵渎和玷污。研究者们发现，在近年来的泸沽湖旅游热中，由于影视、文学作品以及一些导游的夸张和不实介绍，使不少游客带着猎奇的心理前往泸沽湖旅游，甚至有些游客到泸沽湖旅游就是为走婚而来。这一现象让一些学者和摩梭人深感不安。纳西族学者杨福泉博士曾在泸沽湖边酒吧的留言簿上，读到一些男性游客因为到这里没有“艳遇”而失望、懊丧、甚至愤怒的留言，认为自己“受了骗”，“白来了一趟女儿国”。杨福泉在博客上说：“我深深地为这些不远千里来‘猎艳’的游客悲哀，也为国内有不少这样的游客而感到沮丧。”“那些怀着猎奇心理的游客一到此地，就迫不及待地东张西望，大大咧咧地向当地人询问怎么‘走婚’和怎么找‘阿夏’等问题。按摩梭人的传统习俗，当家中有老人、长辈在旁时，是不能随便谈论男女情事的，特别在火塘所在的家居中心‘母房’内更不能随意谈论这些事。很多摩梭家庭一片热情地把游客迎到神圣的火塘边就座，待如上宾，但全家人常常被一些游客毫不顾忌、一点也不尊重当地习俗的问题弄得十分难堪。”“这种缺乏起码文化修养的游客，是对文化的一种威胁。”他说，“很多时候，在某个民族的神山圣湖边，我看到一些游客静默虔诚地沉思冥想，或和当地人一样向这神奇伟大的大地行礼朝拜；而有的游人则肆无忌惮地喧哗，行为夸张，任由自己撒野。我禁不住想，什么时候这些不文明的游人才能学会尊重别人的文化和信仰，尊重别人的心灵？”杨福泉说，“我认为，只有对大地怀着一片敬重的旅人，才会有行者的真正快乐。”在强势的城市文化面前，少数民族乡村文化则以撕裂的形式呈现。所谓回归乡村，不过是“精英”群体的精神意淫；原生态的少数民族乡村文化在格调与品味至上的一些城里人那里，反倒成了落后、低级、庸俗的象征。

3.被无端异化的民族乡村文化。

相对于物质生活质量的低下，少数民族乡村所具有的悠久历史传统和本土气息的文化形态的匮乏更加使人感到心痛。城市社会里与商品、货币同在的流行文化，还有那些不太切合少数民族乡村实际的生活方式和价值观念，已经开始渗透到了广大少数民族乡村的各个角落，这不仅体现在乡村教育的某些现实追求中，而且也反映在乡村青年人的主要生活细节上。商品经济意识中唯利是图思想对少数民族乡村纯朴而富有人情味的文化因子的侵蚀，优秀的民间文化尤其是大量的非物质文化遗产濒临灭绝，传统宗教文化中具有封建迷信色彩的一些内容却大行其道……所有这一切远没有及时唤醒少数民族乡村群众的警觉。曾在摩梭村寨生活了一年多的香港学者周华山博士认为，游客对泸沽湖旅游失望的原因，一是旅游项目单调没有内涵，骑马、划船成了标准化项目；二是对摩梭文化缺乏了解，许多游客离开泸沽湖仍对摩梭母系和走婚制一知半解；三是认为泸沽湖边的落水村变得商业化。对于“商业化”，周华山认为，“在旅游地，服务明码实价是合理的做法”，“落水人每天接待无数游人，不可能每次都热情好客不收分文”。而当地摩梭人认为：“游客到香港旅游花上万元都不心疼，甚至还自豪地炫耀。可在我们这里住宿一晚才15元，一顿套餐10元，还批评我们商业化。”

（二）转型民族乡村文化传统

少数民族乡村文化“作为一种地域性文化或民族性道德的地方性知识传流，即使其绵延生长发生了某种根本异质性的转型和更新，其延伸的过程仍然是不可截然割裂的”[①]。乡村文化传统最根本的就是能够彰显农村特质，云南少数民族乡村文化传统的重塑要求以一种新的理念传承传统文化。扬弃乡村传统文化、建设少数民族新乡村文化向度，最主要的是实现民族宗教文化、民族风俗和语言文字等方面的现代性变革，重塑乡村文化传统。为此，云南少数民族乡村文化保护和传承要扬弃城市中心论，变更主流人群对云南少数民族乡村文化的评价体系，重新思考和挖掘乡村文化的价值。一要重新建立地方政府的政绩考评机制，改变以产值和招商引资论“英雄”的乡村发展思路，充分认识到云南少数民族乡村文化保护与开发在乡村发展和整个新农村建设中的特殊地位和重大意义，切实将乡村文化项目独立列入各级政府预算以及地方政府政绩考核体

① 万俊人：《三维架构中的“中国道德知识”——二十一世纪中国道德文化建设前景展望》，原载《开放时代》，2001（7）。

系内；二是知识界和社会舆论需转变思想认识，鼓励市民通过多种渠道下乡调查，体验乡村生活，了解云南少数民族乡村文化，增进市民与村民间的沟通及城乡间互动，使村民们真正意识到照搬照抄城市文化和工业思维模式，对改善乡村文化生活、促进乡村文化的健康发展是无益的。

1.民族乡村宗教文化的现代性变革。

宗教是人类社会发展到一定阶段的历史产物，它的产生和发展有其自身的规律。宗教教义是宗教文化的核心，因此，云南少数民族乡村传统文化中的民族宗教文化的现代性变革，首先应该关注少数民族宗教教义的现代化，使其体现出时代性特征，贴近民族群众生活、反映群众时代要求并与社会主义新农村文化要求相适应。能够反映科技时代、信息时代的文明成果，引导信教群众树立健康的心态、文明的道德风范和人与人之间、人与社会之间、人与自然之间的和谐理念。充分发挥爱国宗教团体的功能，积极服务于农村，开展形式多样的献爱心、扶贫济困等社会公益活动。同时在农村积极开展反邪教迷信活动，使信教群众能够正确区分宗教与邪教及迷信文化，自觉抵制邪教及迷信文化的影响。

少数民族乡村宗教文化的现代性变革是乡村反邪教、反迷信的重要途径。一方面，应当因势利导，开发利用宗教文化的正面影响。作为云南少数民族乡村传统文化的一个组成部分，宗教文化不仅有其广泛的群众性，还有左右人们观念的巨大影响力。宗教的力量有时是持久不衰的，发达国家至今宗教仍相当盛行就说明了这一点。在社会主义阶段，应当在爱国主义和社会主义的基础上，使宗教发挥有利于社会主义现代化建设的积极作用。从事原始宗教活动的巫师，谙熟民族历史文化、传统习俗，他们除从事巫事外，还是民族传统文化的保存者和传递者。历史上宗教曾与教育关系密切，寺观、庙宇既是宗教活动场所，也是文化教育的所，宗教的经典、绘画、雕塑、音乐、建筑等方面的许多内容更是人类文化的一份珍贵遗产。

另一方面也可对宗教教义中的积极内容加以发挥、宣传，以有利于形成良好的社会风尚。如小乘佛教的“为人行善、善多我德、德多我仙”的思想，把傣族熏陶成为乐于积德行善、性格温柔的民族。在伊斯兰教义中也有提倡学知识、节育、婚丧从简、从善去恶，实行健康卫生的生活方式等教义。我们还可以利用宗教的某些国际性，扩展少数民族与共具同一宗教文化的外国之间的联系，如西双版纳与泰国，可利用宗教文化上的优势吸引外资、加速民族地区的经济发展。

2.民族乡村风俗习惯的现代性变革。

少数民族乡村风俗习惯是“反映民族的经济、文化生活方式、历史文化传统和心理感情，是民族文化的组成部分，是民族特点的一个重要方面”[①]。在城市化、城镇化步伐日益加快的广大乡村，少数民族乡村风俗文化面临被历史遗忘的危险，如何对待具有传统民族特色的乡村风俗文化，如何转化、扬弃和创新民风习俗已经成为少数民族乡村文化现代性的重要话语。例如，在居住文化方面，乡村居住文化内涵丰富，是乡村传统文化的显著特征。在白族乡村，就有最能体现其民族特质的三方一照壁民居等，其民族文化底蕴十分深厚。这种民居方式是白族乡村的标志和灵魂，是白族历史、文化源远流长的综合体。当然，少数民族乡村居住文化的现代性变革首先要考虑当地群众的文化认同，在保留传统民族文化特色的同时融入现代科技，推动乡村居住文化的健康发展。在乡村民风方面，在现代社会中，少数民族乡村民风显得极为珍贵，要继续弘扬执礼好客、尊老爱幼、团结互助、热心公益、淳朴自然、勤劳勇敢、积极进取的乡村民风，如在大理白族乡村一直都有“见着老人弯弯腰，见着小孩抱一抱”的民风习俗，这些都是少数民

① 刘锷等：《民族理论和民族政策纲要》，中央民族大学出版社，2002年，第249页。

族乡村文化的重要组成部分，同时要着力加强以“八荣八耻”为民风导向的社会主义新乡村民风风貌建设，促进少数民族乡村民风民俗的现代性转化，引导群众树立社会主义荣辱观，培养新乡村的乡风乡貌等。

# 结　语

我国少数民族乡村文化历史悠久、种类繁多，保护工作一度不被重视，因此普查力度不大，缺乏深入和广泛的对少数民族乡村文化的整体状况的了解，加之保护少数民族乡村文化的观念长期滞后，限制多，资金、技术贫乏，未能综合考虑地区平衡、民族平衡，申遗成功后对保护和开发之间的度的把握以及监督、执行存在诸多问题，更多的文化遗产只能排队等候，处于自生自灭状态，有的文化甚至还来不及普查、整理和登记就已经灰飞烟灭。此外，旅游市场对少数民族乡村文化的功利性开发，造成对“他者”的误导和对原生态乡村文化的破坏；少数民族乡村文化缺乏法律保护依据，如对古代的科技、工艺、音乐、舞蹈、历史声音、历史图像、民族文物、民俗文物等非物质文化遗产，没有科学界定和权威的说明，现有法律不适应少数民族乡村文化保护工作的开展；缺乏少数民族乡村文化的教育及人才的培养，传承渠道不畅；对少数民族乡村文化缺乏重视和价值认知，学校教育与文化保护、传承脱节；年轻一代远离少数民族乡村的传统文化，生活在充斥网络、选秀、西方节日的环境中，丧失对少数民族乡村文化的关注和热爱……种种现象警示我们：若不加强对少数民族乡村文化的保护和传承，中华民族五千年绵延不断的民族民间文化将面临断裂的危险。

尽管形势严峻，但我们认为，城市化背景与少数民族乡村传统文化前景之间存在一种辩证关系：在城市化进程中，少数民族乡村传统文化尽管遇到严峻冲击，但它不但不应消亡而且也不会消亡，相反面临着空前的发展机遇，目前云南少数民族乡村传统文化在保护下的复兴和发展就是一个证明。当然，在研究如何保护、传承与发展少数民族乡村传统文化的同时，我们也应当注意以下几个问题。

首先，保护、传承与发展少数民族乡村传统文化要有开阔视野。我国少数民族乡村传统文化的内容十分丰富，在保护、传承与发展少数民族乡村传统文化时，要有世界眼光和全球化的视野，应当意识到少数民族乡村传统文化无疑是中华文化的重要组成部分，并对人类文化的发展做出了贡献。从世界文化发展趋势来看，城市化、现代化是一个不会终结的过程。因此，少数民族乡村传统文化对中华文化、世界文化最终起多大作用，就应该置于这样一个大背景中衡量。

其次，我们在评价少数民族乡村文化的作用时，应作合理的评价，既不能过分拔高，同时应认识到必须对少数民族乡村传统文化进行调适，探寻其现代意义与价值，确立现代性。我们认为，少数民族乡村文化的价值主要体现在对城市化和现代化的反思上，体现在对现代社会、现代人的生活能产生重要的参考性影响，能为建立理性的城市化和现代化做出贡献。由此，我们应当主要从生存论和意义论两个层次挖掘和探索少数民族乡村文化的价值。无疑，少数民族乡村文化中也存在着一些非现代性甚至反现代性的内容，对于这些内容，我们应区别对待。对于那些反现代性的内容，一定要加以转型和剔除；而对于那些非现代性的内容，则应当多点宽容，允许它调适并多元发展。

再次，历史和现实已证明：在文化发展问题上，同质化程度越高，则对多元化的要求也就愈发明显。我们认为：“从文化哲学角度看，这个问题的深层，实际上就是城市化背景下文化的‘一体化’与‘多元化’的关系问题，即如何才能保证中华民族文化尤其是少数民族传统文化的个性和资源不致丢失，保证少数民族传统文化精神得以继续传承。因此，研究此问题，既关系到各少数民族传统文化的生存前景，也关系到少数民族传统文化现代转型的发展战略，这不仅是一个理论问题，同时更是一个紧迫的现实问题。”①由此看来，对多元化的要求与其说是反对同质化，倒不如说是同质化加强的体现。一个很明显的例子就是，在全球文化逐步同质化的过程中各种文化传统中的文化保守主义的兴起。实际上，也只有在全球化过程当中，各种“全球性的地方知识”方有形成之可能，从一定意义上说，文化保守主义的兴起不过是全球化本身的产物。因此，可以预见的是，伴随着全球化的深入发展，文化保守主义势力必将愈发增强，文化多样性的价值日益彰显。

因此，我们认为，城市化、全球化既为少数民族乡村文化的保护、传承与发展提供了机遇，同时也带来严峻挑战。少数民族乡村文化的保护应选择有代表性的、典型的模式和经验加以重点总结和推广，进行总体规划，形成保护和传承的体系和环境。这一点云南已有一些成功的经验和值得总结的教训，如傣族的泼水节、彝族的火把节、纳西族的东巴文化、基诺族的刀耕火种文化、哈尼族的梯田农耕文化等，都已成为少数民族乡村文化保护与发展中的经典。“他山之石，可以攻玉。”我们认为，通过分析云南少数民族乡村文化保护的现状和发展趋势，可以为中国少数民族乡村文化保护问题的思考和探究提供一个参考视角。

① 对文化同质化和多元化问题的分析，林庆、李旭在《城市化进程与中国少数民族传统文化的生存前景》一文中做了分析，该文原载《云南民族大学学报》（哲学社会科学版），2009（4）。

# 主要参考文献

## 一、著作类

1.许学强、周一星：《城市地理学》，高等教育出版社，2003年。

2.费孝通：《论人类学与文化自觉》，华夏出版社，2004年。

3.费孝通：《乡土中国生育制度》，北京大学出版社，1998年。

4.[英]马林诺夫斯基著，费孝通译：《文化论》，中国民间文艺出版社，1987年。

5.[英]弗雷泽：《金枝》，新世界出版社，2006年。

6.[英]雷蒙·威廉斯著，刘建基译：《关键词：文化与社会的词汇》，生活·读书·新知三联书店，2005年。

7.[法]列维·布留尔著，丁由译：《原始思维》，商务印书馆，1997年。

8.[美]亨廷顿、伯杰主编，康敬贻译：《全球化的文化动力》（中译本），新华出版社，2004年。

9.[法]让·波德里亚著，刘成富、全志钢译：《消费社会》，南京大学出版社，2001年。

10.葛兆光：《中国思想史》，复旦大学出版社，2001年。

11.刘铁芳：《乡土的逃离与回归：乡村教育的人文重建》，福建教育出版社，2008年。

12.张跃主编：《中国民族村寨调查丛书》，云南大学出版社，2004年。

13.尹绍亭主编：《西南边疆民族研究书系——民族文化生态村》（共6册），云南大学出版社，2008年。

14.林庆：《民族记忆的背影——云南少数民族非物质文化遗产研究》，云南大学出版社，2007年。

15.陈庆德、马翀炜：《文化经济学》，中国社会科学出版社，2007年。

16.纳日碧力戈：《现代背景下的族群建构》，云南教育出版社，2000年。

17.王文章主编：《非物质文化遗产概论》，文化艺术出版社，2006年。

18.杨福泉：《多元文化与纳西社会》，云南人民出版社，1998年。

19.杨福泉主编：《策划丽江——旅游与文化篇》，民族出版社，2005年。

20.杨福泉主编：《丽江市玉龙纳西族自治县白沙完小乡土知识教育的实践》，云南南出版集团、云南科技出版社，2006年。

21.李远龙：《传统与变迁》，广西民族出版社，2001年。

22.杨善民、韩锋：《文化哲学》，山东大学出版社，2002年。

23.冯利、覃光广：《当代国外文化学研究》，中央民族学院出版社，1986年。

24.李亦园：《田野图像——我的人类学研究生涯》，山东画报出版社，1999年。

25.李亦园：《人类的视野》，上海文艺出版社，1996年。

26.房宁、王小东、宁强等：《全球化阴影下的中国之路》，中国社会科学出版社，1999年。

27.尹绍亭：《云南山地民族文化生态的变迁》，云南教育出版社，2009年。

28.王国祥：《西双版纳雨林中的克木人》，云南教育出版社，2009年。

29.刘锷等：《民族理论和民族政策纲要》，中央民族大学出版社，2002年。

30.郑杭生：《农村文化建设》，中国农业出版社，2000年。

31.何念如等：《中国当代城市化理论研究》，上海人民出版社，2007年。

## 二、论文类

1.钟敬文：《论娱乐》，原载《浙江学刊》，1999（5）。

2.宋蜀华：《论中国的民族文化、生态环境与可持续发展的关系》，原载《贵州民族研究》，2002（4）。

3.宋蜀华：《从民族学视角论抢救中国少数民族文化艺术遗产在抢救和保护中的地位》，转自中央艺术研究院编《人类口头和非物质文化遗产抢救与保护国际学术研讨会》，2002年。

4.冯骥才：《文化遗产日的意义》，原载《新华文摘》2007（7）。

5.金元浦：《重新审视大众文化》，原载《中国社会科学》，2000（6）。

6.林庆：《民族文化的生态性与文化生态失衡——以西南地区民族文化为例》，原载《云南民族大学学报》（哲学社会科学版），2010（2）。

7.林庆、李旭：《城市化进程与中国少数民族传统文化的生存前景》，原载《云南民族大学学报》（哲学社会科学版），2009（4）。

8.林庆：《论少数民族文化的艺术化与市场化问题》，原载《贵州民族研究》，2008（4）。

9.林庆：《云南少数民族非物质文化遗产保护与开发的对策》，原载《云南民族大学学报》（哲学社会科学版），2007（2）。

10.林庆：《对云南少数民族非物质文化遗产保护、开发过程中存在问题的分析》，原载《民族理论与民族发展》，云南民族出版社，2006年。

11.王文章：《形成广泛参与非物质文化遗产保护的文化自觉》，原载《光明日报》2007-6-9。

12.俞吾金：《我们不需要"伪民俗"》，原载《人民日报》，2006-09-12。

13.张中文：《我国乡村文化传统的形成、解构与现代复兴问题》，原载《理论导刊》，2010，（1）。

14.金重：《试论云南少数民族舞蹈》，原载《民族艺术》1994年（4）。

15.万俊人：《三维架构中的"中国道德知识"——二十一世纪中国道德文化建设前景展望》，原载《开放时代》，2001（7）。

16.刘兰凯：《云南在现代化建设中应重视民族文化的保护》，原载《云南民族学院学报》，2002（4）。

17.杨红英：《云南旅游开发与民族文化资源的保护》，原载《云南民族学院学报》，2001（3）。

18.杨福泉：《论我国现代化进程中少数民族文化的保护》，原载《思想战线》，1998（5）。

19.杨福泉：《盛名之下的忧思》，原载《丽江日报》，1997-2-26。

20.马翀炜：《社会发展与民族文化的保护》，原载《广西民族研究》，2002（1）。

21.赵自庄：《云南民族文化区域构建》，载张庆善主编：《中国少数民族艺术遗产保护及当代艺术发展国际学术研讨会论文集》，文化艺术出版社，2004年。

22.贺学君：《民俗变异与民俗学者的立场》，载冯骥才：《守望民间》，西苑出版社，2002年。

23.景军：《知识、组织与象征资本——中国北方两坐孔庙之田野研究》，载杨念群主编：《空间·记忆·社会转型——“新社会史”研究论文精选集》，上海人民出版社，2001年。

24.刘军：《文身——亟待保存和研究的物质性非物质文化遗产》，原载《中央民族大学学报》（哲社版），2006年（1）。

25.王国祥：《民族旅游地区保护与开发互动机制探索——云南省邱北县仙人洞彝族文化生态村个案研究》，原载《云南社会科学》，2003-2。

26.马小宁：《文化不应放入博物馆——访哈佛大学肯尼迪行政学院亚洲部主任塞奇教授》，原载《人民日报》，2001-1-20。

27.王鹤云：《浅论保护中国少数民族民间文学艺术的有效方式》，载张庆善主编：《中国少数民族艺术遗产保护及当代艺术发展国际学术研讨会论文集》，文化艺术出版社，2004年。

28.马茜、肖亮中：《文化中断与少数民族教育——兼谈对少数民族教育的理性态度》，原载《陕西师范大学学报》，2002（1）。

29.黄泽：《云南少数民族文化保护与传承的几种模式——略谈云南建设民族文化大省的基础工程》，原载《思想战线》，1998（7）。

30.滕星、杨红：《西方低学业成就归因理论的本土化阐释——山区拉祜族教育人类学田野工作》，原载《广西民族学院学报》（哲学社会科学版），2004（3）。

31.黄金结：《从文化发展的民族性和时代性看中国少数民族教育问题》，原载《当代教育科学》，2007（8）。

32.张革新：《〈乌苏里船歌〉案若干法律问题评析》，原载《法学杂志》，2004（3）。

33单菲菲、高永久：《城市化进程中民族问题的研究现状》，原载《广西民族研究》2007（2）。